KB107567

The Psychology of Wisdom

지혜의 심리학

나의 잠재력을 찾는 생각의 비밀코드

지혜의 심리학 출간 10주년 기념 특별판

초판 1쇄 발행 2013년 10월 1일
3판 3쇄 발행 2024년 8월 20일

지은이 김경일

펴낸이 박상진
편집 김민준
경영관리 황지원
디자인 디자인 지폴리

펴낸곳 진성북스
출판등록 2011년 9월 23일
주소 서울시 강남구 영동대로 85길 38 진성북스 10층
전화 (02)3452-7761 **팩스** (02)3452-7751
홈페이지 www.jinsungbooks.com
이메일 jinsungbooks@naver.com

ISBN 979-89-97743-58-2 03180

나의 잠재력을 찾는 생각의 비밀코드

The Psychology of Wisdom

지혜의 심리학

인지심리학박사 김경일 지음

진성북스
JINSUNGBOOKS

10주년 기념 특별서문

이제 막 불혹의 나이를 지난 인생의 햇병아리 주제에 심리학자랍시고, 이미 10년 전에 무턱대고 내놓은 책이 『지혜의 심리학』이었다. 지금 생각해 보면 정말 겁도 없었다. 아직도 설익은 사람이 어떤 경지에 도달한 후에나 논할 수 있는 '지혜'를 어떻게 입에 담을 수 있단 말인가. 하지만 2013년 가을, 그동안 나름 심혈을 기울였던 원고를 앞에 두고 회의를 하면서 편집진은 이 책의 제목을 『지혜의 심리학』이 좋겠다고 제안했다. 아무리 생각해도 더 적절한 이름은 없다고 강권하다시피 하면서 말이다. 며칠 더 고민할 수밖에 없었는데, 결국 거기에 범접할 수 있는 대안을 찾을 수 없었다.

이 책 한 권 읽는다고 없던 지혜가 갑자기 생길 것으로 생각할 순진한 독자는 없을 것이다. 다만 일상에서 매번 마주하지만 지금까지 생각하지 못한 부분들을 책을 읽으며 한 번쯤 되돌아보면 어떤 삶의 지혜에 좀 더 가까워질 거라는 소박한 소망을 가져본다. 초판 이후 벌써 강산도 변한다는 10년이라는 세월이 훌쩍 흘렀다. 그동안 스테디셀러가 되어 많은 분이 읽어 주시고 물어봐 주시며 정말 과분한 사랑을 보내주셨다. 모든 분들께 진심으로 감사드린다.

언젠가부터 강연, 학회나 세미나, 심지어 거리에서도 내 책을 가져와 사인을 부탁하는 고마운 분들이 많다. 그럴 때면 해당 책에 대한 생각을 짧게 설명하곤 한다. 『지혜의 심리학』인 경우, 첫 번째 책이자 나에게는 백과사전이라 다름없다고 한다. 정말 진심을 담은 말이다. 심리학을 배우고 가르쳐온 지난 30년간 스스로 가장 중요하다고 생각한 대부분을 이 책에 모아 놓았으니 그 표현은 적절할 것이다. 물론 일반적인 책보다는 읽기에 편하지 않을 수도 있다. 이 책을 학부 교재로 쓰시는 교수님들이 계실 정도니 내용과 양이 만만치 않은 것도 사실이다. 하지만 『지혜의 심리학』에 다룬 핵심 내용들은 그 동안 내가 집필한 수많은 책들의 '본사'나 다름없다. 어떤 기업이 여러 사업부나 지사가 있는 경우, 그 원류가 되는 '헤드쿼터' 말이다.

이 책은 지난 10년간 스스로 가장 많이 인용한 책이다. 그중 '접근동기'와 '회피동기'는 내 강연의 알파고 오메가다. 기업이 당면한 수많은 문제 해결에 그 어떤 내용보다 신선한 대안을 제공했다는 주위의 찬사를 듣곤 한다. 그럴 때면 나도 이 세상에 작은 기여를 했다는 뿌듯함이 느껴지곤 했다. 접근동기와 회피동기의 인식시스템 관련 현상을 설명한 이유는 간단하다. 한마디로 "한국인은 매우 스마트하면서도 까다롭다"고 보기 때문이다. 타인이 진심으로 중요한 말을 하는 경우에도 우선 의심하거나 귀띔으로도 듣지 않는 경우가 많다. 이런 경우 누구나 갑갑함을 느끼게 된다. 부모-자식 관계에서부터 직장생활, 노사관계, 광고 카피, 나아가 국가와 국민 간 소통에 이르기까지 다양한 곳에서 왜 갈등이 그토록 많은지 생각해 보자. 바로 접근동기와 회피동기 측면에서 소위 '호환성'이 약한 데서 원인을 찾을 수 있다. 실제로 많은 경우에 이 개념을 적용하여 문제 해결을 직접 도왔다. 그러한 실제 상황을 담아내는 노력을 심리학자로서의 삶을 마칠 때까지 『지혜의 심리학』을 통해서 계속해나갈 계획이다.

'메타 인지'도 이 책에서 빠질 수 없는 부분이다. 물론 내가 메타 인지를 전적으로 연구하진 않지만 인지 연구에서 메타 인지가 빠진다는 것은 로마를 빼고, 유럽여행을 하는 것과 같기에 이 부분을 과감히 넣었다. 메타 인지를 주제로 한국의 기업과 조직에서 수많은 강의를 했다. 나아가 바야흐로 4차 산업혁명 시대에 깊숙이 진입했다. 이 시대에 '무엇이 가장 중요할까?' 이 질문은 정말 준엄하다. AI를 지배하고 활용하는 위치에 설지, 아니면 AI의 지배를 받으면서 하나의 부속품으로 전락할지, 우리는 바로 그 선택의 기로에 있다. 이는 자신의 삶을 유토피아에서 보낼 것인지, 아니면 디스토피아로 보낼 것인지와 결국 같은 문제다. 인간과 인공지능과의 차별화 방법은 바로 '메타 인지'에 있다고 힘주어 말하고 싶다. 오직 인간만 가진 메타 인지는 타고 나는 게 아니라, 우리가 어떤 삶을 살아가느냐에 따라 그것을 잘 응용할 수도 있고, 망가뜨릴 수도 있다. 책에서 핵심적인 이론적 배경을 집대성하고 현실에서 메타인지를 문제 해결에 효과적으로 활용하는 다양한 사례를 설명한 부분은 나에게도 아주 소중하다.

『지혜의 심리학』은 인간의 판단과 의사결정에 대한 수많은 오류와 편향에 관련된 내용을 담아 놓았다. 이 점은 다른 심리학 서적들과 별로 다르지 않을 수도 있다. 하지만 이 책에는 어디에서도 접할 수 없는 인과관계에 기반을 둔 고품질 지식으로 현실에서 대면하는 다양한 문제의 해법을 제시하고 있다. 새로운 이야기다 보니 개인의 상황에 따라 가끔은 어떤 문화 차이를 느낄 수도 있다. 그러나 인지심리학의 힘을 믿고 꾸준히 책 내용을 실천해 간다면 시중의 웬만한 자기계발서 수십 권을 읽는 것보다 더 큰 효과를 얻게 되리라 확신한다.

진정한 지혜는 경험과 새로 배운 지식이나 정보를 잘 연결시켜 과거의 성공과 실패의 원인을 잘 파악하고 미래에는 전자를 늘리고 후자를 줄여나가는 것이 아닐까 한다. 그래서 지난 10년간 나는 수많은 분들의 성공과 실패의 기억에 들어가 그 이유를 '일깨워 주는' 일을 해왔다. 사실 나는 새로운 정보나 혁신적 신기술을 '알려드리는' 능력은 거의 없다. 하지만 '아, 그때 그 일이 그래서 그렇게 된 거구나'라는 깨달음을 드리는 일은 이제 꽤 잘하는 것 같다. 잘하고 즐기는 일, 바로 평생 내가 해야 할 일이다. 『지혜의 심리학』은 이를 위한 나 자신의 매뉴얼이자 복기용 책이다. 유명한 프로 바둑기사 9단께서 설파하지 않았는가. "진정한 바둑 고수는 쉽게 승리한 대국도 복기한다."고 말이다.

앞으로도 평생 나는 『지혜의 심리학』을 개정·증보해 나갈 계획이다. 마치 찰스 다윈이 죽는 날까지 『종의 기원』을 그렇게 계속 갈고 닦았듯이. 독자께서 인지심리학자 김경일이 이 세상에 꼭 알리고 싶은 모든 것을 아시고 싶다면 결론은 항상 이 책 『지혜의 심리학』이라고 감히 말씀드린다.

앞으로 다가올 또 다른 10년도 더 배우고, 대중과 활발히 소통하는 저를 사랑의 눈빛으로 지켜봐 주시고 많은 성원도 부탁드린다.

감사합니다.

2023년 9월

김경일

차례

PART 2 무엇이 나를 움직이게 하는가
동기의 두 얼굴, 접근과 회피

PART 3 생각이 인생을 좌우한다
창의성은 동기, 정서, 인지의 결합

프롤로그

지혜를 찾아 떠나는 인지심리학으로의 여행

"지혜로운 사람이 되고 싶다."

누구나 바라는 소망이다. 그만큼 지혜롭게 사는 것이 쉽지 않다는 말이다. 그런데 도대체 지혜롭다는 것은 무슨 의미일까? 사전에는 '사물의 이치나 상황을 제대로 깨닫고 그것에 현명하게 대처할 방도를 생각해내는 정신의 능력'이라고 나온다. 지혜는 정신, 즉 사물의 이치나 상황을 제대로 깨달을 수 있는 생각의 능력이다. 어떻게 하면 이런 능력을 가질 수 있을까?

먼저 인간의 생각이 어떤 이치나 원리로 작동되는지를 알면 그 능력을 키우기는 훨씬 수월해진다. 그런데 그동안 어떻게 인지하고 판단하고 반응하는지를 이해하고자 우리는 얼마나 노력했을까.

심리학에서 이를 가장 핵심적으로 연구하는 분야가 바로 인지認知

심리학이다. 인지심리학이란 간단히 '생각이 어떻게 작동하는지 그 원리를 연구하는 학문'이다. 인지심리학자로서 안타까운 현실이 있다. 바로 수많은 사람들이 서점에서 관심 있게 뒤적이는 무수한 자기계발서를 보는 순간이다. 언제나 베스트셀러 순위에 한두 권은 꼭 끼어있게 마련인 것이 자기계발서이다. 자기계발서가 숱하게 팔리고 읽힘에도 불구하고 각자의 삶에 어떤 변화를 느끼는 경우는 드물다.

자기계발서에는 '상황의 이면을 보라', '열린 마음으로 소통하라', '늘 경청하라' 등 주옥같은 말들이 가득하다. "아, 맞아. 나도 이래야지!" 무릎을 치게 할 때도 많다. 다 읽은 후에는 "나도 할 수 있어!"라는 자신감을 얻곤 한다. 그러다 일주일 혹은 한 달의 시간이 지나 문득 자신의 삶이나 태도에 아무런 변화가 없음을 깨닫고는 상당히 당황한다. 그러면 또 다른 자기계발서를 찾아 집어 든다. 이렇게 반복해서 읽는 데도 왜 내 삶은, 내 삶의 방식은 나아지지 않을까?

인간의 생각은 크게 두 가지로 나눌 수 있다. 바로 어떻게how와 왜why이다. 자동차를 예로 들어보자. 요즘 차는 첨단 장비와 옵션으로 한껏 치장하고 있다. 제대로 운전하려면 개별 기능들이 어떻게 구성되고, 어떤 버튼이 어떤 기능과 연결되는지 수많은 방법에 대해 알고 있어야 하고 경험을 통해 익숙해져야 한다. 그래서 사용자 매뉴얼을 보면 수많은 '어떻게'와 관련된 정보들이 들어 있다. 인간도 마찬가지다. 두뇌를 쓰기 위해서는 그 방법을 알고 있어야 한다.

그런데 가끔 자동차가 고장이 날 때가 있다. 원래 정교하고 복잡한 시스템일수록 고장이 날 확률은 높아진다. 예를 들어 자동차가 시동은 걸리는데 출발이 되지 않는다고 하자. 이제는 사용법만으로는 문제를 해결할 수 없다. 즉, 어떻게보다는 그 이상을 생각해야 한다. '출발 불능'의 상태를 만들 수 있는 원인, 그리고 그 원인을 만들어낸 이전의 원인이 여러 가지 있을 수 있기 때문이다. 따라서 이제는 생각의 종류를 바꾸어야 한다. 무엇으로? 바로 '왜'이다. '왜'라고 물어보면 '왜냐하면'이라는 답을 해야 하고 이는 다시금 원인의 원인에 대한 질문인 또 다른 '왜'와 그에 따른 '왜냐하면'들을 낳는다. 우리는 바로 왜를 통해서 해결책 즉, 인과적 지식을 얻게 된다.

하물며 자동차보다 훨씬 더 복잡하고 정교한 우리의 생각은 어떻겠는가. 현재의 나는 자신이 내린 선택의 결과이고, 그 선택은 생각으로 이루어진다. 생각에 문제가 생겼을 때 이를 개선해나가거나 좀 더 좋은 방향으로 발전시키기 위해 생각의 작동 원리를 알아야 한다. 시중의 수많은 자기계발서들이 이야기하는 수많은 방법이 효과가 없는 이유는 바로 그 방법이 나오는 원리why에 대해서는 설명하지 않기 때문이다. 인과적 지식을 알면 모든 것을 경험해보지 않아도 원리를 응용해서 관련된 사안들을 해결할 수 있다.

하지만 생각에 대한 설명서를 읽어본 적 있는가. 학교에서도 어디에서도 생각 자체에 대해 가르치지 않는다. 이 책은 바로 생각의 작동 원리를 가장 잘 알고 있는 인지심리학자들의 방대한 연구를 바탕으로 쓴 '생각 사용설명서'이다.

인지認知, 생각에 관한 설명서엔 어떤 내용이 담겨야 할까? 우선 여러 가지 기능이 소개된다. 인간의 인지에는 정말 다양한 기능들이 포함돼 있다. 기억, 추론, 판단, 의사결정, 더 나아가 창의적 문제 해결까지 폭넓은 내용을 다루고 있다. 그런데 우리는 그런 기능이 있다는 사실만 알지, 어떤 원리로 움직이는지는 파악하지 못한다. 좋은 결과, 행복한 삶을 원하면서도 그 과정과 원리를 이해하는 데 들이는 시간과 노력에는 대체로 인색한 편이다. 그래서 사례, 실험 등을 바탕으로 생각의 작동 원리에 대한 설명을 최대한 상세히 하여 누구나 이해하기 쉽도록 하였다. 아마 대부분 어디서도 들어보지 못한 내용일 것이다. 강연이나 자문을 하면서 만나는 분들에게서 내가 항상 듣는 말이다.

"이런 이야기는 처음 들어봐요!"

나는 인간의 생각, 그 비밀의 문으로 들어가는 방법을 좀 더 많은 독자에게 알리고 싶다. 지혜로워지기 위한 첫걸음은 내 생각의 원리를 이해하는 데서부터 출발하기 때문이다. 이 책에 '이렇게 하라' 혹은 '이렇게 하면 안 된다'는 식의 말하기 쉬운 조언은 담겨 있지 않다. 당의정 같은 말은 수많은 자기계발서에서 하고 있지만 맛은 좋을지 몰라도 건강에는 큰 도움이 되지 않는다.

이 책을 통해 생각의 작동 원리를 이해하면, 살면서 부딪히는 크고 작은 문제의 해법을 자연스럽게 찾게 될 것이다. 이제 지혜를 찾아 함께 여행을 시작해보자.

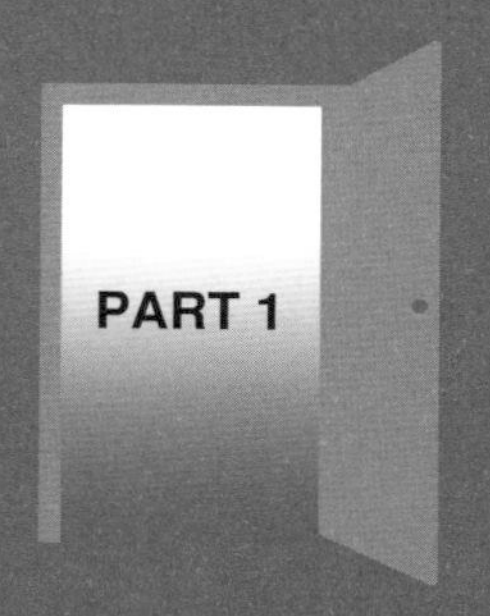

우리는 종종 착각하고 오해한다

생각의 오류와 작동 원리

생각에도
준비운동이 필요하다

대학 시절, 쉬운 말을 어렵게 하는 선배가 있었다. 그에게 질문했다.

"형은 쉬운 말을 왜 그렇게 어렵게 해요?"

선배가 간단히 대답했다.

"그게 인텔리겐치아의 본질적 속성 아니냐!"

"……."

전문 분야에 대해 일반인이 어려워하는 이유는 용어나 개념이 생소해서이다. 언뜻 들어서는 마치 외국어처럼 들리기도 한다. 그래서 어떤 분야든 공부를 시작하려면 용어와 개념부터 익혀야 한다.

운동을 시작하기 전에 항상 준비운동을 먼저 해야 하는 이유와 같다. 갑작스런 운동으로 몸에 무리를 주지 않기 위해서는 충분한 준비운동이 필요하다. 준비운동을 충분히 해놓으면 연습이나 새로운 동작을 배우기도 더 수월해진다. 특히 쉬운 운동보다 복잡하고 어려운 운동을 할 때 준비운동의 역할은 더욱 중요해진다. 우리가 익히 아는 사실이다.

복잡하기 이를 데 없는 인간 생각의 작동 원리를 이해할 때도 이러한 준비운동이 매우 중요하다. 준비운동 없이 바로 원리에 관한 공부에 들어가면 어렵고 힘들기만 하다. 어떻게 하라는 주문만 가득한 자기계발서는 이러한 준비운동을 전혀 제공하지 않는다. 자기계발서의 저자들은 자신의 경험이나 관찰, 즉 개별 사례에 주로 의존함에도 불구하고 사전 이해를 돕는 준비운동을 제대로 제공하지 않는다. 그 외 어디에서도 습득할 기회가 그리 많지 않다. 준비운동은 간단해 보이지만 중요하다.

우리가 탐구할 '생각'에 대한 준비운동은 다름 아닌 인지심리학을 살펴보는 것이다. 인간의 생각과 관련된 몇 가지 중요하고 본질적인 측면을 이해하는 것이다. 인간의 생각을 구성하는 기본적인 성향들에는 불안, 인지적 구두쇠, 고착, 제한성 등이 있다. 이들 용어와 개념을 이해하는 것은 인간 생각의 작동 원리를 알아가는 중요한 출발점이다.

01

불안

"매는 먼저 맞는 게 낫다!"

교사가 품행이 불량한 다섯 명의 학생을 체벌하고 있다. 첫 번째 학생에게 체벌이 가해진다. 그 학생은 체벌이 끝난 후 '이제 아픈 건 끝났구나' 하는 다소 후련한 마음으로 옆으로 비켜선다. 두 번째, 세 번째 학생에 이어 점점 자기 차례가 다가오는 마지막 학생은 마음이 조마조마해진다. 정작 체벌을 가하는 교사는 점점 힘이 빠져서 오히려 뒤에 맞는 학생은 앞의 학생들보다는 조금이라도 덜 아플 것이다. 그럼에도 마지막에 서 있는 학생은 점차 사색이 되어간다. 급기야 자기 차례가 되자 체벌을 받지도 않았는데 털썩 주저앉고 만다.

학창 시절 이런 장면을 한두 번씩 목격하거나 경험해본 적이 있을 것이다. 마지막 학생은 왜 그토록 사색이 되었을까? 불안은 모든 사람이 경험하지만, 역설적이게도 모든 사람이 가장 경험하고 싶지 않은 심리 상태이다. 마지막 학생은 누구보다 가장 크게 고통을 '예측'하고 기다리는 동안 많이 불안했기 때문이다. 즉, 불안은 예견되거나 현재 경험하고 있는 고통을 극대화하는 증폭제이다.

모르핀과 같은 진통제는 일반적으로 불안이 수반되는 통증에 대해서만 주로 효과를 지니는 것으로 알려져 있다. 한 예로, 치열한 전투 후에 응급치료를 받고 후송 대기 중인 병사들은 약 25%만 진통제를 요구한다. 이에 반해 비슷한 상처를 입은 일반 병원의 수술환자들은 80% 이상이 진통제를 요구하는 것으로 조사되었다. 왜 비슷한 상처인데 진통제를 요구하는 비율이 이렇게 크게 차이 나는 것일까? 답은 불안에 있다. 전투가 끝난 뒤 후송 대기 중인 병사들은 앞으로 (최소한 당분간이라도) 전투를 치르지 않아도 된다. 그래서 전장으로 다시 투입될 걱정이 없으므로 이들은 현재의 고통을 덜 느낀다. 고통도 불안을 통해 더 강하게 경험하거나 느끼는 것임을 알 수 있다. 또한 사람들이 불안을 얼마나 싫어하는지도 엿볼 수 있다. 그렇다면 불안은 육체적 고통만 가중시킬까? 심리적 고통 역시 불안할 경우 더욱 커진다. 굳이 예를 들 필요도 없다. 우리가 너무나 자주 이야기하는 스트레스가 여기에 해당한다.

불안을 극대화하는 불확실성과 모호함

공포영화를 예로 들어보자. 어두운 극장 안에서 공포영화를 보는 건 쉽지 않은 일이다. 흔히들 이야기하는 '피가 바짝바짝 마르는 경험' 때문이다. 이런 경험은 당연히 불안의 일종이다. 불안은 괴물이나 귀신이 갑자기 나타나거나 잔인한 장면이 눈앞에 펼쳐지는 순간보다는, 그런 장면을 암시하면서 무언가 조용히 그리고 천천히 진행되고 있을 때 강하게 나타난다. 한마디로 무언가 좋지 않은 일이 벌어지는 순간보다는 오히려 '언제' 혹은 '어떻게' 일어날지 모르는 동안 공포영화의 묘미를 느끼게 된다.

심리학적으로 이야기하자면 불안은 공포나 고통이 예견되지만 정확히는 알 수 없는, 모호한 상황에서 가장 극대화된다. 오랫동안 이런 상관관계를 경험해온 인간은 모호하고 불확실한 상황 자체를 꺼리게 되었다.

인간이 얼마나 모호한 상황을 싫어하는지 잘 보여주는 사례 하나를 살펴보자.

상황 항아리에 90개의 공이 담겨 있다. 여기에는 30개의 빨간 공이 있으며 나머지 60개는 까만 공이거나 노란 공이다. 그런데 까만 공과 노란 공의 비율은 모른다. 게임의 규칙은 간단하다. 먼저 공의 색깔을 말한 후 눈을 감고 항아리에서 공을 꺼낸다. 꺼낸 공의 색깔이 자신이 말한 색깔과 일치하면 돈을 받는다.

질문 1 빨간 공(A) 혹은 까만 공(B) 중에서 어디에 돈을 걸겠습니까?

질문 1에 대해 대부분은 빨간 공(A)을 선택하겠다고 말한다. 그렇다면 두 번째 질문에서 사람들은 어떻게 반응할까?

질문 2 빨간 공과 노란 공(C) 혹은 까만 공과 노란 공(D) 중에서 어디에 돈을 걸겠습니까?

질문 2에서 대부분은 까만 공 혹은 노란 공(D)이 나오는 쪽에 돈을 걸겠다고 한다. 같은 사람에게 질문 1과 2를 연속해서 물어봐도 이러한 경향이 우세하다. 그런데 조금만 더 생각해보면 이는 매우 우스운 일이다. 왜냐하면 첫 번째 질문에서 까만 공이 아닌 30개의 빨간 공에 걸겠다는 것은 자동으로 까만 공이 30개보다 적다고 가정하는 것이다. 그리고 이는 다시 노란 공이 30개보다 많다는 가정과 연결된다. 이를 질문 2와 연결시키면 '빨간 공+노란 공'은 60개가 넘으며 이는 '까만 공+노란 공'(60개)보다 더 당첨될 확률이 높다는 이야기가 된다. 그런데도 많은 사람들은 A와 D를 선택한다.

미국의 저명한 전략분석가이자 저술가인 대니얼 엘즈버그Daniel Ellsberg는 이 실험을 통해 사람들이 얼마나 모호하고 불확실한 것을 싫어하는지 잘 알 수 있다고 말한다. 어떤 일의 발생 확률을 잘 모를수록(더 정확히는 모른다고 생각할수록) 사람들은 이를 위기risk로 인식하고, 불안감과 불쾌감이 증폭된다. 그리고 잘 알려진 것, 예상 가능한 것을 선택하거나 추구하여 불안감을 감소시키기를 원하는 것이 인간 본성이라고 주장한다. 일리가 있다. 앞서 이야기했듯이 인간은 불안한 상태를 못 견디기 때문이다. 물론 불안을 없애기 위해 뭔가 방향성 있는 동기를 갖고 의미 있는 행동을 한다면 긍정적인 결과를 기대할 수 있다. 이것은 세상에 뛰어난 족적을 남긴 사람들이 평범한 사람들에 비해 뚜렷하게 다른 특징 가운데 하나이다. 그러나 우리 대부분은 본능에 따라 보다 리스크가 없는 확실한 것을 취하거나 선호하기 쉬운데 이는 올바른 판단으로 이어지기 어렵다.

인간이 가장 원치 않는 상태

인간은 어떻게 생각하는가, 즉 그 작동 원리를 이해하기 위해서 가장 먼저 인정하고 받아들여야 할 점은 '불안'이다. 나를 비롯한 많은 심리학자가 거기에 동의한다. 가장 유명한 초기 심리학자 중 한 명인 프로이트Sigmund Freud에서부터 수많은 심리학자가 지금까지 해온 연구들 중 가장 역점을 둔 주제이기도 하다.

불안은 인간이 무엇보다도 싫어하는 심리 상태이기에 역설적으로 인간의 마음을 들여다보는 중요한 창구가 된다. 인간이라면 누구나 불안을 경험하며 불안에 대처하는 방식은 사람이나 집단, 문화에 따라 각기 다르다. 그 대처방식을 살펴보면 성격이나 특성을 쉽게 파악할 수 있다. 더욱 중요한 점은 불안이 우리 마음의 작동 원리에 강력한 힘을 발휘하며 개입한다는 사실이다. 불안을 제대로 이해하기 전에는 생각에 대한 이해 역시 피상적일 수밖에 없다.

과연 불안이란 무엇일까? 사전을 들춰보면 '마음이 편하지 않고 조마조마한 상태'라고 나온다. 심리학자들은 '원하지 않는 생각이나 감정을 가질 때 생기는 불쾌한 감정'이라고 조금 더 구체적인 정의를 내린다. 마음이 편하지 않거나 원하지 않은 상태일 때 경험하는 불안은 서둘러 벗어나고 싶은 강한 욕구를 발생시킨다. 즉, 불안은 그 자체로 끝나는 것이 아니라 그 저편에 지향하는 무언가가 있는 것이다. 그 중 하나가 바로 동기動機이다. 일종의 에너지처럼 동기는 무언가를 향해 인간을 움직이게 하는 근원이다.

순서는 이렇다. 불안한 상태에 빠지면 불안과 관련된 다양한 부정적 정서를 경험하게 되고 이는 다시 그 정서로부터 벗어나고 싶은 욕구를 만든다. 이런 욕구를 해결하기 위해서는 행동의 변화 혹은 새로운 행동이 필요하다. 이는 동기라는 기제를 통해 이루어진다. 즉, '불안-정서-동기(동기가 다시금 만들어내는 정서)-인지-행동의 변화'라는 하나의 틀이 만들어진다. 우리 삶의 많은 부분이 이 틀 안에서 이루어진다.

02

인지적 구두쇠

'뇌'는 부지런하지만 '사고'는 게으르다

자기공명영상fMRI이라는 장비가 있다. 현대 뇌과학에서 없어서는 안 되는 중요한 장비로, 뇌를 촬영하는 데 쓰인다. 뇌에는 다양한 종류의 세포들이 있는데 이러한 세포들이 얼마만큼 또 어떠한 패턴으로 활동하는가를 이 장비를 통해 알 수 있다. 이 세포들, 특히 그 중에 뉴런이라고 불리는 세포의 활동 결과가 우리의 생각이다. 그런데 자기공명영상으로 뇌를 촬영하면 조금의 예외도 없이 항상 뇌의 어딘가는 활동 중이다. 그런데도 우리는 매우 자주 '별다른 생각 없음'을 느끼곤 한다.

누군가 "지금 무슨 생각해?"라고 물으면 종종 우리는 이렇게 답하곤 한다. "아무런 생각도 안 하는데…." 거짓말이 아니다. 실제로 우리의 일상생활에서 아무런 생각도 안 하고 있는, 아니 더 정확하게는 아무런 생각의 결과를 느끼지 못하는 순간이 매우 많다. 실제 생활에서 "멍 때린다." 혹은 "아무 생각 없이 ○○ 한다."라는 표현을 얼마나 자주 쓰는지만 봐도 우리가 자주 '생각 없음' 상태에 있는지를 잘 알 수 있다.

그렇다면 뇌에서는 늘 뉴런들이 활동하고 있는데 왜 우리는 늘 생각하고 있다는 느낌이 없을까? 뇌는 부지런하지만 우리의 생각은 게으르기 때문이다. 이를 두고 인지심리학자는 '인간은 인지적 구두쇠 cognitive miser'라는 표현을 사용한다. 어떤 사람을 구두쇠라고 부르는가? 당연히, 잘 사용하지 않으려는 사람을 두고 하는 말이다. 인지적 구두쇠란 인지, 즉 생각을 잘 하지 않으려는 사람을 두고 하는 말이다. 인지심리학자들은 이것이 인간의 본성에 가까운 경향성 가운데 하나라고 이야기한다. 깊이 생각할수록 그만큼 에너지가 소모되고 지치기 때문에 좀 더 편안한 쪽을 선택하는 것이다.

실제로 뇌의 무게는 평균 3파운드다. 그런데 뇌에서 해야 하는 생각의 종류와 깊이는 거의 무한에 가깝다. 그래서 뇌 관련 연구자들은 '3파운드의 우주'라는 표현을 즐겨 쓴다. 3파운드면 대략 1.4kg 정도이다. 한 사람의 몸무게가 얼마든 그 사람의 육체에서 차지하는 비중이 매우 작아서일까. 전문 연구자를 제외하면 뇌가 실제로 얼마나 많은 에너지를 쓰는지를 아는 사람이 매우 드물다.

일반적으로 격한 운동이나 노동을 하는 경우에만 에너지를 쓴다고 생각하지만 뇌가 쓰는 에너지 또한 엄청나다. 연구 결과를 보면 10와트 전구만큼의 에너지를 소모한다.[1] 평균적으로 신체의 총 에너지 소비량은 80와트 정도이다. 그 중 뇌는 통상 체중의 2%를 차지함에도 12%의 에너지를 소모하는 것이다. 그렇다면 에너지는 무엇인가? 바로 우리 몸의 혈액에 기초한다. 뇌에 공급되는 혈액은 생각과 관련된 세포들을 움직이게 하는 에너지의 원천이다.

그래서 복잡하고 어려운 생각을 하면 이에 발맞춰 뇌로 향하는 혈액의 공급량도 급증한다. 경우에 따라서는 심한 육체노동에 버금가는 에너지 소모도 일어난다. "고민을 얼마나 많이 했는지 얼굴이 반쪽이 되었네!"라는 표현이 괜히 나온 말이 아니다. 이러니 에너지를 많이 쓰는 뇌는 깊고 복잡한 생각을 피하고 싶어진다. 무엇을 위해? 바로 생존에 도움이 되기 때문이다.

먹을 것을 구하기가 어려운 원시시대라고 생각해보자. 오래 살기 위해서는 당연히 내 몸 안으로 들어온 귀한 음식의 에너지를 헛되이 쓰고 싶지 않다. 그런데 사냥감을 쫓기 위해 에너지를 쓰는 것도 아니고 깊이 생각하는 것만으로 그만큼의 에너지를 쓴다고 하면 얼마나 억울할까? 그래서 생각을 많이 하지 않으려는 인간의 경향성은 거의 본능에 가까운 모습으로, 수천수만 년 동안 인류의 무의식에 자리 잡아왔다. 지금은 최소한 굶어 죽을 걱정은 하지 않아도 되는 풍요로운 시대를 살지만 여전히 우리에게는 이런 모습이 강하게 남아 있다.

복잡한 건 싫어

실제 우리는 이러한 인지적 구두쇠의 모습을 너무나도 자주 본다. "됐고! 그냥 간단하게 가자!", "아, 몰라! 머리 아파. 그냥 하던 대로 해!", "짜증 나. 뭐 이렇게 복잡해?" 등 우리가 인지적 구두쇠임을 말해주는 표현들은 헤아릴 수 없이 많다. 우리가 이렇다는 사실을 인정하자!

여전히 인정할 수 없다면 실제로 일어났던 사례 하나를 살펴보자. 세계 최고 권위의 선택 심리학자이자 컬럼비아대학교 경영학과 교수인 쉬나 아이엔가Sheena Iyengar는 '선택'에 관해 18년 넘게 연구하고 강연해왔다. 그녀는 강연에서 대학원 시절의 경험과 약간의 실험적 아이디어를 곁들인 에피소드를 자주 들려주는데 다음의 내용은 그 중 하나다.[2]

대형 마트 시식코너에 각각 6개와 24개의 잼을 놓고, 쇼핑객의 반응을 알아보는 실험이다. 상식적으로는 24개의 잼이 놓인 시식코너가 선택의 폭이 넓으므로 매출도 더 높을 것이라고 예측한다. 실제로 쇼핑객 중 약 60%가 24개의 잼을 진열한 시식코너에 멈춰 섰고, 6개의 잼이 놓인 시식코너에는 40%만이 걸음을 멈추었다. 하지만 구경을 한다고 모두 구매로 연결되는 것은 아니다. 놀랍게도 구매 결과는 정반대로 나타났다. 6개의 잼이 놓인 시식코너에서 구매로 이어진 비율이 훨씬 더 높았던 것이다. 24개의 잼이 놓여 있는 시식코너에서는 3%만이 구매를 했다. 6개의 잼만 놓인 곳의 구매 비율은 약

30%에 이르렀다.

간단한 수학을 해보자. 60%×3%는 1.8%이다. 24개의 대안을 제시했을 때 그곳을 구경한 사람 중 단지 1.8%만 구매 결정을 내렸다. 하지만 대안의 수를 4분의 1로 줄였을 땐 그곳을 둘러본 사람의 30%가 구매를 하였다. 즉 40%×30%는 12%이므로, 전자보다 6~7배에 해당하는 구매율 상승효과를 본 것이다.

이는 무엇을 의미할까? 인지적 구두쇠인 인간은 대안이 지나치게 많으면 일종의 과부하를 경험하게 된다. 이는 때때로 선택을 아예 하지 않는 경향으로 이어진다. 인지적 과부하는 선택을 뒤로 미루고 싶은 마음을 만들어낸다. 언제까지? 그 선택이 쉬워질 때까지이다. 물론 그것이 언제인지 인간의 힘으로는 알기 어렵다. 인간은 언젠가는 그때가 올 거라며 선택을 뒤로 미룬다. 게다가 대안의 수를 줄이면 남아 있는 소수의 대안이 더 괜찮아 보이는 일도 있다.

나는 이 이론에 근거해 가끔 들르는 식당에서 장사가 잘되지 않아 고민하는 주인에게 조언을 해주기도 한다.

"몇 가지만 남기고 메뉴 수를 대폭 줄여보세요."

물론 '살아남을' 메뉴가 맛과 질에서 일정 수준 이상이라는 전제가 필요하지만, 나의 조언은 큰 효과를 발휘했다. 어떤 경우에는 나의 간단한 조언이 '망해 가던 식당'을 '맛집'의 대열까지 올려놓기도 했다. 효과를 본 주인들은 내게 고마워하면서도 의아함을 나타낸다.

"교수님, 그런데 이상한 건 지금 이렇게 잘 팔리는 음식이 예전과 크게 맛이 다르지 않아요."

무언가를 잘 팔고자 할 때는 더 좋은 것을 만드는 것만큼 선택을 쉽게 해주는 것이 중요하다는 마케팅의 상식과도 잘 들어맞는 대목이다. 이제는 정말로 인정하자. '인간은 인지적 구두쇠이다.' 인정해야만 바꿀 수 있다.

03

고착

인간은 변화를 싫어한다

인지 구두쇠인 인간은 현재 있는 곳에서 다른 곳으로 움직이는 것을 절대 원하지 않는다. 즉, 변화를 별로 좋아하지 않는다. 변화란 기존의 삶에서 벗어남을 의미한다. 그 벗어남은 결국 익숙하고 확실하고 예측 가능한 무언가를 포기하는 것을 뜻한다. 불안은 새로운 변화를 시도하면서 치러야 하는 대가인 셈이다. 안정에서 불안한 상태가 되니 변화를 좋아할 리 없다. 그 변화는 대부분 불확실하고 모호한 세상으로 나를 집어넣을 가능성이 크다. 인간은 불안을 가장 싫어하고 인간의 기본 성향은 불안이 예상될 경우 본능적으로 회피한다. 그래서 우리 대부분은 어느 상황과 시점에서든 기존의 것(아이디어, 물건 혹은 사람이든)에서 벗어나려고 하지 않는다. 이를 잘 보여주는 예가 하나 있다. 다음 그림을 보자.

두 줄 잇기 과제.

이 그림에서 보여주는 장면은 일종의 미션 완성 과제이다. 천장에 실이 두 개 매달려 있다. 실험실에 들어간 학생은 두 개의 실을 하나로 연결해야 한다. 그런데 실험진이 사전에 학생들의 팔 길이를 대략 측정해 놓았기 때문에 한쪽 실을 잡고 다른 쪽 실을 향해 팔을 뻗어도 손이 닿지 않는다. 그럼 어떻게 해야 할까? 학생들에게 과제를 설명할 때 그 방안에 있는 어떤 도구를 사용해도 무방하다고 말해준다. 물론 사용하지 않아도 그만이다. 실험실 한쪽 바닥 구석에는 가위가 하나 놓여 있다. 즉, 학생들로서는 사용 가능해 보이는 도구가 가위밖에 없다.

자, 이제 재미있는 상황이 벌어진다. 대다수 학생은 가위를 종이 자를 때처럼 쥔다. 그리고 한쪽 손으로 실을 잡고, 다른 손으로는 가위를 뻗어 반대편 실을 잡으려고 열심히 애를 쓴다. 그런데 이미 실험진이 가위 날을 열심히 갈아 놓았기 때문에 이는 오히려 역효과를 일으킨다. 대부분은 잡으려고 하는 실의 끝이 가위에 싹둑 잘려나간다. 이제 실은 더 짧아졌다. 이제 대부분의 학생은 가위를 거꾸로 잡는다. 위험하게도 날을 자신의 손으로 잡고 그 실을 잡아보려고 하는 것이다. 이 방법도 실을 잡는 데 도움이 될 리 없다. 이런 광경은 학생마다 차이가 있지만, 평균 10~20분 이상 지속된다. 일부 학생은 "제길, 괜히 가위 가지고 해보려고 했네."라고 투덜거리면서 가위를 내팽개치고는 더욱 우스꽝스러운 시도를 하기 시작한다. 별의별 학생들이 다 있다. 실을 빨아들이겠다면서 입을 사용하는 학생, 정전기를 이용한다며 손바닥으로 자신의 바지를 열심히 문지르는 학생, 심지어 기도 비슷한 행위로 정신 동력을 이용하겠다는 학생마저 나온다. 한마디로 온갖 행동을 보여준다.

그런데 놀라운 점은 실험실 안에 가위가 아닌 다른 물체를 슬쩍 놓아두면 결과가 매우 극적으로 바뀐다는 것이다. 이번에는 가위가 아닌 망치로 바꿔서 실험을 진행해보자. 그럼 학생 중 상당수가 그 망치를 어떻게 사용할까 고민하다가 이내 '아! 이러면 되겠구나!'라는 표정을 짓는다. 그러곤 망치를 한쪽 실 끝에다 묶는다. 실에 묶인 망치는 시계추처럼 앞뒤로 왔다 갔다 하게 된다. 피실험자는 망치를 반대 방향으로 던진 뒤 다른 실을 잡고 기다리다 망치에 묶인 실이 가까이

왔을 때 낚아채서 두 실을 연결한다. 미션을 완료하는 시간은 가위가 있는 방에 들어간 학생 그룹보다 훨씬 더 짧게 걸린다.

이 두 상황을 모두 읽은 독자들은 이렇게 생각할 것이다. “아니, 가위도 얼마든지 실에 묶을 수 있잖아?” 맞다. 가위는 손잡이가 고리 모양이기 때문에 망치보다 더 쉽게 실에 묶을 수 있다. 하지만 가위를 사용한 대부분의 학생은 이 생각을 좀처럼 해내지 못한다.

도대체 왜 이런 일이 일어났는지를 살펴보려면 어떤 사물이 상식적으로 지니는 역할이나 기능을 생각해보면 된다. 일상생활에서 실과 가위는 주로 가위로 실을 ‘자르는’ 관계이다. 익숙한 관련성이다. 따라서 가위의 기능을 자르는 것으로 한정해버리기 때문에 가위를 ‘묶는’ 용도로 활용할 생각 자체를 못한다. 하지만 망치와 실은 어떤가? 역할과 기능에서 별로 밀접한 관련성이 없다. 그래서 망치의 기능인 ‘때린다’ 혹은 ‘박는다’ 등의 행위는 이 상황에서 실과의 관련성에 대해 굳이 생각할 필요가 없다. 망치에 실을 묶는다는 발상이 가위에서처럼 어렵지가 않다. 그러므로 내 생각의 발목을 붙잡는 고착으로부터 쉽게 빠져나올 수 있다.

앉아서 당하는 게 더 낫다?

이러한 현상은 무엇을 말하는가? 익숙한 연결이나 상황일수록 새로운 아이디어나 혁신적인 해결책을 생각해내기가 더더욱 어렵다는 것을 말해준다. 익숙함이 우리에게 주는 함정은 바로 새로운 생각을 못하게 한다는 점이다. 어째서 이런 일이 일어날까? 바로 불안, 모호함의 회피, 고착, 이 셋은 한통속이기 때문이다. 우리는 말로는 변화를 추구하고 변화하고자 애를 쓴다고 하지만 내심 굉장히 싫어하는 것이다.

변화를 싫어하는 경향성은 실제 생활에서 과연 어떻게 나타날까? 여러 가지 논의가 가능하지만 후회하지 않으려는 강한 성향과 연결이 된다. 후회는 언제 더 크게 할까? X만큼의 손해가 일어난 두 가지 경우를 가정해보자. 첫 번째 상황은 '별다른 변화를 주지 않고 있다가 X만큼의 손해를 본 경우'이며 두 번째는 '변화나 이동을 시도했다가 X만큼의 손해를 본 경우'이다. 대부분은 두 번째 경우에 더 속상해한다.

아파트를 팔지 않고 그대로 살다가 그 아파트 가격이 Y만큼 떨어진 경우와 아파트를 팔고 난 뒤 이전 아파트 가격은 그대로인데 새로 산 아파트 가격이 Y만큼 떨어진 경우를 비교해보자. 우리는 대부분 후자의 상황에 더 속상해한다. 이러한 경향성은 이사 비용을 고려하여 Y를 조정했을 때도 여전히 관찰된다. 무언가 변화를 주면 더욱더 모호한 상황으로 몰고가는 경우가 더 많다. 그 모호함을 감수했음에도 불구하고 결과가 좋지 못하면 그 상처가 2배가 된다. 따라서 세 번째로 우리가 인정해야 할 인간의 기본적 경향은 바로 고착이다.

04

멀티태스킹에 대한 착각

우리는 멀티태스킹이 가능할까?

"당신은 동시에 여러 가지 일을 할 수 있습니까?"라고 물어보면 꽤 많은 사람들이 이렇게 대답한다.

"물론이죠. 저는 한 번에 여러 가지 일을 함께할 수 있고 또 그렇게 하고 있습니다."

"한 번에 한 가지씩 일하는 건 재미가 없고요. 어떤 때는 몇 가지 일을 같이 해야 더 잘되더라고요."

실제로 사람들의 컴퓨터 사용 습관을 들여다보면 잘 드러난다. 직장이나 학교에서 옆 사람이 사용하는 컴퓨터 화면에 지금 몇 개의 작업 창이 띄워져 있는가? 최소 대여섯 개의 작업 창이 윈도우 아래를 빼곡하게 메우고 있을 것이다. 심지어 우리는 각 작업 창에서 하는 작업들을 자신이 제대로 통제하고 있다고 믿는다. 과연 그럴까.

미국 유학 시절 나의 지도교수였던 아트 마크먼Art Markman은 《스마트 싱킹Smart Thinking》에서 창의적으로 문제를 해결하기 위한 사고의 활용법을 거의 매뉴얼 수준으로 망라했다.[3] 이 책에서는 멀티태스킹을 아예 '악마'라고 부른다. 이는 아트 마크먼을 비롯해 나, 그리고 대부분의 인지심리학자들이 동의하는 부분이다. 그런데도 사람들은 대부분 아무 생각 없이 멀티태스킹이 가능한 것처럼 상황을 몰아간다. 그리고 수없이 많은 상황에서 오류와 사고를 불러일으킨다. 사무실에서 일하면서, 주방에서 요리하면서, 도로에서 운전하면서….

그 결과는 실로 엄청나다. 주문량에 '0' 하나를 더 붙여 회사에 천문학적인 손해를 끼친 주식중개인, 손가락에 큰 상처를 입은 주부, 스마트폰이나 내비게이션에 눈길을 뺏겨 사고를 일으킨 운전자 등 다양한 형태로 나타난다. 두 가지만 생각해보자. 첫째, 우리는 정말 멀티태스킹을 못할까? 둘째, 그런데 왜 자꾸만 멀티태스킹을 하려고 할까?

1만 원과 1만 원짜리 영화표의 차이

인간이 멀티태스킹을 하는 이유는 최소한 두 가지로 나눠 생각해볼 수 있다. 첫째는 멀티태스킹을 줄여야 할 필요성을 크게 못 느낀다. 둘째는 이른바 멀티태스킹을 하고 싶다는 강한 욕구가 있다. 그러므로 멀티태스킹은 준비운동 차원에서 받아들여야 하는 인간 생각의 본성 중 하나이다.

표면적으로 보면 멀티태스킹을 부추기는 그 근본에는 조급함이나 욕심이 있다. 시간은 많지 않은데 여러 가지 일을 한꺼번에 하려는 생각이 결과적으로 멀티태스킹을 하게 만든다. 그렇다면 본성이라고 인정하고, 시중에 나와 있는 흔한 자기계발서처럼 '여러 가지 일을 할 때는 여유를 두고 계획을 세워서 하라'고만 말하면 끝나는 걸까? 문제의 핵심은 여전히 '왜 그렇게 되는지'와 그럼에도 '왜 그렇게 하지 못하는가'에 관한 이유를 알아야 한다.

먼저 '계획오류planning fallacy'라는 현상부터 이해할 필요가 있다. 계획오류란 일반적으로 '어떤 일을 언제까지 완료할 수 있을 것이라는 낙관적 기대'를 의미한다. 막상 일을 시작하면 완료일까지 끝내지 못하지만 낙관적으로 기대하는 것이다. 사람들이 왜 낙관적 기대를 하는지에 대해서는 다양한 설명이 가능하다.

첫 번째로, 그 일을 완성할 수 있는 데까지 걸리는 시간과 목표를 하나로 묶어서 보기 때문이다. 즉, 주부가 아침에 일어나 저녁에 있을 친척과의 가족모임 식사를 준비한다고 가정해보자. 준비를 하면서 이렇게 생각할 수 있을 것이다.

"오늘 저녁 전까지 식사 준비를 마치자!"

그렇다면 시간의 잣대도 하나(오늘 저녁까지)이고 목표도 하나(식사 준비 마치기)이다. 이럴 때 밥과 국, 다양한 반찬, 후식으로 사용할 과일 등 최종 목표를 위한 세부적인 일이 모두 하나의 시간 잣대와 목표로 들어간다. 일의 경중이나 우선순위, 개별적인 하나의 일들이 얼마만큼의 시간을 요구하는지에 대한 조망이 부족해질 수밖에 없다.

재치 있는 주부라면 경험상 일을 시작하기 전에 무언가 간단한 작업을 한다. 할 일들을 종이 한 장에 적어 내려가는 것이다. 그렇게 써 내려가면서 일의 순서를 바꾸기도 하고 연관성 있는 일들을 서로 이어 붙이기도 한다. 그 과정에서 하나의 시간 잣대와 하나의 목표가 여러 개의 시간 구간과 세부 목표들로 나뉜다. 이렇게 하면 여러 가지 일들을 동시에 하면서 허둥지둥하는 현상을 상당히 줄일 수 있다. 그리고 차근차근 일하는 자신의 모습을 보게 된다.

직장에서도 마찬가지다. 출근길에 '오늘 할 일들이 무엇 무엇이 있나?'라는 생각을 차분히 정리한다. 그렇게 하지 않고 사무실 책상에 앉으면 여러 가지 일이 한 번에 떠오르며, 이내 내 컴퓨터 화면은 여러 개의 작업 창으로 가득 차버리고 만다. 허둥지둥하다 퇴근 시간이 다가오면 '어, 오늘도 한 일 없이 바쁘기만 하고 하루가 지나는구나!'라는 후회가 생긴다. 더욱 재미있는 것은 현재 하는 일이 하나일 때보다 여러 개일 때, 일과 상관없는 다른 것(인터넷 서핑, 잡담, 공상 등)이 끼어들어 몇 십 분 혹은 몇 시간을 허비하는 경우가 더 많다는 점이다.

대개는 시간이 없고 조급하므로 멀티태스킹을 하는 것으로 착각한다. 그러나 실제 그 과정을 들여다보면 다급한 마음 역시 계획에 오류가 생겨서 빚어진 결과에 더 가깝다. 따라서 '조급한 마음을 버리고 여유를 가지라'는 따위의 조언은 아무 도움이 되지 않는다. 그보다는 우리가 어떤 일을 할 때 시간과 목표를 너무 크게, 즉 하나로 뭉뚱그려 잡는 경향이 있으므로 하위 목표를 열거해본다. 하위 목표를 정리하면 어떤 일에 얼마만큼의 시간이 필요한지와 작은 일들 간의 관련성이 파악되며 당연히 일의 '순서'가 만들어진다. '순서'라는 개념은 어떤 일을 무작위로 혹은 동시에 하려는 멀티태스킹을 막아주는 역할을 한다.

우리는 왜 어떤 목표를 떠올릴 때 크게, 통으로 잡는 것일까? 결론부터 이야기하자면 그게 바로 주제와 더 걸맞기 때문이다. 인간은 돈이든 일이든 그 목적에 따른 '이름 붙이기'를 좋아한다. '이름 붙이기'가 일단 끝나면 다른 이름을 지닌 것과는 전혀 다른 것처럼 취급한다. 이는 행동경제학behavioral economics의 대부로 알려진 리처드 탈러Richard Thaler가 인간의 판단을 설명할 때 자주 사용하는 '주제적 프레이밍topical framing'과도 일맥상통한다. 탈러에 의하면, 사람들은 어차피 합치면 다 같은 돈이라도 그 돈을 심리적 목적에 맞게 이름을 붙인다. 예를 들어보자.

상황 A "10만 원이 든 지갑을 들고 영화관에 갔다. 영화표는 1만 원이다. 그런데 영화관 가는 길에 1만 원을 잃어버렸다. 그래도 영화를 보시겠습니까?"

대부분은 그래도 영화를 보겠다고 답한다. 1만 원을 잃어버려 기분은 좀 상하지만 어쨌든 9만 원이 남아 있기 때문이다. 그런데 다음 상황은 어떤가?

상황 B "10만 원이 있는데 오후에 볼 영화표를 1만 원을 주고 미리 사두었다. 따라서 지갑에는 9만 원과 영화표가 있었다. 그런데 영화관에 도착한 후 영화표를 잃어버린 것을 알았다. 이 영화표는 재발행되지 않는다. 그래도 영화를 보시겠습니까?"

상황 B에서는 다시 1만 원을 내고 영화표를 사겠다는 사람의 수가 상황 A보다 현저하게 줄어든다. 실제 사람들은 상황 B의 경우 더 속상해한다. 생각해보면 우스운 일이다. 왜냐하면 두 상황 모두 1만 원의 손실을 본 것이고 여전히 지갑에는 9만 원이 있기 때문이다.

그런데 왜 이런 차이가 날까? 다음과 같은 추리가 가능하다. 상황 A의 사람은 지갑에 있는 마음의 계좌account가 하나이다. 10만 원짜리 계좌이다. 여기서 1만 원이 사라졌으니 10%의 손실이다. 그런데 상황 B의 사람은 마음의 계좌가 2개인 것이다. 하나는 9만 원짜리 현금 계좌이고 다른 하나는 1만 원짜리 영화표 계좌이다. 그 중 두 번째 계좌에서 100%의 손실이 일어난 것이다. 10%와 100%의 손실 중 어느 것이 더 가슴 아프겠는가? 당연히 후자이다. 그래서 사람들은 상황 B에서 더 속상해하고 다시 100%를 메우는 소비를 꺼리는 것이다.

이 이야기는 현대 경제학과 심리학이 만나 인간의 판단과 결정을 연구하는, 이른바 행동경제학에서 가장 핵심 이론인 심성회계학mental accounting의 근본 가정 중 하나이다. 즉, 사람들은 돈이든 행동이든 일이든 그것을 주제별로 묶고 다른 주제는 다르게 취급한다는 것이다.

이 이야기를 계획오류에 적용해보자. '오늘까지 ○○ 한다'라는 식의 마음가짐은 주제를 하나만 가지고 있는 것이다. 마음의 계좌가 하나인 셈이다. 그러므로 현재 하는 일이 모두 같은 것이며 따라서 여러 가지 일을 하고 있더라도 결국 같은 마음의 계좌를 위한 행동이다. 멀티태스킹을 부추길 수밖에 없다.

그런데 일을 구체화하여 리스트를 작성하면 여러 가지 계좌가 마음에 만들어진다. 다른 계좌를 위한 행동은 지금 하고 있는 일을 위한 마음의 계좌와 구분되는 것처럼 느껴진다. 지금 내가 초점을 맞추고 있는 계좌에 방해되는 것을 쉽게 알아차릴 수가 있다. 일을 쪼개어 목록화하는 작업은 개별적 일에 주제를 붙임으로써 '지금 다른 일을 같이하면 무언가 손해를 보거나 방해를 받는 느낌'을 극대화한다. 실제로 심성회계학 이론의 지식을 현실 세계에 응용해 낭비를 막거나 무언가에 집중해 절약 효과를 도모하는 시도나 성과를 자주 찾아볼 수 있다.[4]

물론 문제는 다른 곳에도 있다. 바로 기억이다. 인간은 어떤 일을 잘할 수 있다는 판단을 어떤 근거로 하는가? 당연히 그 일을 예전에 얼마나 잘했는가에 대한 기억에 의존한다. 어제 타이핑 하는 데 문제가 없었고 오늘 그 사실을 기억하고 있다면 지금 현재도 타이핑에 문제가 없을 것이라고 생각한다.

이것은 틀린 생각이 아니다. 그런데 어제 했던 또 다른 일, 예를 들어 컵라면을 먹는 것 역시 내가 능숙하게 했다는 것을 기억하고 있다. 그렇다면 컵라면을 먹으면서 타이핑을 하는 것은? 당연히 또 다른

'그리고and' 관계가 성립하기 때문에 이제 전혀 다른 성격의 일이 된다. 그럼에도 이전의 독립적인 두 일에 대한 자신감은 두 가지 일을 동시에 할 수 있을 것이라는 착각을 만들어내곤 한다.

음악을 들으면서 공부하면 더 잘될까?

살다보면 한 가지 일만 하기에도 벅찰 때가 있는가 하면 동시에 여러 가지 일을 할 수 있을 때도 있다. 바꿔 말하자면 어떤 일들은 하기 쉽고 어떤 일들은 하기 어렵다. 우리는 어떤 경우에 '하기 어렵다'고 말하고 어떤 경우에 '하기 쉽다'고 말하는 걸까? 물론 '38+63'은 '387+639'보다 계산이 수월하다. 계산을 위해 거쳐야 할 단계 자체가 적기 때문이기도 하지만 이와 별도로 고려해야 할 중요한 요인이 더 있다. 그 요인은 인간의 주의注意, attention에 대한 연구를 살펴보면 쉽게 알아낼 수 있다.

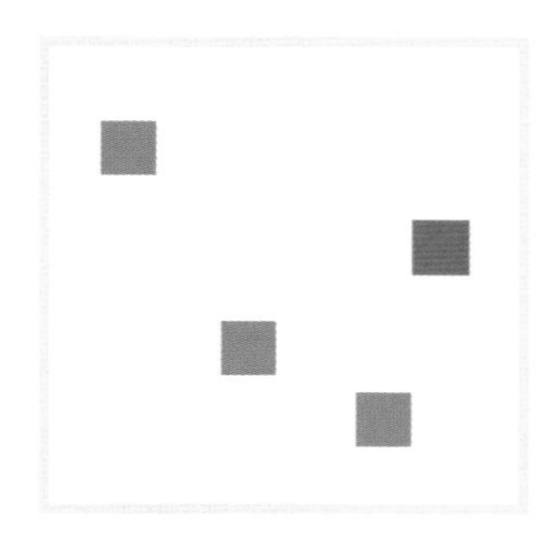
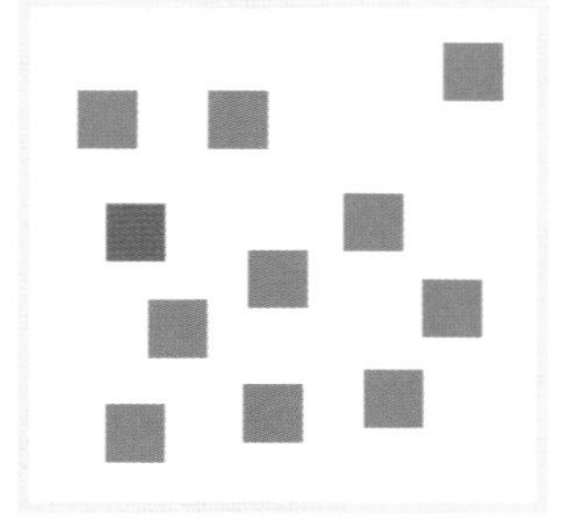

〈그림 A〉

〈그림 A〉 중 왼편 그림에서 빨간 사각형을 찾아보자. 매우 쉽게 찾을 수 있다. 그럼 이번에는 오른편 그림에서 빨간 사각형을 찾아보자. 이것도 매우 쉽다. 찾아내는 시간은 왼편 그림과 전혀 차이가 나지 않는다.

〈그림 B〉에서 빨간 사각형을 내가 찾아야 하는 '표적target'이라고 하자. 그럼 다른 것들은 모두 '방해자obstructor'일 것이다. 왼편 그림과 오른편 그림에서는 방해자의 수에서 차이가 난다. 오른편 그림에는 방해자가 10개나 있다. 그런데도 찾는 시간에는 전혀 차이가 나지 않는다. 즉, 방해자의 수가 표적을 찾는 시간에 영향을 미치지 않은 셈이다. 그럼 이번에는 어떨까? 이번에도 빨간 사각형을 찾는 것이 과제이다.

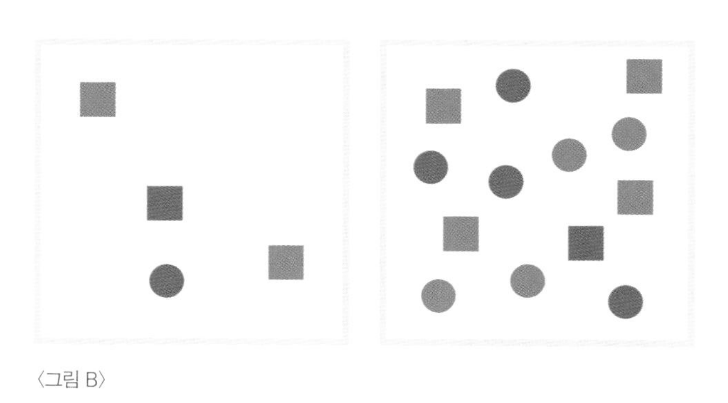

〈그림 B〉

이번에는 왼편 그림이 더 쉽다. 오른편 그림에서는 다소 시간이 더 걸리고 좀 더 어렵게 느껴진다. 그렇다면 이번에는 방해자의 수가 늘어남에 따라 찾는 시간도 더 걸렸다고 볼 수 있다. 도대체 무슨 차이가 있는 것일까?

눈치가 빠른 독자들은 벌써 알아챘을 것이다. 〈그림 A〉에서는 빨간 사각형을 찾기 위해서 그저 '빨간 것'만 찾으면 된다. 하지만 〈그림 B〉에서는 빨간 사각형을 찾기 위해 녹색 도형뿐만 아니라 빨간 원형도 무시해야 한다. 그렇다면 B에서 내가 할 일은 '빨간색' 그리고and '사각형'을 찾는 것이다. 즉, 고려해야 할 조건이 하나 더 늘어난 셈이다.

우리가 어떤 일을 할 때 복잡하고 어렵게 느끼며 시간이 더 걸리는 이유는 대부분 이 '그리고and' 관계의 수가 많기 때문이다. 우리 실생활에서 겪는 일들은 어떨까? 아무리 단순 작업이어도 이러한 '그리고and' 관계가 한두 개쯤은 된다. 그 이상이 되면 일의 난이도가 확연하게 달라진다.

최근 스마트폰 앱으로도 출시된 일명 '월리를 찾아라Where's Wally?'라는 게임이 있다. 아래 사진은 1990년대 전 세계의 많은 사람이 즐겼던 같은 이름으로 출판된 책 가운데 한 권이다. 게임 방법은 간단하다. 제시된 월리의 모습을 보고 그림의 많은 사람 중 월리가 어디에 있는지를 찾는 것이다. 즉, 월리는 표적이고 다른 모든 사람은 방해자이다. 정말 어렵고 시간이 오래 걸린다. 방해자의 수가 늘어남에 따라 탐색 시간도 급증한다.

《월리를 찾아라》 표지.

그 이유는 이제 분명해진다. 월리는 어떻게 규정되는가? '안경을 썼다' 그리고 '모자를 썼다' 그리고 '남자다' 그리고 '수염이 없다' 등 여러 개의 '그리고and'를 써야만 규정할 수 있다. 이를 통해 알 수 있는 사실은 어떤 것을 찾아야 할 때 그 표적이 '그리고and' 관계를 많이 포함하고 있고, 방해자 역시 '그리고and' 관계의 일부를 포함하고 있다면 주변 방해자 수가 증가함에 따라 그 일이 점점 더 어려워진다는 것이다. 그렇지 않다면 방해자 수는 일의 어려움에 전혀 영향을 미치지 않는다.

이를 학술적으로 표현하면, '어떤 대상을 구성하는 속성들의 결합관계conjunction의 수가 과제의 복잡성에 영향을 미친다'고 할 수 있다. 즉, 우리는 어떤 일을 할 때 그 일에 주의를 집중해야 하는데 이 주의라는 기제는 결합관계의 수를 복잡함의 정도로 판단한다는 것이다. 한 번에 여러 개의 결합관계를 고려하는 것은 당연히 어렵다. 그런데 세상의 일들은 빨간 사각형 찾기가 아니라 월리를 찾는 것에 훨씬 가깝다. 상당수 일은 그보다도 많은 '그리고and' 관계를 포함하기 때문에 더 어렵다. 세상일이 그러함에도 우리는 멀티태스킹을 할 수 있다고 생각한다.

최근에 이뤄진 다양한 연구를 살펴봐도 간단한 동작이라도 일이나 공부를 하면서 함께하면 결과가 좋지 않음을 분명하게 보여준다. 껌을 씹는 것과 같은 아주 단순한 동작을 하면서 단어를 암기할 때 오롯이 단어만 암기했을 때보다 점수가 분명하게 줄어든다.[5] 운전 중에 핸즈프리를 사용하더라도 사고율이 별로 줄어들지 않는다는 점 역시 분명히 밝혀지고 있다.[6] 운전 중 손에 휴대 전화를 들고 있지 않아도 대화에 주의를 빼앗겨 돌발 상황에 대처하는 시간이 줄어들기 때문이다. 그럼에도 우리는 음악을 들으면서 공부를, 잡담하면서 작업을, 한쪽 모니터로 영화를 보면서 다른 모니터로 일할 수 있다고 '자신 있는 착각'을 하고 산다. 오만하기 그지없는 일이다.

어떤 일을 동시에 한다는 것은 거의 불가능하다. 더 정확하게는 빠르게 두 일 사이를 오가면서 하기 때문에 동시에 두 가지 일을 한다는 표현을 쓰는 것뿐이다.[7] 이럴 때는 선택적 주의selective attention라는 기제가 제대로 활동해야 한다. 이는 나에게 주어진 어떤 정보에는 주의를 기울이고 다른 정보들은 무시하는 것을 말한다. 선택적 주의 능력이 어느 정도인지 측정하는 방법을 이른바 양분청취법dichotic listening 이라 한다. 아래 그림을 보자.

헤드폰 실험.

위 그림의 사람은 헤드폰을 끼고 있다. 그런데 양쪽에서 동시에 소리가 나지만 두 귀를 통해 들어오는 메시지는 제각각이다. 두 개의 다른 메시지 중 사전에 지시받은 쪽의 메시지만 따라 하는 실험이다. 예를 들어 왼쪽 그림의 사람은 자신의 왼편 귀로 제시되는 정보만을 입으로 따라 하도록 지시받았다. 따라서 "그 누렁이는 무언가를 쫓고 있는데 그건…."이라고 얘기를 해야 한다. 왼편 혹은 오른편 귀로 들리는 메시지 중 어느 쪽을 따라 해야 하는가는 실험이 진행되면서 수시로 바뀐다. 그때마다 지시받은 쪽의 메시지를 입으로 따라 해야 한다.

실험을 잘 수행하려면 어떤 능력이 필요할까? 최소한 두 가지가 필요하다. 자기가 따라 해야 하는 편의 정보에 '초점'을 맞춰야 하고, 동시에 반대편의 정보는 불필요하므로 '무시'해야 한다. 두 과정이 잘 조화를 이루면 이 과제를 잘 수행할 수 있게 되며 이를 '선택적 주의 능력'이라고 한다. 이 과제를 실제 경험한 사람들은 굉장히 어렵다고 입을 모은다. 쉬워 보이지만 실제로는 실수를 자주 범한다. 바꿔 말하면 이걸 잘하는 사람들은 엄청난 능력이 있다고 할 수 있다. "에이, 그 정도 잘하는 게 뭐 대단한 능력이야?"라고 일축해버리기 쉽지만 결코 그렇지 않다.

1970년대 이스라엘 공군비행학교에서 교육훈련생의 비행 수행을 가장 잘 예측하는 지수가 바로 이 선택적 주의 과제 결과였다.[8] 또한 미국 상업용 차량 운전자의 사고율 역시 선택적 주의 과제 수행 점수에 의해 가장 잘 예측되었다는 연구 결과도 있다.[9]

굳이 멀티태스킹을 해야겠다면 자신에게 선택적 주의 능력이 있는지부터 측정해보자. 어지간하면 한 번에 한 가지 일을 하는 것이 효율과 결과를 좋게 하는 길이다.

05

생각을 꺼내지 못하는 습성

"왜 그때 그 생각을 못했을까?"

성인이 된 이후, 아니 초등학교를 졸업한 후 청소년기에만 들어가도 자주 경험하는 느낌이 있다.

"아! 내가 왜 그 생각을 못했을까?"

이 표현은 시험을 칠 때 "아는 문제인데도 틀렸어요. 시험 볼 때는 왜 그 생각을 못했을까요?"라는 수험생의 아쉬움으로 나타나기도 하고, "맞아요. 그런 방안이 있었네요. 내가 왜 그걸 생각 못했을까요? 죄송합니다."라는 어느 직장인의 후회 섞인 자책으로 나타나기도 한다. 우리가 살면서 정말 자주 쓰는 말이다. 다시 말하면 그만큼 흔히 경험하는 느낌이다.

이러한 느낌은 "그런 것이 있는 줄은 꿈에도 몰랐어요!"라는 자조 섞인 말보다는 훨씬 더 자주 사람의 입에 오르내린다. "왜 생각을 못했을까?"와 "그건 정말 몰랐었다."는 말에는 어떤 차이가 있을까? 결코 말장난이 아니다. 정말 중요한 차이가 존재한다.

전자는 아이디어나 지식을 전혀 모르고 있었다는 말이 아니다. 좀 더 학술적으로 말하면 '나의 지식체계 내에 저장되어 있었는데, 지금 주어진 문제에 적용이나 활용할 목적으로 의식상에 꺼내지 못한' 것이다. 후자는 당연하게 그 지식 자체를 전혀 알고 있지 못했다는 말이다.

우리가 어떤 문제에 봉착해서 누군가가 제시한 훌륭한 해결책을 통해 문제를 풀었다고 가정하자. 뒤늦게 미처 스스로 해결책을 떠올리지 못한 아쉬움으로 "왜 생각을 못했을까?" 같은 말을 토로한다. 누구에게나 이런 일은 비일비재하다. 이는 우리가 살아가면서 '몰라서 못 풀거나 해결 못하는 문제'보다는 '아는데 그걸 꺼내지 못해 해결 못하는 문제'가 훨씬 더 많음을 의미한다. 학창 시절, 시험 칠 때야 별 문제가 안 될 수도 있다. 학생 대부분이 그런 경험을 하기 마련이니까. 하지만 성인이 되어 세상을 살면서 직면하는 문제는, 미처 생각하지 못했음을 알고 나중에 땅을 치며 후회하는 일이 많다. 안타깝게도 실패를 거듭함에도 불구하고 사람들은 더 다양한 지식을 머리에 집어넣는 데만 신경 쓴다. 기존 지식을 제대로 사용하지 못해 실패를 경험했음에도 말이다.

왜 이런 악순환이 반복될까? 머릿속에 집어넣는 것보다 꺼내는 것이 훨씬 더 어려운 일이라는 사실을 쉽게 간과하기 때문이다. 꺼내는 것은 정말 어려운 일이다.

레이저로 암세포를 제거하려면

한 가지 예를 들어보자.

"당신은 의사입니다. 당신 앞에는 위胃에 악성 종양이 있는 환자가 있습니다. 종양이 제거되지 않으면 이 환자는 사망하게 됩니다. 하지만 이 환자를 수술하는 것은 불가능합니다. 다행히 종양을 파괴할 수 있는 레이저가 개발되어 있습니다. 만일 레이저가 강한 강도로 한 번에 종양에 도달하면 그 종양은 제거됩니다. 단 종양에 도달하기까지 통과하는 다른 신체 부위도 마찬가지로 파괴됩니다. 반면 낮은 강도로 종양에 도달하면 다른 신체 조직에 피해를 주지 않지만 종양도 제거되지 않습니다. 건강한 다른 신체 조직을 파괴하지 않으면서 종양을 제거하는 방법에는 어떤 것이 있을까요?"

이 문제에 대한 답은 쉽게 떠오르지 않는다. 당연하다. 매우 어려운 문제이다. 그러므로 너무 속상해할 필요는 없다. 명문 대학 재학생을 대상으로 이 문제를 내도 10% 내외의 학생만 정답을 생각해낸다. 그렇다면 잠시 머리를 식힐 겸 아래의 에피소드를 보자.

"옛날 어느 나라에 독재자가 있었다. 그는 나라 가운데 위치한 튼튼한 요새에 살고 있었다. 요새 주변에는 농장이나 계곡 등이 있으며, 요새로 가는 길은 여러 갈래가 있었다. 어느 장군이 독재자를 제거하려는 마음을 먹었다. 자신의 모든 병력을 투입하면 요새를 함락시킬 수 있다고 생각했다.

그런데 독재자가 여러 갈래 길에 지뢰를 설치해놓았다. 이 지뢰는 적은 수의 사람들은 안전하게 피해갈 수 있지만 많은 병력이 지나가게 되면 폭파된다. 지뢰는 길과 주변 마을까지 파괴할 정도로 강력하다. 적은 병력으로는 지뢰를 피할 수는 있으나 요새를 함락시킬 수 없고, 많은 병력은 지뢰 때문에 인명 손실이 클 것이다.

고민하던 장군은 단순한 작전을 세웠다. 우선 자신의 모든 병력을 소 규모의 부대로 나눈 후 각 부대를 여러 갈래 길에 각각 배치하였다. 그리고 각 부대가 동시에 요새로 출발하여, 모든 병력이 정해진 시간에 집합하도록 했다. 결국 총집합한 많은 병력으로 요새를 함락하고 독재자를 처단하였다."

자, 이제 다시 종양 문제로 돌아가보자. 해결책이 좀 떠오르는가? 힌트는 잠시 머리를 식힐 겸 읽었던 요새 이야기에 있다. 아마도 지금쯤이면 종양 제거 문제의 해결책을 많이들 떠올렸을 것이다. 답은 레이저의 강도를 분산시켜 여러 방향에서 종양을 향해 쏘는 것이다. 이렇게 하면 중간에 있는 신체 장기는 손상시키지 않으면서 최종적으로 종양에 도달하는 레이저는 합쳐져 원래의 강도를 지니게 되기 때문이다.

이러한 사고 과정을 주의 깊게 살펴볼 필요가 있다. 종양 문제만 주어졌을 때는 대략 10%의 사람들이 해결책을 생각해낸다. 그런데 요새를 공격하는 이야기를 들려주고 종양 문제를 다시 들려주면 약 30%의 사람들이 문제를 해결한다. 3배나 증가했지만, 여전히 70%의 사람들이 문제를 해결하지 못한다. 그런데 나머지 70%의 사람에게 "요새 공격 이야기가 종양 문제를 해결하는 데 도움이 될 수 있다."라

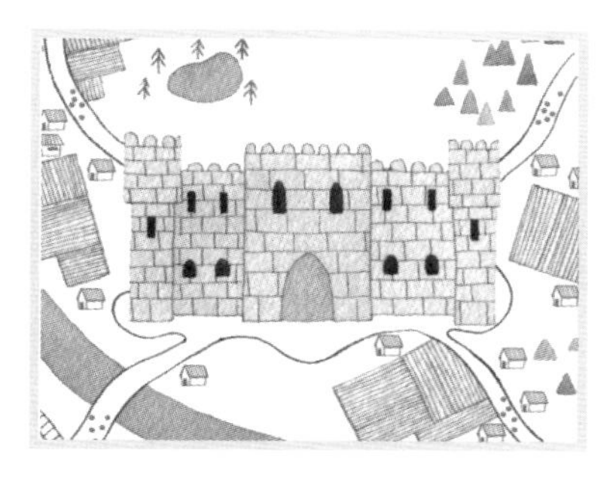

요새 공격 이야기.

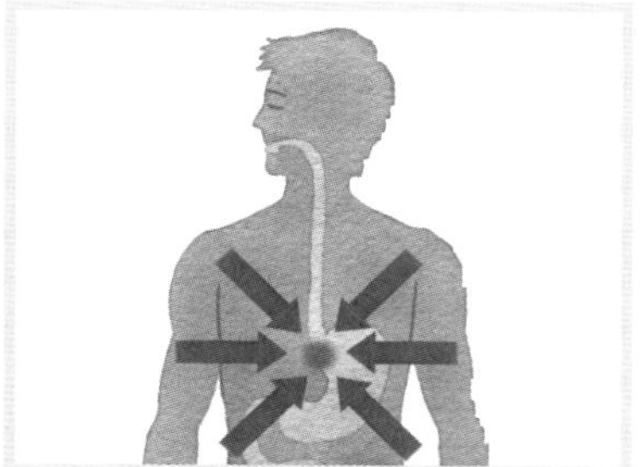

레이저로 종양 제거하기.

고 한마디만 더 해주면 대부분의 사람들이 문제를 해결한다.[10] 이 실험 결과는 무엇을 의미하는가? 우리 대부분은 기존 지식에 해결 방안이 존재하지 않아서 창의적인 아이디어를 내지 못하는 게 아니라 단지 꺼내지 못한다는 점이다. 결국 문제는 내 뇌 속에 있는 숱한 지식들을 어떻게 해야 적절하게 꺼낼 수 있느냐로 귀결된다. 그리고 당연히 이 책의 후반부에서 그 방법을 다룰 것이다. 여기서는 '꺼내는 것'을 정말 힘들어하는 인간의 성향에 대해 준비운동을 해두는 정도로만 하자. 그것만 해도 정말 중요한 점을 깨닫는 것이다.

생각을 물건으로 만들라

우리 주위에는 크고 작은 다양한 일이 늘 산적하게 마련이다. 뭔가에 쫓기듯 바쁜 하루를 살아간다. 정신없이 하루가 지나가며 무언가에 집중할 수 없는 경우도 많다. 특히 연초에 필자에게 요청하는 가장 많은 자문과 강연 주제 중 하나가 바로 '몰입' 인 것만 봐도 알 수 있다.

그렇다면 우리는 어떻게 몰입을 하고 어떻게 집중할 수 있을까? 일단 몰입沒入의 정의를 알아보자. 몰입의 사전적 정의는 '어떤 대상에 깊이 파고들거나 빠짐' 이다. 다시 말해서 주의가 집중되는 것이다. 그러니 다른 것에 대한 관심은 필연적으로 줄어들거나 사라져야 한다.

바꿔 말하자면 다른 것에 대한 관심을 여전히 유지하면서는 몰입을 하기가 어려워진다는 것이다. 그래서 멀티태스킹을 아예 '악마' 라고 말한 것이다. 이는 분명한 사실이다. 껌을 씹는 것과 같은 단순한 행동을 하면서 단어를 외우거나, 운전 중에 핸즈프리와 같은 안전장치를 사용해 전화통화를 하는 행동은 기억력을 떨어뜨리며 사고율도 평상시보다 높아진다. 필자 역시 음악이나 시사 프로그램을 들으면서 고속도로를 운전하다가 출구를 놓친 적이 한두 번이 아니다. 출구 근처에서는 카오디오를 꺼야 한다. 열심히 한다고 하는데도 일을 잘 못하고 몰입이 잘 안 되는 사람들에게는 멀티태스킹 상황을 줄여줘야 한다.

하지만 여기에서 그치는 것이 아니다. 즉, 단순히 멀티태스킹을 없애주는 것 이상의 무엇인가가 더 있다는 것이다. 왜냐하면 몰입의 두 번째 중요한 측면은 주의를 기울이는 것을 넘어 계속 유지하는 것이기 때문이다. 결론부터 말하자면 그 유지를 위해서는 '생각을 물질처럼 취급' 해야 한다.

이 점에 관해 참으로 흥미로운 실험 연구를 발표한 사람이 바로 스페인 마드리드 대학의 파블로 브리뇰Pablo Briñol 교수다.[11] 그의 연구진은 실험 참가자들에게 지중해식 다이어트를 소개했다. 당연히 참가자들의 건강에 좋은 것이다. 이후 어떤 참가자들에게는 그 다이어트에 관해 긍정적인 의견을 종이에 적게 했고 다른 참가자들에게는 부정적인 의견을 적게 했다. 이후 긍정 집단이든 부정 집단이든 각 집단 내에서 다시 절반의 사람들에게는 그 종이를 주머니나 지갑에 넣어 보관하게 했고 다른 절반에게는 조금 있다가 버리라고 했다. 결과는 어떻게 나왔을까?

긍정적 의견을 적은 종이쪽지를 보관한 사람들은 그것을 다시 읽지 않았음에도 가장 많이 그리고 오랫동안 다이어트를 유지했다. 그리고 종이쪽지를 버린 사람들은 의견의 긍정 혹은 부정 여부와 상관없이 다이어트의 유지가 중간 정도 수준을 기록했다. 반면에 부정적 생각을 보관한 사람들의 경우 그 종이쪽지를 단 한 번도 다시 읽지 않았음에도 불구하고 가장 소극적인 다이어트 행동을 보였다.

이는 무엇을 의미하는가? 사람들은 자신의 생각이나 사고를 마치 어떤 실존의 물질처럼 취급할 때 그것을 더 오랫동안 유지한다는 것이다. 따라서 중요한 일이나 결론에 의견 역시 이렇게 무형이 아닌 유형의 물질처럼 취급돼야 한다. 실제로 이를 위해 동서고금을 막론하고 다양한 일종의 의식이 존재하는 것이다.

유리병에 넣어 보관하기도 하고 캡슐에 넣어 전시하기도 한다. 절대로 미신행동이 아니다. 사람들은 이렇게 스스로 무형적인 무언가를 유형적인 물질의 형태로 유지하는 자기 자신을 볼 때 실제로 몰입이나 행동의 유지 효과가 더 커진다. 한 번쯤은 이 글을 핑계 삼아 그 방법을 고민해 보는 것도 의미 있는 시간이 될 수 있을 것이다.

06

합리성

타고나는 부정적 정서 vs. 노력해야 얻는 긍정적 정서

지금까지 인간의 생각과 관련된 몇 가지 기본적인 성향을 살펴보았다. 물론 인간의 생각이 지니는 기본적인 성향은 이보다 더 많다. 자유를 추구하는 정신, 행복을 향해 나아가려는 마음 등 긍정적 측면도 있고, 고착하는 대신 변화를 추구하려는 성향도 분명 존재한다. 하지만 이는 일종의 반작용에 더 가깝다. 즉, 인간의 기본 성향보다 문화, 집단, 개인적으로 양육되고 개발된 측면이 상대적으로 더 강한 것이다.

이러한 양상은 뇌에서 정서를 담당하는 영역들의 위치와 발달 추이를 보면 간접적으로 추정할 수 있다. 실제로 즐거움, 만족, 행복감 등 긍정적 정서와 불안, 공포, 긴장감 등 부정적 정서를 담당하는 다양한 영역들을 보면 흥미로운 차이점이 존재한다.

정서를 담당하는 편도체amygdala, 시상하부hypothalamus 등은 뇌의 앞쪽 표면에 해당하는 대뇌피질보다 더 내부에 있다. 우리의 뇌는 일반적으로 내부와 중심으로 들어갈수록 본능, 즉 타고난 것과 관련이 있다. 가장 바깥쪽에 있는 대뇌피질에 가까울수록 후천적이며 해석이 필요한 내용과 관련이 있다. 인간의 뇌는 태아에서부터 성장해나가는 동안 내부·중심으로부터 외부·전면으로 발달해나간다.

100% 정확한 것은 아니지만, 일반적으로 부정적 정서를 담당하는 뇌 구조물은 안쪽에, 긍정적 정서를 담당하는 뇌 구조물은 더 바깥쪽에 분포한다. 이것은 우리가 긍정적 정서를 느끼기 위해서는 후천적 노력이 필요하다는 점을 의미한다. 다시 말하면 공포나 불안은 우리가 크게 노력하지 않아도 쉽게 경험할 수 있는 '주어지는 것'이다. 하지만 행복과 기쁨은 우리가 그 느낌을 향해 많은 노력을 해야만 얻을 수 있다.

긍정적 정서는 '행복'이라는 주제에서 다루기로 하고 여기에서는 전자에 초점을 맞춰보자. 어느 것이 더 본능적이고 우리 행동에 강한 영향력을 행사하겠는가? 당연히 불안, 공포 등 우리로 하여금 위협적인 것을 피하게끔 해주는 생존본능이다. 그래서 이 책에서 이러한 정서들이 우리 생각에 미치는 영향을 알아보면서 준비운동을 하는 것이다. 인간은 기본적으로 이런 성향을 갖고 있기에 합리적으로 결정을 내리지 못하고 심지어 '내릴 필요조차 없는 존재'가 되었다. 이게 무슨 뜻인지 구체적으로 알아보자.

인간은 도대체 무엇을 판단하는가?

인간은 과연 합리적 존재일까? 심리학자로서 사람들에게 가장 많이 받는 질문 가운데 하나이다. 하지만 이는 심리학보다 훨씬 더 긴 역사를 지닌 철학이나 경제학에서도 오랜 논쟁의 대상이 되었다. 그만큼 쉽게 답할 수 있는 질문이 아니다.

대다수 심리학자는 인간의 합리적 측면보다 그렇지 못한 부분에 더 관심이 많다. 마치 인간은 합리적 존재가 아님을 간접적으로 이야기하고 싶은 것처럼 보인다. 사실 많은 심리학 연구는 '인간은 이래야 한다'라는 것과 같은 당위성을 최대한 배제한다. 그런 가운데 인간에게서 찾아볼 수 있는 다양한 편향bias들에 관심을 둬왔다. 편향의 결과는 때로는 오류처럼 보이지만 대부분은 매우 자연스럽게 우리의 판단과 의사결정에 영향력을 행사한다.

이러한 편향에 관한 연구들은 다양한 영역에서 '판단과 의사결정'이라는 연구 주제로 데이터를 축적해왔다. 그리고 그 결과는 인간의 합리성에 대한 대답 방식에 일련의 변화를 만들었다. 초기 연구들이 주로 '인간은 왜 편향 때문에 합리적이지 못하게 되는가?'라는 다소 순진한 대답에 몰두했다면 이후의 연구에서는 '인간은 어떤 편향들에 주로 합리적이지 못한가?'라는 보다 가치중립적인 방향으로 전환되었다. 이와 더불어 '인간이 정말 합리적일 필요가 있는가?'라든가 '합리성이라는 것이 정말 따를 가치가 있는 것인가?'와 같은 근본적인 점을 지적하는 대답 방식도 관심을 받게 되었다.

그럼 '인간은 도대체 무엇을 판단하는가?'라는 질문에서부터 출발해보자. 우리는 항상 무언가를 판단하고 살아간다. 그런데 종종 우리가 판단하고자 하는 영역이나 차원이 아닌 다른 것을 추정하고 있으면서도 그걸 알아채지 못할 때가 있다. 아래의 예를 한 번 보자.

> 린다Linda는 28세의 독신 여성이다. 그녀는 몇 개의 여성 단체에서 활발하게 활동하고 있다. 특히 학대로 고통을 받는 여성들을 위한 보호시설에서 자원봉사자로 일하고 있으며, 낙태 권리를 주장하는 시위와 행진에도 자주 참여하고 있다.

위의 글을 들려준 뒤 사람들에게 "그녀가 은행원일 확률은 얼마나 될까?"라고 물어본다. 사람들은 그 확률이 그리 높지 않다고 말한다. 그런데 다른 사람들에게 "그녀가 페미니스트 은행원일 확률은 얼마나 될까?"라고 물어보자. 이상하게도 이번엔 사람들이 그 확률을 더 높게 추정한다.

상식적으로 첫 번째 확률이 두 번째 확률보다 무조건 높아야 함에도 사람들의 대답은 반대로 나온다. 왜 이렇게 '비합리적' 확률 판단을 하는 것일까? 답은 의외의 곳에 있다. 사람들은 확률 판단을 한 것이 아니라 다른 차원을 판단한 것이다. 바로 유사성similarity이다. 즉, 사람들은 자신에게 주어진 린다에 대한 묘사에 기초해 그녀의 이미지를 만들어낸다. 그리고 그 이미지와 '은행원'인 린다의 유사성을 판단한다. 이 둘 간의 유사성은 당연히 높지 않다. 하지만 '페미니스트인 린다'와는 유사성이 상대적으로 더 높다.

세상을 살아가면서 우리는 다양한 상황과 시점에서 이른바 '확률'을 추정하곤 한다. 과연 우리는 정말 확률을 추정하고 있는 것일까? 곧 비가 올지, 안 올지를 우리는 어떻게 가늠하는가? 하늘을 본다. 하늘이 잔뜩 흐리다면 비가 올 확률을 높게 추정한다. 하지만 이 순간에도 우리가 한 일은 비와 흐린 날씨 간의 유사성을 판단했을 뿐이다.

다시 린다의 예로 돌아가보자. 사람들은 분명 '비합리적' 확률 추정을 했다. 그렇다면 유사성을 중심으로 보면 어떤가? 이번에는 반대로 '합리적'인 판단을 한 것이다. 왜냐하면 린다의 이미지는 페미니스트인 은행원과 더 유사하기 때문이다. 즉, 인간이 합리적이냐 아니냐는 절대 기준에 의해서 판단할 수 있는 문제가 아니라 어떤 잣대로 '판단'하느냐에 따라 달라지는 상대적 문제로 봐야 한다.

인간이 할 수 없거나 혹은 지킬 필요가 없는 기준을 설정해놓고 그것을 따르지 않는다고 하여 우리가 비합리적이라고 말하는 것은 아닐까?

07

후회

'후회 없는' 결정이 만족을 준다는 착각

우리 자신이나 혹은 주위에서 흔히 사용하거나 듣는 말이 있다. "후회하지 않도록 열심히 ○○ 해보겠습니다." 혹은 "후회 없는 시간을 보내서 기쁩니다."

이런 표현을 자주 쓰다보니 우리는 마치 후회하지 않는 것을 아주 좋은 것으로 생각한다. 더 나아가 '후회하지 않으면 만족할 수 있다' 라고까지 느낀다. 하지만 심리학자들은 거기에 분명 생각의 함정이 있다고 말한다. 결론부터 말하자면 후회와 만족은 서로 반대 방향의 결과임은 분명하지만 각기 다른 과정을 통해 만들어지는 독립적인 마음 작용의 결과이다. 심지어 거의 동시에 경험하는 것도 가능하다.

후회는 어떤 방식으로 우리의 판단과 결정에 작용할까.

'후회'의 사전적 의미는 '이전의 잘못을 깨닫고 뉘우치는' 것이다. 그리고 '만족'을 찾아보면 대체로 '모자람 없이 마음이 흐뭇하거나 흡족함' 정도로 정의된다. 당연히 뭔가 안 좋은 것과 좋은 것을 각각 의미하는 것으로 생각된다. 그런데 후회는 무언가 다음 상태에 대한 내 행동이 어떻게 되어야 하는지를 포함한다. 만족은 어떤가? 종결이다. 예를 들어 배가 고파서 밥을 열심히 먹다가도 '만족'이라는 상태에 이르면 밥을 그만 먹는다. 즉, 상황과 행동의 '종료'를 의미하는 경우가 대부분이다.

후회는 지금 이 상태에서 느끼는 어떤 감정뿐만 아니라 '이렇게 했더라면' 혹은 '다음에는 이렇게'라는 식으로 생각을 추가적으로 더 하게 만든다. 게다가 이러한 생각은 이른바 '경우의 수'를 다양하게 발생시켜 생각의 꼬리 물기가 다반사로 일어난다. 한마디로 괴롭다. 좋고 나쁨을 떠나서 후회는 만족보다 훨씬 더 복잡한 인지적 상태를 만들어낸다.

이미 앞에서 살펴본 바와 같이 인간은 '인지적 구두쇠'이며 생각의 양이 많아지는 것을 피하는 성향이 있다. 이러한 성향만 보더라도 인간은 자신의 심정을 복잡하게 만들고, 많은 정신적 에너지를 소모하게 하는 후회를 굉장히 싫어한다. 그래서 인간은 경제학적 혹은 수학적인 관점으로 봤을 때 최적의 선택을 거부하고 '후회를 제일 덜할 만한' 대안을 선택하는 경우가 더 많다.

직원을 뽑을 때, 자동차를 살 때 혹은 집을 장만할 때 '후회를 제일 덜할 만한' 선택을 하는 일이 꽤 흔하게 발견된다. 어떤 물건을 공짜로 얻더라도 그것을 싼값에 되팔려고 할 때는 주저하는 경우가 많다. 그 물건이 내 품을 떠났을 때, 그 물건이 계속 내 곁에 있었더라면 하고 생각해보기 때문이다. 이 물건이 만약 복권이라면 사람들의 반응은 더욱 극적으로 변한다. 복권의 총 당첨금액에 당첨 확률을 곱한 복권의 기대가치는 복권의 구매 가격에 훨씬 못 미친다. 예를 들어 1천 원짜리 복권을 공짜로 얻었을 때, 사람들은 그 복권을 되팔라고 하면 좀처럼 팔려고 하지 않는다. 심지어 1만 원, 2만 원을 주고 되팔라고 해도 싫다는 사람들이 있다. 슬쩍 옆에서 다른 사람이 '줍거나 공짜로 얻은 복권이 당첨이 더 잘 된다'라는 속설까지 이야기하면 팔지 않으려는 경향성은 더욱 강해진다. 만에 하나라도 내가 팔아버린 그 복권이 당첨되었을 때 내가 경험해야 할 후회의 양이 엄청나기 때문이다.

이는 경제학에서 자주 사용되는 효용utility이라는 관점에서 볼 때도 매우 흥미로운 해석이 가능하다. 효용은 '어떤 대상이나 제품에 대해 한 개인이 느끼는 주관적인 만족'을 뜻한다. 따라서 낮은 당첨 확률 탓에 기대가치가 낮은 복권이지만 그 복권이 당첨되면 내가 누릴 수 있는 효용은 비교할 수 없을 만큼 크기 때문에 사람들은 복권을 구매하는 것이다. 그리고 그 효용, 더 정확히는 당첨된다면 누릴 수 있는 그 효용에 대한 상상을 포기해야만 하는 선택은 사람들에게 외면당할 가능성이 큰 것이다. 아직 내 것이 아닌 큰 '만족'의 기회를 놓치게 될지도 모른다는 '후회'가 사람들의 행동에 깊숙이 관여한다.

물론, 후회를 제일 덜할 만한 선택이 무조건 나쁜 것은 아니다. 그만큼 후회는 우리를 힘들게 하기 때문이다. 중요한 점은 후회하지 않는다는 것이 결코 만족을 보장해주는 것은 아니라는 점이다. 만족은 전혀 다른 경로를 통해 도달할 수 있는 느낌이다.

비교가 만드는 후회, 대상 자체가 주는 만족

후회는 자세히 들여다보면 그 특성상 '비교'라는 과정을 통해 만들어진다. "~했더라면…." 혹은 "왜 그렇게 했을까?" 등의 생각이 모두 실제 혹은 가상의 상황, 행동 혹은 선택 간의 비교를 포함하고 있다. 동창회에 다녀온 사람이 평소 자신보다 못하다고 생각했던 친구가 자신보다 좋은 위치에서 더 풍족하게 사는 것을 보면 "아, 내가 공부나 노력을 좀 더 할걸." 혹은 "그때 이 길이 아닌 다른 길로 갔어야 했는데…." 등 다양한 생각을 하면서 후회한다. 그래서 심리학자들은 비교와 후회를 같은 맥락에서 설명하곤 한다.

그럼 만족이라는 것은 무엇인가? 집에 돌아와 자신을 따뜻하게 맞아주는 배우자나 아이를 보거나 자기 일에서 작지만 무언가를 성취했을 때 느낀다. 이때는 오히려 주위나 타인들과의 비교가 큰 힘을 발휘하지 못한다. 비교보다는 자신과 자신이 관여하는 대상 자체에서 만족을 느낀다. TV에서 술에 취해 가정폭력을 일삼는 남편의 모습을 보면서 '아, 나는 저런 사람을 만나지 않아서 다행이야'라고 생각할 수는 있다. 하지만 삶의 만족은 자신과 함께 사는 남편이 자신과의 관계에서 뭔가를 했을 때에만 느낄 수 있다. 그래서 후회와 만족은 동시에 경험할 수도 있고, 둘 다 경험하지 않을 수도 있다.

최근에 국내 기업들이 이른바 '빠른 추종자fast follower'의 이미지를 벗고 '선도자first mover'로서 재탄생하기 위해 많은 노력을 한다는 기사를 보곤 한다. 전자는 선도 기업을 부지런히 좇아가는 기업을 의미한다. 후자는 혁신적인 무언가를 늘 시도하면서 리더나 시장의 지배자로서의 이미지를 굳건히 하는 기업을 일컫는다.

재미있는 것은 빠른 추종자들이 이른바 '비교'에 민감하다는 점이다. 조금 더 빠른 CPU, 조금 더 큰 저장 공간, 혹은 조금 더 선명해진 화면 등 다양한 비교와 그 비교 우위에 사활을 걸고 있다는 느낌을 지울 수 없다. 상대적인 '비교'를 통해 가장 나아 보이는 무언가를 만들어내거나 그러한 존재가 된다고 하더라도, 누군가에게 만족을 주기 위해서는 가장 중요한 게 하나 빠져 있다는 사실을 잊지 말아야 한다.

세상의 많은 현인이 '궁극적인' 무언가(그것이 나 자신의 성찰이든 아니면 진정한 행복이든)에 이르기 위해서는 남들과의 비교가 부질없음을 자주 알려주곤 한다. 하지만 평범한 인간이 전혀 비교하지 않고 살아가는 건 거의 불가능하다. 더구나 비교와 이를 통한 후회 역시 일정 정도 필요한 정신 과정이자 감정이다. 하지만 후회와 만족이 다른 과정을 거쳐 만들어진다는 사실만 알아도 지금 이 순간의 선택과 판단에서 무엇이 더 중요한지, 그 결과를 조금은 더 분명히 알 수 있다. 그런 의미에서 현인들은 인간의 삶에서 '비교'와 '후회'가 필요 이상의 역할과 지배력을 갖는 것은 좋지 않음을 알려주고 있다.

사족을 달자면, 우리나라에서는 '후회 없는'이라는 표현을 유독 많이 쓰는 편이다. 하지만 미국이나 유럽 생활을 해본 분들은 이러한 표현을 거의 들어보지 못했을 것이다. 주로 '만족'에 관련된 표현이 주를 이룬다. 분명하고 근본적인 문화 차이가 있다. 이러한 문화적 차이가 무슨 의미가 있는지는 회피와 접근동기에서 자세히 알아보자. 우선 인간의 본성에 기초한 다양한 오류들에 대해서 먼저 짚고 가자.

흥분된 상태에서는 결정을 삼가라

최근 심리학이 밝혀낸 가장 중요한 업적 중 하나가 바로 '결정' 은 '정서' 가 내린다는 사실을 발견한 것이다. 그럼에도 불구하고 이 감정과 정서를 오랜 시간(특히 20세기에는) 인간의 결정과 행동에 천덕꾸러기인 양 그 역할을 평가절하해 왔다.

사실 그렇지 않은가. 우리가 저지르는 대부분의 실수나 실패들을 감정 탓으로 돌려왔으니 말이다. "일을 그렇게 감정적으로 처리하니 실수하지!" 등 우리가 감정이라는 말을 거의 대부분 부정적인 표현을 위해 사용해 온 것은 부정할 수 없는 사실이다. 하지만 21세기 전후의 심리학 연구들을 살펴보면 그것이 얼마나 큰 오해였는지 입증되고 있다. 즉 '결정은 정서의 힘에 의해 이뤄진다.'[12] 정서를 담당하고 있는 뇌 영역 위주로 손상이 있는 사람들이 거의 대부분 공통적으로 겪는 어려움을 보면 분명히 알 수 있다.

이런 환자들은 흔히 뇌수술 후 자신의 일상생활로 돌아갔을 때 수학, 퍼즐, 논리 문제 등을 예전에 비해 크게 어렵지 않게 풀어낼 수 있다. 이성과 논리를 담당하고 있는 뇌 영역에 상대적으로 손상이 덜하기 때문이다. 하지만 이 환자들은 아주 사소한 결정조차도 내리지 못하는, 이른바 극심한 결정 장애를 보인다. 정서가 우리에게 어떤 도움을 주는지 명확해지는 순간이다. 그리고 이 정서는 직관의 상당 부분을 차지하고 있다. 그래서 감수성은 중요한 것이다.

정서적으로 흥분된 상태에서 결정을 내리는 것과 결정의 순간에서 불현듯 어떤 감정을 느끼는 것은 달라도 한참 다른 결과를 낳는다. 결론부터 먼저 말하자면 전자는 독이고 후자는 약이 된다. 전자의 경우에는 정서의 흥분에 동반되는 신체적 흥분이 이후 무관한 사항을 판단하는 일에 전염된다. 그리고 그 결과는 대부분 만족스럽지 않을 가능성이 크다. 지금 하는 판단과 전혀 무관한 이전 상태의 신체적 흥분은 사람들의 결정에 거의 그대로 영향을 미친다.

예를 들어보자. 자전거를 열심히 탄 후에는 당연히 심장 박동수가 증가한다. 따라서 신체적 흥분이 일어난 상태다. 그 이후에 찡그린 얼굴이나 활짝 웃는 얼굴을 보여주면 평온한 상태에서 그 얼굴을 보게 하는 경우보다 훨씬 더 그 두 얼굴을 비호감과 호감형으로 각각 판단하는 경향이 증가한다.

왜 그럴까? 우리가 매우 비호감인 사람이거나 매력적인 사람 중 어느 사람을 만나더라도 심장 박동은 평상시보다 더 증가하는 것이 일반적이다. 그런데 그 두 얼굴을 볼 때 자전거를 오랜 시간 탄 사람은 이미 심박수가 증가해 있는 상태다. 자신의 신체적 상태를 상대방 얼굴에 대한 비호감과 호감도 판단에 전염시키게 된다. 따라서 어떤 식으로든 직전의 정서적 흥분은 무관한 현재의 판단에 영향을 미친다.

그래서 화를 낼 때도 '3분의 법칙'을 말하는 것이다. 화가 나면 가슴이 두근거리고 호흡이 가빠진다. 이럴 때는 무조건 타임아웃을 가져야 한다. 3분간 도망가 있어야 한다. 왜냐하면 심장 박동수가 3분 정도 지나면 일반적으로 평상시와 같은 상태로 되돌아오기 때문이다. 이는 상대방에게 필요 이상의 폭언이나 무절제한 행동을 하지 않기 위해서만이 아니라 직후의 무관한 일에 대한 판단을 그르치기 않기 위해서도 필요한 조치다. 무언가 흥분된 상태에서 내리는 결정은 신뢰하기 어렵다. 그런 상황에서 이미 어떤 결정을 내렸다면 이후 다시 평온한 상태에 와서도 그 결정이 유효한지 다시 봐야 한다.

하지만 평온한 상태에서 결정의 순간을 맞이했을 때 정서적으로 나에게 오는 신호들은 그 자체로 중요한 단서들이다. 매우 신뢰할 수 있다. 필자에게 무수히 많은 분들이 이런 질문을 한다. '언제 직관을 믿고 언제 믿지 말아야 하는지' 말이다. 이게 바로 필자의 대답이다.

08

판단의 함정

알레의 역설

우리의 인생은 매 순간 선택으로 이루어져 있다고 해도 과언이 아니다. 크고 작은 선택을 하며 살아가지만 우리의 선택이 일관적이지는 않다. 인간이 추구하고자 하는 것에 일관성이 중요하지 않기 때문이다. 그럼에도 우리는 일관성을 기대하거나 가정하고 넘어간다. 예를 들어 만약 자신에게 A와 B가 주어졌을 때 A가 더 좋다고 하고(즉, A〉B), B와 C가 주어졌을 때 B가 더 좋다고 한다면(즉, B〉C), 당연히 A와 C가 주어졌을 때는 A가 좋다고(즉, A〉C) 대답해야 한다. 우리는 이렇게 행동하는 것이 일관적이며 마땅하다고 생각한다. 이런 일관성을 가정하고 제품을 만들거나 계획을 수립하기도 한다. 하지만 그렇지 않은 경우도 얼마든지 있다.

A	1억 원 딸 확률 100%
B	1억 원 딸 확률 89% 5억원 딸 확률 10% 아무것도 따지 못할 확률 1%

사람들에게 '위의 A와 B 중 하나를 선택한다면 어떤 게임을 하겠는가?' 라고 묻는다. 그럼 대부분은 A를 하겠다고 한다. 물론 B를 하겠다는 사람들도 꽤 있기는 하다. 그럼 이제 아래의 게임으로 이동해보자.

C	1억 원 딸 확률 11% 아무것도 따지 못할 확률 89%
D	5억 원 딸 확률 10% 아무것도 따지 못할 확률 90%

이제, 위의 두 게임 C와 D 중에서 무엇을 하겠느냐고 물으면 거의 절대 다수가 D를 하겠다고 한다. 두 결과 모두 심정적으로 쉽게 받아들일 수 있다. 그런데 중요한 점은 이 두 결과가 사람들의 비일관성을 보여주는 좋은 예라는 것이다. A와 B에서 정확히 X(1억 원 딸 확률 89%)만큼

을 뺀 것이 C와 D이기 때문이다. 따라서 A를 선택한 사람은 A-X인 C를, B를 선택한 사람은 B-X인 D를 선택해야 한다. 그러나 A를 선택한 사람 중 대부분은 D를 선택한다. 일관적인 선택이 여지없이 무너져버린 것이다.

도대체 왜 이런 일이 일어날까? 수학적으로만 보면 게임 A와 B에서 X만큼을 빼낸 것이 C와 D이지만 사실 A에서 X만큼 빼내는 것은 B에서 X만큼 빼낼 때보다 무언가 중요한 것을 하나 더 없애버렸기 때문이다. 바로 '확실함'이다. 게임 A는 하기만 하면 1억 원을 받을 수 있다. 그야말로 확실한 게임이다. 게임 B는 세 가지 경우 중 어느 것이든 일어날 수 있기 때문에 게임 A보다 상대적으로 더 불확실하고 더 모험적이다. 그런데 게임 A에서 무언가를 빼내어 게임 C를 만드는 순간 이 C는 불확실하고 모험적으로 변한다.

앞서 불안에 대해 살펴보았듯이 불안은 불확실함에 기초한다. 인간은 불확실한 것을 본능적으로 싫어한다. 그러니 A의 매력은 C로 바뀌면서 사라져버린다. 이를 '알레의 역설Allais' paradox'이라고 한다.

선택은 얼마든지 달라진다

만약 굳이 X만큼을 없애 문제를 바꾸지 않으면 결론은 일관되게 유지될 수 있을까? 안타깝게도 여전히 인간은 일관적이지 못하다.

자주 있는 일은 아니지만, 가끔 경제학자가 아닌 심리학자가 노벨 경제학상을 받는 일이 있다. 2002년, 노벨 경제학상을 받은 미국 프린스턴대학 심리학과 교수 대니얼 카너먼Daniel Kahneman도 그런 사람 중 한 명이다. 그는 지난 1996년 작고한 자신의 절친한 동료 에이머스 트버스키Amos Tversky와 함께 인간의 판단과 의사결정 분야에서 수많은 연구를 진행했다. 그 중 심리학사에 길이 남을 실험 중 하나로, 문제나 상황이 정확히 같은 경우에도 선택이 얼마든지 바뀔 수 있음을 보여준 바 있다. 아래를 보자.

> 한 마을에 600명의 사람이 살고 있다. 그런데 무서운 질병이 발생했고 이 질병은 마을 사람 모두를 죽일 것으로 예상된다. 이에 대응해 두 가지의 치료 프로그램이 있다. 이 두 프로그램의 예상 결과는 다음과 같다.
>
> **프로그램 A** 200명을 살릴 수 있다.
> **프로그램 B** 33%의 확률은 600명을 구하고, 67%의 확률은 아무도 살리지 못한다.

실험 참가자들에게 "당신이 질병관리본부의 책임자라면 어떤 프로그램을 선택하겠는가?"라고 질문한다. 여러분은 어느 것이 더 좋아 보이는가? 실험 결과, 대다수 사람들은 프로그램 A가 더 좋아 보인다고 대답한다.

그렇다면 아래는 어떠한가? 주어진 상황은 동일하다. 다만 프로그램 A와 B가 각각 다르게 표현된다. 이전의 문제를 접하지 않은 새로운 사람들에게 아래와 같이 물어본다.

프로그램 A 400명이 죽는다.

프로그램 B 33%의 확률로 아무도 죽지 않고, 67%의 확률로 600명이 죽는다.

이제 사람들은 프로그램 B를 더 선호하는 경향을 보인다. 즉, B를 선택한 사람이 A를 선택한 사람보다 더 많으며, 이는 통계적으로도 유의미한 차이를 보인다. 이것은 유사한 절차와 재료를 사용한 다른 실험에서도 상당히 안정적으로 관찰되는 현상이다. 심지어 특정 분야에서 전문적으로 오랫동안 활동해온 사람들이 자기의 직업과 연관된 내용으로 위의 문제를 재구성해 제시받아도 마찬가지의 결과가 나온다.

이것은 조금만 생각을 해보면 재미있는 현상이다. 2개의 프로그램 A는 모두 같은 이야기를 다르게 표현하고 있을 뿐이다. 즉, 600명의 사람 중 200명이 사는 것과 400명이 죽는 것은 결국 같은 말이다. 프로그램 B도 역시 마찬가지다. 그런데 왜 이런 불일치가 일어난 것일까? 더 구체적으로 말하자면 왜 600명 중 '200명을 살리는 방법'은 선호되지만 '400명을 죽이는 방법'은 선호되지 않는 것일까?

A와 B의 차이점을 먼저 살펴보자. 첫 번째 A, B에서든 두 번째 A, B에서든 A와 B 사이에는 차이점이 있다. 바로 A보다 B가 더 모험적이라는 점이다. A는 결과가 확실하고 B는 어떤 결과가 일어날지 알 수가 없다. 그래서 처음에 제시한 프로그램 A를 선호하면 모험을 회피하려는 경향이 더 강했기 때문이라고 볼 수 있다. 두 번째에서 B를 더 선호하는 것은 모험을 감수하려는 경향이 더 강하게 일어났기 때문이라는 추측이 가능하다.

그렇다면 사람들은 왜 첫 번째 경우보다 두 번째 경우에 모험을 감수하려는 경향을 더 보였던 것일까? 트버스키와 카너먼은 두 개의 프로그램 A 각각에 포함된 '살린다'와 '죽는다'는 말에 초점을 맞추고 있다. 살린다는 것은 무엇인가? 바로 구한다는 의미이며 이는 획득과 손실의 관점에서 볼 때 획득에 가깝다. 반면, 죽는다는 것은 손실에 가까울 것이다. 이를 통해 그들이 내린 결론은 '사람들은 무언가를 손실의 관점으로 볼 때 더 모험적'이라는 사실이다. 이는 확실한 손실을 받아들이는 것이 너무나도 큰 부담이기 때문이다. 더욱 중요한 점은 같은 문제이면서도 이를 어떤 관점으로 보느냐에 따라 다른 결론에 도달하는 것이 얼마든지 가능하다는 것이다.

훗날 카너먼이 노벨 경제학상을 받는 데 중요한 기초가 된 이 실험 결과를 통해 우리는 어떤 결론에 도달할 수 있을까? 같은 문제와 상황에서도 관점이 달라지면 얼마든지 다른 결론에 도달할 수 있는 것이다. 더욱 중요한 점은 인간이 불확실함을 어떻게 바라보는가에 따라 이후의 행동이 얼마나 달라질 수 있는가이다. 인간은 누구나 불확실함에 불안을 느끼지만 이에 대처하는 방향은 전혀 다르게 나타날 수 있다.

고품질 비싼 브랜드 vs. 보통 품질 값싼 브랜드

이제는 인간이 얼마나 집중할 수 있는가에 대해서 한 번 생각해보자. 이는 집중력이라는 주의에 관한 이야기가 아니다. 현재 주어진 문제를 판단할 때 다른 요인의 영향을 받지 않고 문제의 직접 요인들만을 고려할 수 있느냐이다. 그럴 수 있다고? 아니다. 인간은 너무나도 자주 문제와는 별 상관없는 다른 요인들의 영향을 받는다. 이는 우리가 마트에서 쇼핑할 때와 같은 실생활에서 자주 일어난다. 다만 우리가 그것을 눈치채지 못할 뿐이다. 아래 그림을 보자.

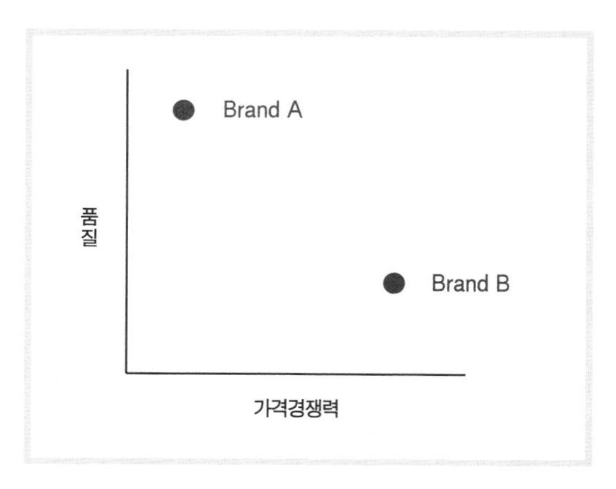

브랜드 A와 B의 품질과 가격경쟁력 비교.

우리는 종종 위와 같은 상황에 빠진다. 사람, 일, 제품, 지원할 대학교나 회사 등 우리는 모든 면에서 압도적 우위를 보이는 대안이 존재하지 않는 한, 어떤 대안을 선택할까 고민한다. 앞의 그림에서는 브랜드 A와 B 중 어느 것을 사야 할지 판단이 잘 서지 않는다. 왜냐하면, 브랜드 A는 품질이 B보다 좋고, B는 A보다 가격경쟁력이 더 우수하다. 즉, B가 품질은 좀 떨어지지만 가격은 좀 싸다는 뜻이다.

그런데 이럴 때 전혀 고려하지 말아야 할 바보 같은 제3의 브랜드 C가 눈에 띄면서 갑자기 A와 B 간의 판단이 쉬워진다. 다음과 같은 상황이다.

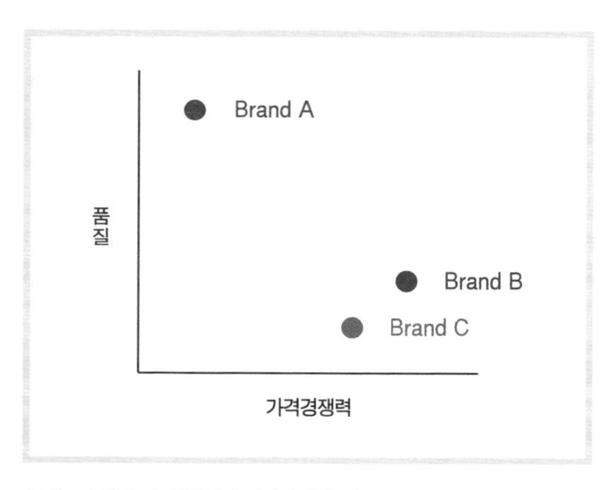

브랜드 A와 B, C의 품질과 가격경쟁력 비교.

일단 C를 산다는 것은 명백히 바보짓이다. 그런데 브랜드 C를 보자 왠지 B가 가장 나아 보인다. 여기에는 몇 개의 심리적 비교가 작용한다. C는 B보다 가격도 비싸고 품질도 나쁘다. 그래서 B는 가격과 품질 모두에서 C로부터 2승을 따낸다. A는 C보다 품질은 월등하게 좋지만 어쨌든 가격은 비싸다. 따라서 1승 1패를 기록한다. 그런데 이미 살펴본 것처럼 브랜드 A와 B 사이에는 품질과 가격에서 1승 1패였다. 그렇다면 난데없이 끼어든 혹은 내 시야에 들어온 C 때문에 종합전적은 B가 3승 1패, A는 2승 2패가 된다. 실제로 B가 더 좋아 보이면서 선택하게 된다.

우스운 일이다. 왜냐하면 가장 열등한 C는 A와 B 사이의 우열을 가리는 데 영향을 미치지 말아야 하기 때문이다. 다시 말하면, A와 B 사이의 우열을 가리기 위해서는 말 그대로 A와 B 간의 차이에만 집중해야 한다.

그럼에도 위와 같은 현상이 벌어지는 이유는 뭘까? 많은 기업이 이렇게 '성공적으로 실패'하는 C를 만들어 출시한다. 이 제품은 시장에서 참패하지만 같은 회사의 더 중요한 B를 경쟁회사 제품 A와의 싸움에서 이길 수 있도록 돕는다. 공식적으로 기업들이 인정하지 않을 뿐 심리학자의 눈에는 강한 심증이 가는 사례가 꽤 많다. 재미있는 것은 심리학자를 많이 고용하는 기업일수록 이런 전략을 사용하는 경우가 더 많다는 사실이다. 우연의 일치일까?

브랜드 C는 심도 있게 집중해야 하는 대상이 아니다. 즉, 타깃target 혹은 전경foreground이 아니다. 주변 정보이며 배경background 혹은 맥락context에 불과하다. 그러므로 사람들은 타깃이나 전경에만 주의를 집중하는 것이 아니라 배경과 맥락에도 주의를 분산시킨다는 뜻이 된다. 이것 역시 인간의 본성과 밀접한 관련이 있다.

불안이 인간의 본성을 이루는 가장 중요한 속성 중 하나라는 것은 이미 여러 번 강조한 바 있다. 그런데 불안에는 여러 종류가 있고 불안이 꼭 나쁘기만 한 것은 아니다. 불안은 부정적 정서를 만든다. 그 정서는 다시 불안(그리고 그 불안이 만들어내는 정서)에서 벗어나고 싶은 동기를 만들어낸다. 그 동기는 사람으로 하여금 특정한 행동을 하게 만드는 원천이 되기도 한다.

그래서 어떤 불안을 주로 느끼며 불안에서 벗어나기 위해 어떤 방식을 취하는지를 보면 사람과 문화를 더 잘 이해할 수 있다. 예를 들어보자. 우리나라 사람은 개인주의 문화가 발달한 서구문화권 사람보다 이미지 광고를 좋아한다는 게 광고업계의 일반 상식이다. 불안에서부터 그 이유를 하나씩 살펴보자. 한국인은 세계에서 고립불안 fear of isolation이 높은 것으로 알려져 있다. 타인, 조직 혹은 사회로부터 따돌림 당하지 않으려는 욕구가 강하다는 것이다. 이러한 욕구는 다양한 행동의 차이로 나타난다.

먼저 젖소 사진 A를 사람들에게 보여준다. 2분 후 같은 사진인 A를 포함하여 배경이나 동물 중 어느 하나 혹은 모두를 바꾼 3장의 사진(B, C, D)까지 총 4장의 사진을 무작위로 제시한다. 실험 참가자는 지금 보고 있는 동물이 2분 전에 봤던 사진 A의 동물(즉, 젖소)과 같은지 아닌지를 맞혀야 한다. 그렇다면 A와 C에 대해서는 "예"가 정답이고 B와 D에 대해서는 "아니오"가 정답이 된다.

결과는 매우 흥미롭다. 한국인과 같은 동양인은 A가 제시될 때 C가 제시될 때보다 정답을 더 잘 맞혔다. 그림의 배경이 동물에 관한 기억

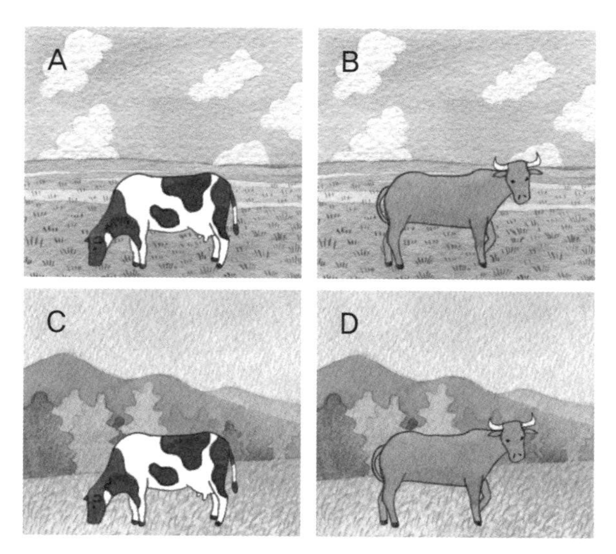

A와 같은 젖소 찾기 실험.

판단을 도왔기 때문이다. 그런데 이러한 기억향상 효과는 서양인에게서는 관찰되지 않는다. 그들은 A와 C에 대한 동물 기억 점수에 큰 차이가 없었다. 그들은 배경을 거의 신경 쓰지 않았고 오로지 동물에만 신경을 썼기 때문이다. 이 실험의 결과로 동양인이 서양인보다 배경이나 맥락의 변화에 더 민감하다는 사실을 알 수 있다.

그런데 동양인이든 서양인이든 동일 문화권 내에서도 이러한 차이가 관찰된다. 어느 문화권이든 그 문화 내에서 고립불안이 높은 사람은 동양인과 같은 패턴의 결과를, 낮은 사람은 서양인과 같은 패턴의 결과를 보인다.[13] 우리는 종종 한국 사람보다 더 한국 사람 같은 서양인을, 미국 사람보다 더 미국 사람 같은 한국 사람을 접한다.

이런 결과는 고립 불안이 높은 사람은 어느 문화권에 속해 있든 간에 고립되지 않으려는 욕구(즉, 동기) 때문에 사회적 분위기나 맥락에 더 신경을 쓴다는 사실을 보여준다. 이른바 '맥락 민감성'은 어떤 대상을 볼 때 그 대상에 자신의 인지적 자원을 모두 투자해 심리적으로 처리하는 것이 아니라 그 대상을 둘러싸고 있는 주변(즉, 맥락)에 대해서도 일정한 시선을 두는 것이다.

우리말에 유난히 맥락과 관련된 속담이나 표현이 많은 것도 이 때문이다. 가장 흔한 예로 '분위기 파악 못하는 녀석'은 우리나라와 같이 맥락 민감도가 강조되는 문화권에서는 매우 부정적인 평가에 해당한다. 이렇듯 분위기나 맥락을 중요시하는 사회에서는 자세한 기능 설명보다 영상visual이나 상징적 이미지를 사용한 광고에 대해 더 높은 선호도를 보인다.

그럼 이제 이 이야기를 브랜드 A와 B, 그리고 C 사이에서 벌어지는 일과 연결해서 생각해보자. 고립불안이라는 특정한 형태의 불안은 A와 B 간의 평가에 C라는 맥락 정보의 영향을 받을 가능성을 불러일으킨다. 만약 고립불안이 더 강한 사람이라면 그 영향을 더 강하게 받을 것이다. 나뿐만 아니라 다른 연구자의 결과에서도 우리나라 사람들의 이런 경향성이 상대적으로 더욱 강하게 나타났다.

요컨대 인간은 내용의 핵심이 아닌 주변부의 맥락 정보가 조금만 바뀌어도 쉽게 그 영향을 받는다. 심지어 단어 하나만 바뀠을 때도 그렇다. 실제로 사람들은 같은 내용에 단어 하나만 바뀠을 때도 쉽게 결과의 차이를 나타낸다. 그것도 꽤 큰 차이를 보인다. 다음의 실험을 보자.

• "당신은 두통을 **자주**frequently 앓습니까? 만약 그렇다면 얼마나 자주 앓습니까?"

이 질문에 사람들은 평균적으로 주당 2.2회라고 대답한다. 그런데 얼마의 시간이 흐른 후 같은 사람에게 다음과 같은 질문을 던진다. 물론 질문의 요지는 동일하다. 단어 하나만 바뀐다.

• "당신은 두통을 **때때로**occasionally 앓습니까? 만약 그렇다면 얼마나 자주 앓습니까?"

놀랍게도 이 질문에 대한 사람들의 응답은 주당 0.7회이다. 3분의 1로 급감한다(Loftus, 1975).[14] 이런 예는 얼마든지 있다. 하나만 더 예를 들어보자.

• "그 영화가 얼마나 **길었나요**How long was the movie?"

어느 영화를 보고 나오는 관객들에게 위와 같이 물었다. 사람들은 평균 130분이라고 답했다. 그런데 다른 문으로 나오는 관객들에게 아래와 같이 물었다.

• "그 영화가 얼마나 **짧았나요**How short was the movie?"

사람들은 평균 100분이 채 안 됐다고 응답했다.[15]

두 경우 모두 질문 간에 내용의 차이는 없다. 두통의 횟수와 영화 상영 시간을 묻고 있다. 하지만 사소해 보이는 단어 하나를 바꿈으로써 맥락이 바뀌게 되고 사람들은 자신의 기억을 다른 잣대로 더듬게 된다. 이런데도 우리가 문제의 본질에만 집중할 수 있다고? 천만의 말씀이다.

생생함의 노예가 되는 인간

"영어에서 K로 시작하는 단어가 더 많을까? 아니면 K가 세 번째 자리에 오는 단어가 더 많을까?"

영어에 익숙한 사람일수록 전자가 더 많을 것이라고 대답한다. 정답은? 후자가 더 많다. 사람들은 고개를 갸우뚱거린다. "정말? 그런 단어가 있어?" 하며 애써 그런 단어들을 떠올려보려고 한다. 기껏 'acknowledgement'와 같이 어렵고 잘 쓰지 않는 단어들이 떠오른다. 오히려 'ask', 'bake' 혹은 'cake'와 같이 평소 잘 쓰는 단어들은 생각조차 나지 않는다. 재미있는 점은 영어 원어민인 미국인이나 영국인에게서 틀린 답이 더 많이 나온다는 것이다. 심지어 확률적으로 불가능한 경우에도 오답을 말하는 경우가 자주 발견된다.

"영어에서 '~ing'로 끝나는 단어가 더 많을까요? 아니면 끝에서 두 번째 문자가 'n'인 단어가 더 많을까요?"

이렇게 물으면 사람들은 무심결에 '~ing'로 끝나는 단어가 더 많을 것이라고 대답한다. 그런데 이것은 불가능하다. 왜냐하면 후자가 전자의 경우를 포함하기 때문이다.

그럼에도 왜 이렇게 틀린 대답을 할까? 잘못 선택한 답이 오히려 더 생생하기 때문이다. 생생함은 전적으로 내 머릿속에서 일어나는 느낌이다. 우리는 외부 세상이 어떤 양상을 띠고 있건 간에 쉽게 머리에 떠올라 생생한 느낌이면 그것이 정답이고, 더 많으며 혹은 더 올바르다는 생각마저 한다. 한마디로 무조건 정답이라는 것이다. 물론 틀리는 경우가 상당히 많다. 하지만 이것이 인간이다. 인간에게는 생생함이 어떤 판단을 내릴 때 사용할 수 있는 몇 안 되는 잣대 중 하나이다. 많은 경우, 이런 경향성은 우리를 확률적 상식을 뒤집는 판단에 이르게 한다. 사람들에게 물어본다.

"미국과 러시아 간 전면 핵전쟁의 확률은 얼마나 될까요?"

이 질문에 사람들은 시큰둥한 반응을 보인다. "에이, 그런 일이 실제로 일어나겠어요?"라는 정도이다. 그런데 다음 질문에는 양상이 달라진다.

"미국과 러시아 간에는 핵전쟁 의도가 없었지만, 이라크·리비아·이스라엘 또는 파키스탄과 같은 제3국의 행동 때문에 양국 간에 오해가 발생하여 전면 핵전쟁이 발발할 가능성은 얼마나 될까요?"

일단 이런 이야기를 들으면 사람들의 반응부터 달라진다. "오호, 그런 일이 있을 수 있겠네요. 두 나라의 지도자들은 조심해야겠어요!"

와 같은 반응이 일반적이다. 다시 말하면 첫 번째보다 두 번째 경우에 핵전쟁의 발발 확률을 더 높게 추정한다. 하지만 첫 번째 경우는 두 번째를 완벽히 포함하고 있다. 두 번째도 어찌 되었든 첫 번째의 전면 핵전쟁이기 때문이다. 이런 현상이 일어나는 이유도 두 번째 시나리오가 훨씬 구체적이고 생생하게 와 닿기 때문이다.

법정공방에서 간단히 말을 하면 될 것을 변호사들이 굳이 '선혈이 낭자한'이라든가 '두 눈을 부릅뜨고'와 같은 표현을 쓰는 이유도 여기에 있다. 구체적이고 세부적으로 묘사하여 재판부나 배심원이 생생한 그림을 그릴 수 있도록 돕기 위해서다. 또한 이야기를 하다보면 "내가 해봐서 아는데" 혹은 "내 경험에 의하면"이 자주 입에 오르내리는 것도 같은 이유에서다. 그러나 자신의 생생한 경험을 세상 모든 경우에 일반화시키는 오류를 범하기 쉽다.

도박사의 오류

몇 년 전, 한 온라인게임 회사와 공동으로 수행했던 프로젝트에서 나온 에피소드이다. 이 회사는 새벽에 걸려오는 상담 전화의 상당수가 짜증 섞인 욕설이었다. 이에 응대해야 하는 상담원의 스트레스도 이만저만이 아니었다. 그런데 그 짜증과 원망 중에는 정당한 이유가 있는 것도 있었지만, 대개는 어처구니없었다. 예를 들면 온라인 고스톱 게임에 빠진 어느 중년 남자는 상담원에게 이런 짜증을 냈다.

"내가 지금 고스톱을 수백 번째 치고 있는데 아직 오광이 안 나왔어요! 이게 말이 됩니까?"

쓴웃음을 짓게 하는 대목이다. 지금 하는 고스톱이 첫째 판이든 오백 번째 판이든 오광이 나올 확률은 언제나 같고 극히 희박하다.

이와 같은 사례는 우리 주변에서도 얼마든지 찾아볼 수 있다. 야구 중계를 하는 해설자는 종종 이런 말을 한다.

"저 선수가 이제는 안타를 칠 때가 되었습니다."

그런데 그 이유가 좀 이상하다. 오늘 경기의 앞선 3타석에서 안타를 치지 못했기 때문이라고 한다. 그러면 오늘은 컨디션이 안 좋으니 안타를 못 칠 가능성이 높다고 보는 것이 더 합당하지 않을까? 하지만 사람들은 지금 이 순간을 하나의 독립된 사건으로 보지 않고 일련의 흐름으로 본다. 심지어 그것이 더 지혜로운 판단인 것처럼 이야기한다. 이른바 이젠 자신이 원하거나 기대하는 것이 '나올 때가 되었는데….'라며 기다리는 현상이다. 이를 '도박사의 오류Gambler's Fallacy'라고 부른다. 이런 현상은 왜 일어나는 것일까?

우리는 세상을 살아가면서 어떤 일이 '일어난' 후 그다음에 '일어날' 일들에 대해 '예측'해야 하는 상황들을 자주 접한다. 이때 우리는 무엇을 근거로 다음에 벌어질 일을 예측할까? 여러 가지 요인을 고려해야겠지만 최대한 단순화시켜서 생각해보자.

제1차 세계대전 때 실제로 있었던 일이다. 적군의 포탄이 한 번 떨어진 자리에는 다시 포탄이 떨어지지 않으니 그 지점으로 피하라고 병사들을 교육했다. 이는 전쟁터에서 속설로 굳어져 많은 병사가 이를 강하게 믿었다. 이후에도 꽤 오랫동안 믿어졌다. 이는 실제로 전장에서 같은 자리에 포탄이 두 번 떨어지는 경우가 많지 않다는 것을 관찰하면서 더더욱 믿을 만한 사실로 생각되었다.

그러나 대포 전문가나 수학자들은 이를 전혀 근거가 없는 생각이라고 말한다. 포탄이 어떤 자리에든 떨어지면 그다음 포탄이 어디에 떨어지느냐는 완벽히 새로 출발하는 문제이기 때문이다. 이를 더 구체적으로 말하면 왜 사람들은 여러 가지 경우의 수가 가능할 때, 특정한 어느 하나의 경우가 발생할 확률을 더 과대평가할까?

또 다른 예를 들어보자. 동전 던지기를 8번 한다. 앞면이 나오는 경우를 H라고 하고 뒷면이 나오는 경우를 T라고 했을 때 만일 'H-T-T-T-T-H-T-H'의 순서로 동전 던지기의 결과가 나왔다면 이를 이상하게 여기는 사람은 별로 없을 것이다. 하지만 'H-H-H-H-H-H-H-H'처럼 앞면이 8번 연속 나오는 경우는 어떨까. 아마 꽤 많은 사람이 "와! 정말 신기한데!"라든가, "오늘 무슨 날인가?"와 같은 반응을 보일 것이다. 왜 반응이 서로 다를까? 동전 던지기를 8번 했을 때 나올 수 있는 앞면과 뒷면의 횟수와 순서로 이루어진 다양한 경우 중, 동일한 확률을 지닌 두 개일 뿐인데도 말이다

포탄과 동전 던지기 모두 도박사의 오류에 해당한다. 지금 이 순간 A와 B가 일어날 확률은 각각 동일하게 절반씩임에도 이전에 발생했던 A와 B의 누적 빈도가 어떤가에 따라 A 혹은 B 중 어느 하나에 더 강하게 끌리는 현상을 통칭한다. 각각의 사건은 전후 사건에 영향을 미치지 않는 독립적인 사건이지만 논리적으로 오류를 범하는 것이다.

몇 가지 원인을 살펴보면, 일단 사람들은 독립적으로 발생하는 사건이라 하더라도 상호 연관된 사건으로 묶어서 생각하려는 경향을 들 수 있다. 또한 묶인 사건들 전체의 확률은 일종의 균형을 이룰 것이라고 생각한다.[16]

이는 어떤 선생님에게 "우리나라 고등학교 2학년 학생들의 평균 몸무게는 60kg입니다. 그런데 선생님께서 맡고 계신 학급(총 50명)의 1번 학생 몸무게가 110kg입니다. 나머지 학생들은 아직 몸무게를 측정하지 않았습니다. 선생님 학급의 평균 몸무게는 얼마일까요?"라는 질문에 그 선생님은 "60kg입니다."라고 추정하는 것과 마찬가지다.

왜냐하면 학생 한 명의 몸무게가 110kg이고 나머지 49명의 몸무게는 전국 평균인 60kg으로 계산했을 때 각각을 더한 값은 3,050kg이다.(즉, 110kg×1명+60kg×49명=110+2940=3050kg) 따라서 3,050kg/50(학생 수)=61kg이 올바른 평균 추정치이다. 그렇다면 왜 오답이 나왔을까? 아마 110kg과 같이 평균을 훨씬 웃도는 학생이 있으니 자신의 반에 몸무게가 상당히 덜 나가는 학생들도 있을 것이라고 생각했기 때문이다.

어떤 집단이 지닌 한 측면의 평균을 추정할 때, 매우 독특한 값을 지닌 구성원의 예를 보게 되면 그 구성원의 값을 상쇄하는 반대 방향의 값이 그 집단에 포함되어 있을 것이라는 편향적 추리의 결과이다. 물론 이는 올바른 추정이 아니다. 모집단(해당 대상이 포함된 전체집단)에 대한 지식이 그것보다 훨씬 작은 표본집단에 무리하게 적용되어서 일어난 결과이다.

뜨거운 손 오류

우리가 언제나 도박사의 오류를 범하며 사는 것은 물론 아니다. 오히려 그 반대의 오류를 범하기도 한다. 도박사의 오류를 언제나 적용한다면 연이은 성공 뒤에는 실패를, 그리고 연이은 실패 뒤에는 성공을 예측해야만 한다. 하지만 실제로 그런 일이 일어나는 경우는 많지 않다.

경기 기록을 분석한 연구 결과들을 보면 농구 경기에서 슛을 한두 번 연달아 성공한 선수에게는 동료의 패스가 집중되는 패턴을 볼 수 있다. 축구 경기에서도 전반전에 골을 기록한 선수에게 동료의 패스가 집중되면서 체력이 급속하게 소모되는 현상이 발생한다.[17] 운동 경기 초반에 잘했으니 연이어 잘하리라고 예측하는 것이다.

물론 그 선수가 그날의 컨디션이 좋을 수도 있지만, 유난히 경기 초반의 슛 성공률에 의해 이러한 패턴이 반복된다. 이것은 그 선수의 컨디션 이외에 그 선수를 바라보는 다른 선수의 심리적 요인이 분명하게 작용하고 있다고 관련 연구자들은 지적한다. 이는 분명 도박사의 오류와는 반대되는 판단이며, 이런 경우를 '뜨거운 손 오류Hot-Hand Fallacy'라고 부른다.

실제로 도박사의 오류와 뜨거운 손 오류는 실생활에서 판단 양상을 묘사할 때 자주 사용된다. 주식시장의 많은 애널리스트들이 투자자의 투자 행태에 대해 도박사의 오류 혹은 뜨거운 손 오류 중 하나에 빗대어 설명한다. 질문을 좀 더 구체적으로 해보자. 두 가지 오류 중 하나가 일어나는 이유는 무엇인가? 이에 대해 속 시원한 설명을 해주는 이는 드물다. 다만 매우 자주, 그리고 강하게 일어나고 있다는 식으로 현상을 설명할 뿐이다. 이는 이미 일어난 결과를 두고 두 가지 오류 중 무엇에 해당한다는 식의 사후 해석에 그칠 뿐이라 아쉬움이 남는다.

이에 대해 피터 에이튼Peter Ayton과 일란 피셔Ilan Fischer라는 두 명의 심리학자는 매우 설득력 있는 대답을 제시한다.[18] 이들의 연구에 따르면, 동일한 현상을 관찰하더라도 그 현상을 인간의 힘으로는 어찌 해볼 도리가 없는 자연법칙에 근거하여 발생하는 것으로 보고, 이에 더해 이전에 부정적인 사건들이 자주 발생했다고 생각되면 도박사의 오류가 일어날 가능성이 더 높다는 것이다. 반면 동일 현상이라도 그 분야가 인간의 의지가 영향을 미칠 여지가 많으면 뜨거운 손 오류가 더 자주 일어나는 것을 관찰하였다.

어느 실험에서 일련의 결과(빨간색 혹은 검은색 등 의미 중립적인 색으로 표시)만을 연달아 계속 보여주고 기상통보관forecaster이나 선수player의 관점에서 판단을 해보라고 했다. 전자는 날씨에 관한 결과를, 후자는 게임에 관한 결과를 단순화하여 제시한 것을 본다고 각자 생각했다. 기상통보관의 입장에서 중립적인 결과가 연속되는 것을 본 사람들은 도박사의 오류에, 그리고 선수의 관점에서 일련의 동일한 결과를 본 사람들은 뜨거운 손 오류에 기초한 판단을 하는 경향을 보였다. 즉, 관점의 차이라는 것이다.[19]

다시 말해 동일한 사건이라도 그 사건을 보는 관점에 따라 다음에 일어날 일에 대한 예측이 달라질 수 있다. 관점이 어디에 더 가까운가를 파악하고 이 때문에 내가 어떤 오류에 더 쉽게 빠질 수 있느냐를 생각해본다면 좀 더 정확하고 객관적인 판단에 다가갈 수 있다. 하지만 불행하게도 이런 것을 알고 있는 사람은 극소수에 불과하다. 그러므로 우리는 언제나 도박사처럼, 아니면 뜨거운 손을 만지작거리며 판단의 오류를 범하며 살아간다.

'50% 할인'에 흔들리는 인간

인간은 숫자나 정보가 무작위로 주어진다고 해도 거기에서 쉽게 벗어나지 못한다. 앞서 고착이라는 인간의 기본 성향에 대해 알아보았듯이 이 성향이 너무나 강력하여 주어진 상황에 머무르려는 경향이 있다. 우리 주변에서 어렵지 않게 만날 수 있는데 내가 강의 시간에 종종 하는 간단한 실험에서도 이런 경향을 쉽게 찾아볼 수 있다.

학생들에게 "터키의 인구는 3,000만 명보다 많거나 적다. 터키의 실제 인구는 얼마나 될까?"라고 물어본다.

이때 학생들의 추정치는 대략 2,000만 명에서 5,000만 명 사이를 왔다 갔다 한다. 그럼 질문을 좀 바꿔보자.

"터키의 인구는 3억보다 많거나 적다. 터키의 실제 인구는 얼마나 될까?"

이때는 학생들의 추정치 단위가 일단 억대로 바뀐다. 믿기지 않겠지만 사실이다. 임의로 3억이라는 숫자를 말했을 뿐인데 누구도 그 정보에 대해서는 한 치의 의심 없이 주어진 숫자를 바탕으로 추정하기 바쁘다. 어느 연령대나 어떤 직업군을 대상으로 몇 번을 실험해도 같은 결과가 나온다. 그만큼 보편적 현상이다.

영어권 국가에서 많이 볼 수 있는 이른바 《영리한 쇼핑객Smart Shopper》과 같은 부류의 책을 보면 이런 조언이 많이 나온다.

"마음에 드는 물건을 발견했다면 그 물건의 가격표를 보기 전에 가격을 미리 마음속으로 매겨라!"

왜? 이런 가격 매기기를 미리 하지 않으면 가격표를 보는 순간 이미 백화점이나 마트의 상술에 지기 때문이다. 가격표 위에는 '00% 파격 세일~, 000원!'이라고 적혀 있다. 그 가격은 도대체 어디에서 온 것이란 말인가? 사람들은 수십 %의 할인이라는 말에 고마움을 느끼거나 흡족해한다. 그 물건의 현재 가격이 아닌 훨씬 더 비싼, 그러면서도 이유조차 알 수 없는 세일 전의 가상 가격이 원래 가격이라고 철석같이 믿고 그 물건을 장바구니에 담기 바쁘다.

미리 '저 물건은 000 원이면 산다'고 마음먹어보라. 그럼 그 물건에 부착된 가격표에 '90% 할인'이라는 문구가 있더라도 내가 미리 매긴 가격보다 비싸면 전혀 고맙거나 기쁘지 않을 수 있다. 백화점 상술에 넘어가지 않는다. 하지만 백화점과 마트는 여전히 이런 상술로 많은 돈을 벌고 있으니 우리가 지고 사는 것이다. 그만큼 주어진 임의의 숫자에서 벗어나지 못한다.

의견 없음도 의견이다

우리는 어떠한 사안에 대해 얼마나 알고 나서 의견을 말할까? 솔직히 말하자면 필자 역시 그렇지 않은 경우가 꽤 많다. 별로 아는 바가 없는 데도 불구하고 찬성과 반대 중 하나를 선택할 뿐만 아니라 심지어는 그에 대해 목청을 높였던 경우도 꽤 많았다. 심리학자들은 이를 '가짜의견pseudo opinion' 현상으로 부르기까지 한다. 관련 연구들도 상당하다. 다시 말해 어떤 이슈나 사안에 대해 잘 모를 경우에도 사람들은 마치 자신이 구체적인 의견을 가지고 있는 것처럼 행동하고 말하는 경우가 허다하다는 것이다. 오죽하면 정치심리학자인 러셀 뉴먼Russell Neuman은 대부분의 친숙한 주요 이슈들에 대해 80% 가까운 사람들이 안정적이고 일관적인 견해를 지니고 있지 않다고 말했을까.[20] 뉴먼에 의하면 사람들은 뉴스나 신문을 통해 자주 접하는 정치나 경제 이슈에 대해 의견이 있는 것처럼 행동하지만 실은 그 이슈에 관해 아는 것이 거의 없는 경우가 허다하다. 예를 들어 1980년대 미국인들에게 "인종차별에 반대합니까?" 라고 물으면서 1번 '그렇다', 2번 '아니다', 3번 '모른다' 라고 보기를 주면 대부분 '그렇다' 와 '아니다' 중 하나를 택한다. 하지만 응답 직후 응답자들에게 인종차별과 관련된 이슈의 핵심 측면들을 물으면 대부분이 꿀먹은 벙어리가 됐다. 그런데도 의견이 있는 것처럼 말한다면 그것은 분명 거짓이 아니겠는가? 이런 현상은 왜 일어나는가? 의견을 묻는 조사의 허구성을 잘 지적하는 것으로 유명한 하워드 슈먼Howard Schuman의 재미있는 실제 사례를 통해 그 실마리를 찾을 수 있다.[21] 한 조사에서 슈먼은 이렇게 질문한다. "귀하는 중동국가들이 이스라엘과 평화관계를 유지하기 위해 노력하고 있다는 주장에 동의하십니까?" 결과는 '동의' 17%, '비동의' 60%, '모른다' 23%로 나왔다. 하지만 마지막 질문과 보기를 약간만 고치니 결과가 판이하게 달라졌다. "귀하는 중동국가들이 이스라엘과 평화관계를 유지하기 위해 노력하고 있다는 주장에 대해 의견이 있으십니까? 만일 그렇다면 그 주장에 동의하십니까? 동의하지 않으십니까?" 라고 묻자 '동의' 10%, '비동의' 45%, '의견 없음' 45%로 나왔다. 실로 대단한 차이이다. 거의 과반수에 달하는 사람이 더 솔직하게 '의견 없음' 을 선택한 것이다.

후자의 경우에서 왜 이런 결과가 나온 것일까? 더 솔직한 답변을 이끌어낼 수 있었기 때문이다. 선택의 보기를 '모른다' 로 하면 사람들은 이를 선택하려고 하지 않는다. 영 마뜩지 않기 때문이다. 하지만 '의견 없음' 이라고 대답하기는 보다 수월하다. 이를 두고 이 분야의 전문가들은 "정중하게 물어보라ask gently" 고 충고한다. 그렇다. 누군가가 나에게 의견을 물어볼 때 정중하게 물어봐야 내 진짜 의견을 말하기가 훨씬 쉬워지는 것은 당연한 것 아닌가. 더 나아가 의견 없음은 더욱 중요한 의견이다. 앞으로 무언가를 더 알리고 알아야 함을 의미하기 때문이다. 만약 '의견 없음' 이 무시할 수 없을 정도로 많을 때는 진지한 고민을 해야 한다. 그리고 묻기 전에 왜 의견이 없는가를 풀어내고 그 다음에야 물어야 한다. 그래야 불필요한 갈등과 오해를 줄일 수 있다. '모른다' 와 '의견 없다' 의 격차를 줄이지 못하면 상대방의 마음을 진정으로 읽지 못하는 것이기 때문이다.

09

컴퓨터 vs. 인간의 지능

기억과 평가

지금까지 이야기한 내용만 종합해도 자존심이 크게 상한 독자가 많으리라 생각된다.

"아, 내 판단에 정말 문제가 많구나. 인간이 정말 어리석구나!"

그런데 이보다 더 크게 자괴감을 불러일으키는 소식이 있다. 대표적으로 인간과 컴퓨터 간의 체스 게임에서 인간이 지기 시작한 것이다. 이미 1997년, IBM의 '딥 블루'라는 컴퓨터는 세계 체스 챔피언 게리 카스파로프를 막판에 외통수로 이겨버렸다. IBM 관계자나 컴퓨터 과학자들에게는 환호성을 지를 만한 기쁜 일이다. 하지만 이를 지켜보는 나머지 인류에게는 씁쓸하기 이를 데 없는 사건이다. 공상과학 영화처럼 컴퓨터에 지배당하는 인류의 미래를 떠올리며 슬픈 마음마저 들 수 있다. 인간은 왜 이렇게 불완전한 존재일까? 컴퓨터는 점점 더 정밀하고 정확해지는데….

하지만 생각을 좀 더 해보자. 이러한 오류들이 정말 우리가 컴퓨터보다 못해서 일어나는 일일까? 결론부터 말하면 "절대 아니다!"

인간과 컴퓨터는 목적 자체가 다른 지능체계이다. 컴퓨터가 인간보다 뛰어나서 인간이 범하는 오류를 저지르지 않는 것이 아니다. 저지르고 싶어도 그렇게 하지 못한다는 설명이 더 적절하다. 이것은 컴퓨터라는 지적 시스템의 목적을 보면 쉽게 알 수 있다. 컴퓨터의 목적은 바로 연산과 저장이다. 그렇다면 인간이 지닌 지적 시스템의 목적은 무엇인가? 당연히 이해와 평가이다. 이 차이를 이해하지 못하면 우리는 계속 성능이 좋아지는 컴퓨터와 비교하면서 괴로워할지 모른다.

"내 머리가 컴퓨터 같으면 얼마나 좋을까? 어떤 내용이든 머리에 집어넣기만 하면 절대 잊어버리지 않을 텐데…."

이런 푸념을 늘어놓는 심정은 이해하지만, 인간의 기억이 컴퓨터와 같다면 우린 정말 이상하게 말하고 행동할 수밖에 없다. 지금부터 그 이유를 살펴보자.

여대생인 지영은 친구 진희와 자신이 어제 소개팅을 한 남학생에 대해 이야기하고 있다. 진희가 지영에게 묻는다.

"어제 소개팅 한 남자 어땠어?"

이 질문에 지영은 이렇게 대답한다.

"응, 키는 176cm이고, 얼굴에는 작은 점이 3개 정도 있었고, 피부는 약간 검더라. 신발은 검은색 구두를 신었어."

이에 진희는 "아니, 내 말은 그 남자 어땠느냐고?"

지영은 다시 말한다.

"아이, 참. 내 말 잘 들어봐. 셔츠는 파란색이었고, 얼굴에 8개 정도 여드름이 있었어. 머리숱이 많았고…. 음, 다음에 또 뭐가 있더라?"

마침내 진희는 화를 내기 시작한다.

"너 정말 짜증난다. 그래서 그 사람 어땠느냐고?"

진희가 묻고자 하는 것은 단순히 기억에 대한 것이 아니다. 지영이가 그 남학생에 대해 내린 '평가'를 묻는 것이다. 그런데 지영이는 그 남자에 대한 '기억'을 계속 이야기하자 자신의 질문 의도와 다른 대답에 슬슬 짜증이 나기 시작한 것이다. 인간의 기억은 분명 컴퓨터와는 다른 목적을 지니고 있다. 세상과 타인이 내게 묻는 질문의 대부분은 일어났던 일에 대한 표면적인 것보다는 그 이상을 요구한다.

그럼 우리가 컴퓨터에게 요구하는 것은 무엇인가? 우리가 전지현이나 현빈 같은 미녀 미남의 사진을 스캔해서 컴퓨터에 저장해놓았다고 하자. 나중에 이미지를 출력하고 싶을 때 파일을 클릭한다. 그러면 컴퓨터는 이미지 그대로 출력해준다. 이때 컴퓨터가 "주인님, 이 여자분 정말 미인이네요."라든가 "사용자님, 이 남성 정말 잘생겼는데요?"라는 주관적 평가를 절대 내놓지 않는다. 반면 우리는 한 달 전에 가보았던 맛집, 재작년 크리스마스이브 혹은 2002년 월드컵에 대해 기억할 수 있다. 그러나 그 기억이란 실제 일어난 일에 대한 세세한 기록이 아니라 그때 경험한 느낌과 평가들이 주를 이룬다.

이에 대해 인지심리학자들은 다음과 같이 정리한다.

"컴퓨터에 부여된 기억의 목적은 어떤 대상을 있는 그대로 저장하고 복원하는 것이다. 하지만 인간의 사고 목적은 '그 대상을 이해하는 것'이며 그 이해한 바를 담는 것이 바로 기억이다. 그러니 인간이 무언가를 기억해낸다는 것은 있었던 무언가가 아닌, 있었던 무언가에 대한 '나의 이해'를 끄집어내는 것이다."

이해를 목적으로 하는 인간의 사고체계는 종종 우리의 기억에 편집과 재구성, 그리고 심지어는 왜곡까지도 불러일으킬 수 있다. 그게 결코 안 좋은 것만은 아니다. 인간 기억의 목적에 더 맞는 일이다. 주위의 친구나 가족이 있다면 아래 실험을 해보자. 사람이 많을수록 더 좋다.

1단계 다음과 같은 단어들을 하나씩 차례로 2~3초간 보여준다(보여줄 수 있는 상황이 아니면 들려줘도 괜찮다). 한 번에 하나씩 보여줘서 모든 단어를 한꺼번에 보지 못하게 한다. 사람들에게 나중에 어떤 단어를 봤는지 기억 검사를 할 것이라고 미리 알려준다.

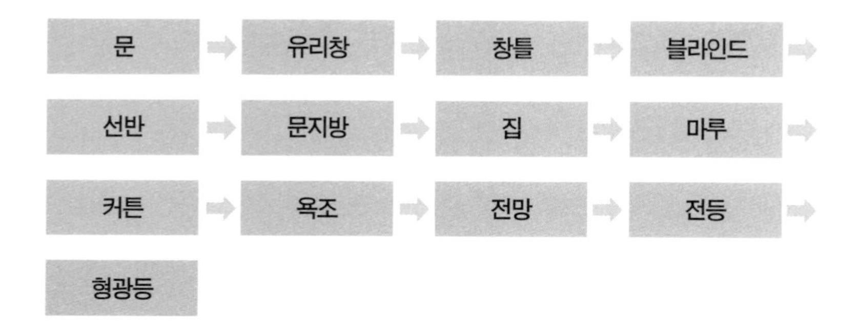

2단계 모든 단어를 다 보여준 직후에는 '517에서 13씩 계속 빼기'와 같은 역산 과제를 시킨다. 그럼 사람들은 '504, 491, 478…'과 같이 계속해서 답을 내놓아야 한다. 이렇게 하는 이유는 자기가 본 단어들을 인위적으로 암기하는 것을 막기 위해서이다. 인지심리학자들은 일반적으로 기억에 무엇이 남는가를 객관적으로 보기 위해 통상 이런 방해 과제를 사용한다.

3단계(기억 검사) 사람들에게 자신이 본 단어들을 가능한 한 많이 써보라고 한다.

4단계(채점) 자, 이제 채점을 해보자. 채점은 아래와 같은 단어들을 하나씩 들려주면서 자신이 그 단어를 정말 기억해냈는지 각 단어를 불러줄 때마다 대답해 달라고 한다. 마지막 단어인 '창문' 하나만 빼고는 모두 실제로 1단계에서 보여준 단어들이다.

- 문: 대부분이 기억해냈다고 얘기한다. 맨 처음 들은 단어이니까.
- 유리창, 창틀, 블라인드, 선반, 문지방: 이 단어들에 대해서는 기억해냈다고 얘기하는 비율이 조금씩 줄어든다.
- 마지막으로, 창문: 흥미롭게도 이 단어를 기억해냈다고 말하는 사람이 정말 많다. 1단계에서 나온 단어가 아님에도 그렇다.

국내외에서 다양한 계층을 상대로 실험해본 결과 최소 50%, 많게는 80%의 사람이 '창문'을 기억해냈다고 대답한다. 심지어 어떤 사람은 아주 강한 확신을 갖고 "분명히 창문이라는 단어를 봤어요."라며 억울해하기도 한다. 물론 명백한 오답이다.

왜 이런 현상이 일어나는 것일까? '창문'이라는 단어는 보지 않았지만 사람들은 창문을 구성하는 요소인 유리창이나 창틀 같은 단어들을 보았다. 자연스럽게 구성요소들을 결합한 단어인 창문을 떠올리게 된 것이다. 이런 과정이 우리 인간의 기억이다. 우리의 기억이라는 것은 컴퓨터의 하드디스크처럼 그리 간단하지 않다. 구체적으로 어떤 면에서 어느 정도로 다를까? 간단히 답할 수는 없지만 이 책의 많은 부분이 그 차이에 대한 인지심리학자들의 구체적인 답으로 이루어져 있다. 여기서는 인간은 독특한 지적체계를 갖고 있고 훨씬 더 자세히 들여다보고 이해한다는 정도만 분명하게 짚고 넘어가자. 인간은 단순히 연산하고 저장하는 계산기가 아니라 적극적이고 능동적으로 이해하고 평가하는 일종의 편집자라는 점이다. 그래서 때로 '창문'이라는 단어를 봤다고 기억을 왜곡시키기도 한다. 이는 잘못되거나 문제가 있어서가 아니라 인간의 지적체계와 그 작동 원리가 지니는 특징이자 본질이다.

과테말라에서 일곱 번째로 큰 도시의 이름은?

이왕 컴퓨터와 인간의 차이점에 대해 말하고 있으니 한 가지만 더 말해보자. 이번엔 컴퓨터에는 아예 없는 기능에 대한 것이다. 우리에게 "아, 이런 기능이 다 있었네!"라며 놀랄 수도 있다. 새롭다기보다는 일상적이어서 우리가 미처 생각하지 못한 부분이다.

사람들에게 이런 질문을 해보자.

"네 혹은 아니요로 가능한 한 빠르게 대답해주세요."

이런 지침을 준 뒤, "우리나라 수도의 이름을 아시나요?"라고 묻는다. 대부분은 "네"라고 매우 빠르게 대답할 것이다. 그렇다면 이런 질문엔 어떨까?

"과테말라에서 일곱 번째로 큰 도시의 이름을 아시나요?"

아마도 "아니요"라는 대답이 매우 빠르게 나올 것이다. 앞선 질문의 "네"라는 대답과 거의 같은 속도이다. 이것이 인간의 두뇌가 지닌 특별한 능력이며 최소한 현재까지 컴퓨터에는 없는 기능이다. 무슨 엉뚱한 소리냐고 생각할지 모르지만 이는 분명한 사실이다.

간혹 우리는 컴퓨터에 내가 원하는 정보가 있는지를 알아보기 위해 검색 기능을 사용한다. 검색창에 파일 제목을 입력하고 '검색' 버튼을 클릭하면, 컴퓨터는 열심히 해당 파일이 있는지를 검색한다. 만일 찾으려는 파일이 컴퓨터에 있다면 그 파일의 제목과 위치를 우리에게 보여준다.

하지만 그 파일이 컴퓨터에 없다면 어떻게 되는가? 상당한 시간을 소모하면서 하드디스크를 끝까지 검색해본 후에야 "그런 파일은 없습니다." 혹은 "파일을 찾지 못했습니다."와 같은 메시지를 보여준다. 이 메시지는 결코 파일을 찾았을 때의 메시지보다 빠르지 않다. 컴퓨터는 "아니요, 모릅니다."라는 대답을 "네, 알고 있습니다."라는 대답보다 언제나 느리게 할 수밖에 없다.

그와 달리 인간은 모른다는 대답 또한 안다는 대답과 같은 속도로 할 수 있다. 인간은 모른다는 대답을 할 때 뇌 전체를 '스캔'하지는 않기 때문이다. 그렇다면 무엇 때문에 빠르게 판단할 수 있을까? 바로 '메타인지' 덕분이다. 메타인지는 자신의 인지 활동에 대한 지식과 조절을 의미하는 것으로, 내가 무엇을 알고 모르는지에 대해 아는 것에서부터 자신이 모르는 부분까지 보완하기 위한 계획과 그 계획의 실행 과정을 평가하는 전반을 의미한다.[22] 즉, 무엇을 배우거나 실행할 때 자신이 아는 것과 모르는 것을 정확히 파악할 수 있는 능력이다. 이 능력이 뛰어난 사람은 자신의 사고 과정 전반에 대한 이해와 평가가 가능하기 때문에 어떤 것을 수행하거나 배우는 과정에서 어떠한 구체적 활동과 능력이 필요한지를 알고, 이에 기초해서 효과적인 전략을 선택하여 적절히 사용할 수 있다. 메타인지 능력은 인간이 지닌 엄청난 능력이면서 종종 우리를 함정에 빠뜨리기도 한다. 이 또한 인간의 인지체계가 지닌 독특한 특성 가운데 하나이다.

이렇게 몇 가지만 생각해봐도 인간의 생각은 매우 복잡하고, 여러 가지 기능을 지니고 있음을 알 수 있다. 더욱 중요한 점은 이러한 기능들이 서로 복잡하고도 유기적으로 연결돼 있다는 사실이다. 그래서 인간의 생각을 이해하려면 우선 차분하고 진득한 마음으로 공부해야만 가능하다. 단편적으로 "이럴 땐 이렇게 하라."는 식의 자기계발서로는 해결되지 않는다. 아무리 반복해 읽어도 근본적인 변화를 만들어내지 못하는 이유다.

10

보다 더 간편한 방법

휴리스틱이란?

생각의 작동 원리를 알든 모르든 우리는 대부분 하루하루 바쁘게 살아간다. 하루에도 수많은 선택과 직면하고 수백 개의 결정과 그에 따른 행동을 하며 산다. 그래서 짧은 시간에 결정을 내려야만 그다음에 일어날 일에 대응할 수 있다. 그렇다면 기회비용과 시간과 정신적 비용까지 고려했을 때 보다 간편한 방법을 통해 괜찮은 결과를 만드는 게 더 합리적일 것이다.

실제로 인간은 이를 위한 다양한 방법을 가지고 있다. 인간의 판단과 의사결정을 연구하는 사람들은 이런 방법을 '휴리스틱heuristic'이라 통칭한다. 휴리스틱은 문제를 해결함에 있어 그 노력을 줄이기 위해 사용되는 고찰이나 과정을 의미하는데, 쉬운 우리말로 지름길이나 간편법이라 부를 수 있다. 휴리스틱에 대해 가장 잘 설명해줄 수 있는 학자 중 한 명이 바로 심리학자이자 경제학자인 대니얼 카너먼이다. 우리나라에도 번역 소개된 《생각에 관한 생각》에서 그는 우리가 흔히 사용하는 휴리스틱을 소개한다. 휴리스틱을 이해하기 위해서는 제약성constraint이라는 개념을 먼저 알아둘 필요가 있다.

광화문에서 덕수궁으로 가는 방법은 모두 몇 가지?

이 질문을 던졌을 때 대부분은 먼저 걸어가는 방법을 떠올릴 것이다. 어제 등산을 무리하게 해서 다리가 좀 불편하다면 택시를 타는 방법을 생각할 수도 있다. 자, 우리는 이 두 방안을 놓고 잠시 고민한다. 결정은 어느 쪽을 선택하든 오래 걸리지 않는다. 뭐 그리 대단한 일이 내 머릿속에서 일어난 것 같지도 않다. 그저 일상적인 상황이고 그만큼 일상적인 내 생각과 결정, 그리고 그에 따른 행동이 일어나기 때문이다.

하지만 이로부터 상당히 흥미로운 생각거리를 만들어낼 수 있다. 어떻게 걷거나 택시를 타는 두 가지 방법으로 쉽게 압축할 수 있었을까. 엄밀하게 말하면 광화문에서 덕수궁까지 가는 방법과 경로는 무한대이다. 뒷걸음질 쳐서 갈 수도 있고, 자전거를 빌려 탈 수도 있다. 광화문에서 종로를 거쳐, 다시 퇴계로, 을지로, 그리고 남대문 쪽으로 돌아서 덕수궁에 도달할 수도 있다. 비행기를 탈 수도 있다. 복잡하긴

해도 '광화문-김포공항-제주도-김해공항-KTX-서울역-덕수궁'이라는 경로도 가능하다.

억지라고 하겠지만 어쨌든 이 모든 방법, 심지어 마법 양탄자와 같은 공상의 운송수단까지 모두 고려해볼 수 있다. 그런데 바보가 아닌 이상 그런 것들을 대안이라고 생각하지는 않는다. 놀라운 점은 이 모든 무한대의 대안들이 1초도 걸리지 않고 모두 제거된다는 사실이다. 그리고 도보와 택시, 두 가지 방법만 놓고 약간의 고민을 한다. 이 또한 인간이 가진 대단한 능력이다.

하나만 더 예를 들어보자. 한강 둔치에서 자전거를 타고 있는데 배가 고프다. 바로 뭘 좀 먹었으면 좋겠다. 무엇을 먹을까? 컵라면, 어묵 정도를 생각하면서 고민한다. 이 경우에도 마찬가지로 내 허기를 달래줄 수 있는 대안은 무한대이다. 지구에 존재하는 모든 음식이 대안이 될 수 있기 때문이다. 하지만 어떤 사람도 이 순간에 궁중음식이나 달팽이 요리를 생각하지는 않는다.

인간은 어떤 사안이든 판단을 내려야 하는 순간 현 상황과 크게 관련이 없는 대부분의 대안을 순식간에 걸러내고 적절한 몇 가지 대안만을 놓고 생각하는 필터가 있다. 인지심리학자들은 이것을 '제약성constraint'이라고 부른다. 이 제약성은 자신이 살아오면서 만든 거대한 지식과 경험의 체계로, 현 시점에서 어떤 대안만을 남겨놓을지를 순식간에 판단하게 하는 모든 종류의 필터 기능을 통칭한다. 우리는 다양한 수준과 경우에 이 필터들, 즉 제약성을 사용한다. 다양한 분야의 심리학 연구자들은 이 필터에 대해 각기 다른 이름을 붙인다.

예를 들어 지각知覺, perception 심리학의 주된 관심사는 어떤 대상을 보자마자 그 대상에 대한 기초적인 판단을 하는 데 필요한, 다양한 정신 과정에 관심을 두고 있다. 그 중 하나가 바로 단서cue이다. 이는 우리가 '깊이'를 느끼는 데 꼭 필요하다. 아래와 같은 2차원 장면에서 우리는 하나가 다른 것을 가리고 있기 때문에 상대적으로 깊이를 느낄 수 있다.

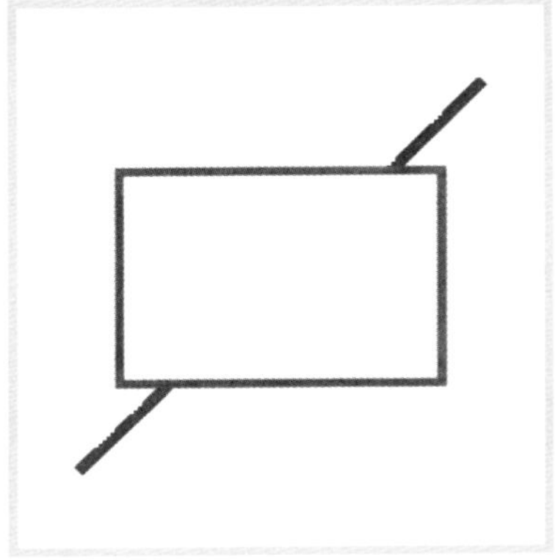

깊이 지각에 사용되는 단서.

위의 왼쪽 그림에서 두 카드의 관계에 대한 해석은 여러 가지가 가능하다. 굳이 클로버 K가 스페이드 K를 가리고 있다고 해석하지 않아도 된다. 사각형인 클로버 K가 왼쪽 아랫부분이 잘린 스페이드 K와 연결되었다고 해석할 수도 있다. 그렇다면 두 카드는 하나가 다른 하나를 가리고 있는 것이 아니라 정확히 붙어 있는 관계가 된다. 하지만 대부분의 사람들은 이런 가능성을 일거에 배제하고 거의 즉각적으로 하나가 다른 하나를 가리고 있다는 식의 깊이를 느낀다.

오른쪽 그림도 마찬가지다. 마치 검은 사선을 하얀 사각형이 가리고 있는 것 같다. 즉 하얀 사각형 뒤에는 연결된 사선이 있다고 여기는, '보이지 않는 부분을 심리적으로 채워넣는' 방식을 취한다. 다른 가능성은 고려하지 않는다. 지각심리학에서는 이렇게 다른 가능성을 일거에 배제하고 한 가지 혹은 소수의 가능성만을 고려하게 하는 것을, '깊이 지각'에 사용되는 단서라고 표현한다. 이것은 결국 제약성에 해당한다.

인간의 판단과 의사결정 분야에서는 수많은 대안 중 순식간에 몇 가지 혹은 단 하나의 대안만을 남겨서 선택을 쉽게 만들어주는 것을 '휴리스틱'이라고 표현한다. 인지심리학은 인간이 어떤 제약성을 어떤 순간에 활용하는가를 탐구하는 학문이다. 그리고 그것 자체가 바로 작동 원리에 해당한다.

이렇게 보면 휴리스틱은 우리가 쓰고 싶지 않아도 거의 자동으로 개입하는 강력한 방법이자 유혹이다. 바쁘고 항상 시간이 부족한 인간은 '결정을 위한 시간이 많지 않다'는 가정을 무의식적으로 한다. 거기에 '인지적 구두쇠'로서의 본성까지 더해져 빠르게 결정을 내리는 방법을 문화적으로 습득하고 내재화한다.

모든 것에는 장단점이 있듯 휴리스틱 또한 꽤 유용하지만 함정과 오류의 가능성도 내포하고 있다. 이미 우리는 그 중 몇 가지를 알아보았다. '터키의 인구는 3,000만 명보다 많거나 적다'고 했을 때와 '터키의 인구는 3억보다 많거나 적다'라고 했을 때의 추정이 각각 달라진다. 이처럼 고착되고 제한적인 인간의 특성 때문에 '함정'과 '오류'

는 필연적으로 겪을 수밖에 없다. 그렇다면 함정과 오류를 어떻게 극복하고 우리의 생각을 좀 더 질 좋은 방향으로 이끌 수 있을까?

한 가지 방법은 개별 오류들을 예시하고, 그 오류들에 대한 개별 해결책을 배워나가는 것이다. 대니얼 카너먼의 《생각에 관한 생각》이나 리처드 탈러의 《넛지》와 같은 책을 읽는 것도 좋은 방법이다. 또 다른 방법은 그러한 오류를 만들어내는 인간 생각의 기본 속성을 이해하고 그 속성의 작동 원리를 바탕으로 한 단계 한 단계씩 길을 찾아나가는 방식이다. 전자의 방법은 우리 인간의 판단과 의사결정 행태, 이와 관련된 예시를 통해 쉽고 빠르게 이해할 수 있는 장점이 있다. 반면, 후자는 한 번의 이해를 통해 다양하고 새로운 문제들에 적용하여 차근차근 풀어나갈 수 있는 지혜를 얻을 수 있는 장점이 있다.

그래서 우리는 두 방식 모두를 경험해볼 필요가 있다. 왜냐하면 나 자신에게 어떤 방식이 더 적합한지 모르는 상태에서는 어떤 부분이 부족한지도 쉽게 알 수 없기 때문이다.

나는 이 책을 통해 후자의 역할을 하고자 한다. 첫째, 전자의 방법은 이미 세계적 석학들이 훌륭하게 이뤄낸 결과물들이 존재하기 때문이다. 둘째, 나를 비롯해 인지심리학자들의 강점은 이른바 '인과관계'의 복잡한 고리를 하나씩 밝혀가는 데 있다. 조금 더 어렵지만, 그 이해를 통해 다양한 통찰을 얻을 수 있다. 그러기 위해 지금부터 인간의 생각과 행동에서 가장 중요한, 그리고 '시작'에 해당하는 인간 생각의 속성에서부터 출발해보자. 그것은 바로 우리가 생각을 하는 이유이기도 하다. 바로 심리학자들이 '동기'라고 부르는 것에 대해 깊이 파헤쳐보자.

THINKING POINT
적성 찾기

다양한 생각의 함정을 살펴보면서 자칫 우리가 이 정도밖에 안 되는 존재인가 자괴감이 들지도 모르겠다. 그러나 꼭 그렇게만 생각할 일은 아니다. '위기는 곧 기회'라고 하듯이 생각의 함정을 통해 우리는 적성과 역량이 얼마나 중요한지 역설적으로 알 수 있다.

수많은 사람들이 자신의 적성을 알고 싶어 한다. 자신이 무엇을 잘할 수 있는지를 알면 성공의 절반은 따 놓은 당상이기 때문이다. 또한 조직의 리더들은 직원들이 어떤 강점 혹은 약점을 지니고 있는지에 대해서 애타게 알고 싶어 한다. 이 모든 것들이 사람의 적성에 관한 궁금증이다.

그런데 불행하게도 대부분은 자신의 능력이 어떤 분야에서 최대한 발휘될 수 있는지에 대해 알지 못한 채 세상을 떠난다. 적성은 쉽게 측정할 수 있거나 인식할 수 있는 것이 아니어서 수많은 심리검사 중 가장 정확도가 떨어지는 것도 적성검사이다. 한마디로 오리무중이다. 하지만 지금까지 다룬 내용들은 적성을 발견하는 데 중요한 단서를 제공한다. 무슨 말인지 차근차근 따져보자.

인간은 인지적 구두쇠! 그렇다면 나(혹은 내 아이, 학생, 혹은 직원)는 언제, 그리고 어떤 상황이나 대상에 대해 "아, 머리 아파. 그냥 아무 거나 고르자!"와 같은 말을 많이 하는가? 이런 말을 자주 하는 분야에 나의 취약점이 있을 가능성이 크다. 반면 아동이든 성인이든 오래 생각하기를 즐기고 그렇기 때문에 결론이나 결과물을 내놓는 시간도 오래 걸리는 분야가 있다면 한 번 생각해볼 필요가 있다. 인지적 구두쇠가 아닌 인지적 투자자로서의 자질이 있을 가능성이 크기 때문이다.

시식코너 잼의 예를 바꿔서 생각해보면, 대안이 많이 있는 대상이나 영역을 더 좋아한다면 생각을 아낌없이 투자하고 있다는 증거인 셈이다. 더없이 훌륭한 적성이나 소질을 발견할 수 있는 기회이다. 예를 들어 아이들이 단 몇 개가 아닌 여러 가지를 늘어놓고 있는 대상이 있다면 눈여겨볼 필요가 있다. 주변을 어지럽히며 논다고 탓할 일만은 아니다.

고착되기 쉬운 인간은 같은 손해라도 변화를 추구하고 난 뒤 일어날 때 더 가슴이 아프다. 그런데 변화는 혁신과 창조를 위해서 반드시 필요하다. 그렇다면 이런 추론이 가능하다. 손해나 실패가 있을 때 후회하면서 땅을 치는지 아니면 그것을 딛고 또 다른 시도를 하는지를 살펴본다. 대개는 '뭔가 잘하는 것이 바로 적성'이라고 착각한다. 물론 틀린 말은 아니다. 하지만 더 중요한 건 '실패했을 때 그 실패를 바라보는 관점이 유난히 도전적이면서 발전적인 분야'를 눈여겨보는 것이다. 거기에 적성이 있다.

후회와 만족은 전혀 다른 마음의 과정이다. 후회는 실수하지 않는 것이고 만족은 기쁨을 느끼는 것이다. 어떤 사람은 A라는 분야에서 실수를 거의 하지 않는다. 하지만 즐거움도 없다. 옆에서 보기에는 실수가 없기 때문에 당연히 그것을 잘하는 것처럼 느낀다. 반면 B라는 분야에서는 실수도 많지만 그 과정들을 즐거워한다면? 이것 역시 놓쳐서는 안 되는 적성에 대한 중요한 단서다. 실수하지 않는 것과 즐겁게 하는 것. 어느 것이 더 적성에 가깝겠는가? 당연히 후자이다. 물론 이런 말을 하는 분들이 가끔 있다. '자신이 정말 좋아하는 일은 직업으로 삼지 말라' 하지만 이 말을 곧이곧대로 받아들이면 큰일 난다. 왜냐하면 이런 표현의 진짜 속마음은 '내가 정말 좋아하는 일이기 때문에 일의 과정에서 좋고 나쁨을 각각 극명하게 느끼고 있다'는 뜻이다. 따라서 나쁨을 강하게 느낄 때 그런 푸념을 하는 것뿐이다. 좋아하는 일과 잘할 수 있는 일이 따로 있다는 식으로 해석하면 안 된다. 예를 들어보자. 음식을 마냥 좋아하는 사람을 미식가, 요리 혹은 음식 전문가라고 부르지 않는다. 그냥 대식가일 뿐이다. 일반인에게 평범한 맛이더라도 섬세하게 맛을 가려낼 수 있어야만 음식 전문가가 될 수 있음은 지극히 상식적이다. 대단한 만족을 느낄 수 있어야 반대급부로 불만족, 즉 싫음도 가려낼 수 있다. 요컨대 적성은 만족이라는 기제가 잘 발달되어 있는 분야를 뜻한다. 따라서 실수가 없기 때문에 후회할 만한 일이 거의 일어나지 않는 것만으로는 적성을 아는 데 분명히 한계가 있다. 어떤 사람이 특정 분야에서 좋고 싫음을 분명하게 나타내면 때론 변덕스럽게 느껴질 수 있으나 적성을 살펴볼 수 있는 기회가 되기도 한다.

PART 2

무엇이 나를 움직이게 하는가

동기의 두 얼굴, 접근과 회피

동기는
에너지이자 방향

우리는 동기動機라는 말을 자주 사용한다. 특히 무언가를 열심히 해야 하는 상황에서 더욱 그렇다. 예를 들어 학교 선생님들은 어려운 문제를 제시하는 것이 학생들에게 동기부여가 된다고 말한다. 동기부여만 된다면 학생이 공부를 열심히 하는 것은 일도 아니라고 입을 모은다. 당연한 이야기이다. 우리 자신이 무엇인가를 할 때 동기를 강하게 느낀다면 추동력이 생겨 열심히 할 수 있다. 이 경우 동기는 인간을 움직이는 에너지이다. 심리학적으로도 동기는 '행동에 에너지를 부여하여 목표를 지향하고 또 유지해주는 욕구'를 의미한다. 크게 다르지 않다.

하지만 그보다 더 중요한 측면이 있다. 범죄 기사를 읽으면 이른바 '범행 동기'라는 말을 자주 볼 수 있다. 이때 말하는 동기는 무언가를 하는 '이유'를 뜻한다. 단순한 에너지보다 더 구체적인 의미가 담겨 있다. 실제로 동기를 국어사전에서 찾아보면 '어떤 일이나 행동을 일으키거나 마음을 먹게 하는 원인이나 계기'라고 정의된다.

즉, 동기는 행동의 '이유'이며 초반부터 최종 결과인 행동에 영향을 미치는 핵심 '원인'이다. 조난당한 사람들의 회고담을 들어보면, 극한 상황에서 더는 살 수 없다고 자포자기하는 순간 대부분은 가족의 모습이 뇌를 스쳤다고 말한다. 그들은 가족을 떠올리며 '포기하지 말자. 살아야 한다!'라는 강한 에너지를 얻었다. 조난자들의 회고담에서도 우리는 사람을 살게끔 하는 이유와 에너지 모두에는 동기가 포함되어 있음을 알 수 있다.

당연히 인간의 생각과 그에 따른 행동을 설명할 때 우선 이해해야 하는 것이 동기이다. 그런데 실상은 너무나 간과된다. 인간은 자신의 동기가 정확히 무엇인지에 대해 참으로 무지하다. 다소 무례하게 들릴 수 있지만 너무도 자기 행동의 근원적 이유인 동기를 느끼지 못해 안타깝다.

"무슨 뚱딴지같은 이야기인가? 난 배고프면 먹고 싶다는 동기가 생기는데?"

그러나 작동 과정을 들여다보면 동기를 느껴 어떤 생각과 행동을 하는 것이 아니라 동기가 만들어낸 정서를 통해 간접적으로 동기를 알아챈다. 그 정서가 주는 신호의 양과 방향대로 생각과 행동을 하는 것이다.

뇌에서 동기와 정서를 담당하는 영역 모두 정상이어도 이 둘을 연결하는 시냅스synapse에 문제가 발생하면, 동기가 생겨도 그에 따른 생각과 행동을 하지 못한다. 반면 동기를 담당하는 영역이 쉬고 있어도 정서를 담당하는 영역이 활동하면 우리는 어떤 식으로든 행동을 취한다. 배가 고플 때 무엇을 먹어야겠다는 동기가 직접 음식을 섭취하게끔 하는 것이 아니라 그 동기가 만들어낸 불편한 정서를 통해서

'아, 지금 내가 배고프구나!'라는 것을 알아차리고 음식을 찾는다는 것이다.

인간의 동기에 이러한 메커니즘이 숨어 있어 심리학자들이 연구하기에 대단히 까다로울 수밖에 없다. 무의식에 관한 연구와 똑같은 어려움이 있어 그간 동기에 관한 연구가 매우 더디게 이루어져왔다.

성공은 노력이 절반, X가 절반

심리학 개론이나 이와 유사한 과목에서 인간의 동기에 관한 부분이 나올 때면 언제나 에이브러햄 매슬로우Abraham Maslow의 욕구위계설이 등장한다. 1970년대에 나온 욕구위계설은 지금까지 거의 변하지 않았다.[23] 조금 과장해서 말하면, 심리학 개론서에서 10년 혹은 20년 전의 내용과 별반 다를 게 없는 부분 중 하나가 바로 동기이다.

하지만 동기는 인간 생각의 근본 원리를 이해하기 위해 중요하게 다뤄야 할 개념이다. 동기의 중요성을 이해하려면 동기의 에너지 측면보다는 이유의 측면에서 접근해야 한다. 이유가 다르면 같은 양의 에너지로 같은 일을 해도 결과가 근본적으로 달라질 수 있다.

오랫동안 우리 인류는 뭔가를 성취하거나 성공하기 위해서는 '열심히' 해야 한다고 굳게 믿어왔다. 틀린 말이 아니다. 하지만 동시에 우리는 '열심히' 해도 무언가 뜻대로 이루어지지 않는 경우를 허다하게 경험한다. 그래서 사람들은 종종 이렇게 말한다.

"성공은 노력이 반이고, 운이 반이다." 혹은 "성공하려면 실력이 절반이고 나머지 절반은 운이 따라줘야 한다."

운運이란 무엇인가? 사람의 힘을 초월한 무엇이다. 성공이나 성취를 위해서는 동기가 주는 에너지를 통해 '열심히' 해야 하지만 나머지 변수들에 대해서는 모르겠다는 말이다.

90년대 초중반, 우리 사회는 무슨 생각을 하는지 도저히 알 수 없는 신세대 젊은이들에게 'X 세대'라는 별칭을 붙여주었다. 과학계에서도 무언가 존재는 하지만 그것이 무엇인지 잘 모르면 'X'나 'Y' 같은 글자를 붙이곤 한다. 엑스레이X-ray도 그렇게 해서 처음 붙여진 이름이다. '성공은 노력이 절반이고, 운이 절반이다'라는 말은 결국 '성공은 노력이 절반이고, X가 절반이라는 말'과 마찬가지다. 운이라는 그럴듯한 말을 쓰고 있지만, 우리가 전혀 알 수 없는 부분이다. 다시 말해 우리는 동기의 에너지가 절반을 차지하지만 나머지는 여전히 오리무중인 세상에 살고 있다.

그런데 최근까지 심리학자들이 동기를 연구한 결과를 종합해보면 그 'X'의 비밀에 대해 상당 부분 알 수 있다. 재미있는 것은 그 'X'의 대부분이 동기와 관련되어 있다는 점이다. 바로 동기의 또 다른 얼굴인 '이유'이다. 지금까지 오랫동안 사람들은 동기가 지닌 '에너지'에 대해서만 관심이 있었다. 그에 못지않게 중요한 '이유'에 대해서는 크게 신경 쓰지 않았다. 이제 그 비밀을 한 번 풀어보자.

01

동기의 방향에 따라 결과가 달라진다

동기와 만나다

미국 유학 시절, 텍사스대학 심리학과 아트 마크먼Art Markman 교수가 나의 지도교수였다.[24] 지금도 떠올릴 때마다 고마움을 느끼는데 무엇보다 그는 인지와 동기와의 관련성에 대해 일깨워주었다. 지금까지도 아트 교수와 함께 이와 관련한 연구를 함께하고 있다.

2003년 6월 어느 날, 그날도 나는 연구실 책상에서 인간의 인지에 대한 여러 논문을 읽고 있었다. 논문을 읽으며 다른 모든 인지심리학자와 마찬가지로 어떻게 하면 '보다 더 치밀하고 객관적으로 설계된' 실험을 통하여 데이터를 얻어낼 수 있을까를 고민했다. 5월 말에 끝난 수백 명이 넘는 참가자들로부터 얻어낸 데이터의 패턴이 뒤죽박

죽이어서 머릿속이 더욱 복잡했다. 한마디로 실패한 실험이었다. '내가 좀 더 객관적이고 과학적인 실험을 못했구나'라는 자괴감에 더욱 더 완벽한 실험 설계를 위해 머리를 쥐어짜고 있었다.

아트는 이런 나에게 "잠시 머리 좀 식히자"며 커피 한잔을 건넸다. 우리는 의자를 최대한 뒤로 젖힌 편안한 자세로 이런저런 이야기를 나누었다. 얼마의 시간이 흐른 후, 나는 이 골치 아픈 문제를 해결하기 위한 질문을 아트에게 퍼부었다. 지금 생각해보면 웃음이 나온다. 머리를 식히자고 커피를 손수 뽑아온 지도교수에게 여전히 머리 아픈 질문들만 해댔으니 말이다. 아무튼, 나의 긴 넋두리 같은 말을 들은 뒤 아트는 웃으면서 한마디 던졌다.

"경일, 그건 학기 초에 실험에 참가한 학생들의 데이터와 학기 후반부에 참가한 학생들의 데이터가 섞여서 그런 건 아닐까?"

아트는 여전히 웃으면서도 진지하게 말을 이었다.

"참가한 학생들이 총 350명이라고 했지? 그럼 학기 중반부까지 참가한 학생 200명과 기말고사 직전에 참가한 150명의 데이터를 따로 분석해보지그래?"

이 말을 들은 나는 기분이 상하기까지 했다. '도대체 무슨 말씀이신지? 그게 실험과 무슨 상관인데? 난 지난 학기 내내 언제나 객관적이고 정밀한 실험을 진행하기 위해 노력했는데….'

마치 학기 말로 갈수록 실험 진행을 소홀히 했다는 질책처럼 들려서 그에게 섭섭함마저 느꼈다. 억울해하면서 지난 학기 얼마나 근면하게 또 치밀하게 실험을 진행해왔는지 항변했다. 아트는 계속 웃으면서 "아무튼 한 번 나눠서 분석해봐!"라는 말을 남기고 떠났다.

잠깐 상했던 자존심을 추스른 뒤 '밑져야 본전'이라는 생각을 했다. 그래서 학기 초반부터 중반까지 참가한 학생 200명의 자료와 기말고사 직전에 참가한 학생 150명의 자료를 분리해서 분석했다. 그리고 나는 내 눈을 의심할 수밖에 없었다. 200명의 자료는 내가 예측한 결과를 정확히 나타내고 있었다. 더 놀라운 점은 다른 150명의 자료는 실험을 통해 얻어질 것으로 예측한 것과 정반대의 패턴을 보이고 있었다. 그래서 이 두 그룹을 합친 350명의 자료는 마치 +5와 -5의 합이 0인 것처럼 아무런 결과도 나오지 않았던 것이다.

원했던 결과가 200명으로부터라도 나왔다고 기뻐할 수만은 없었다. 왜냐하면 이 '기막힌 불일치'를 이해할 방법이 없었기 때문이다. 똑같은 실험 환경을 위해 실험실의 밝기와 소음까지도 균일하게 맞추려고 애를 썼다. 오직 한 가지 다른 점은 학기 중 참가한 시기만 달랐을 뿐이다. 학기 말로 갈수록 사람들 성격이 바뀌는 것도 아니고, 기말시험의 중압감이 학생들로 하여금 실험에 건성으로 참가하게 한 것도 아닐 것이다. 만약 그랬다면 150명의 자료에서는 정반대의 패턴이 아니라 아무런 패턴도 발견되지 않아야 하기 때문이다. 도대체 이 불일치의 원인은 무엇일까?

다음 날 아트를 만나 호들갑스럽게 이 놀라운 결과를 보여주었다. 아트는 내게 다시 미소를 지으며 이렇게 말했다.

"그게 바로 동기가 지닌 엄청난 힘이지."

동기? 학부 시절 심리학 개론 시간에 잠시 배웠던 동기를 언급했다. 그간 동기에는 거의 신경을 쓰지 않았는데 실험 결과의 엄청난 차이가 이 동기라는 녀석 때문이라고? 난감했다. 다른 변인들의 영향력을 최대한 통제하려는 인지심리학에서, 실험 설계 때문이 아니라 학기 초, 학기 말과 같은 변인이 더 큰 힘을 발휘한다는 사실은 당황스럽다 못해 맥 빠지게 하였다. 내 표정으로 이런 복잡한 심경을 단박에 읽은 아트는 "자, 이제 토리Tory에 대해 말해줄 때가 되었군."이라며 이야기를 시작했다.

아트가 그날 해준 이야기는 나의 인지심리학에 대한 관점이 그날 이전과 이후로 나뉠 수 있을 만큼 큰 깨달음을 주었다. 지금까지의 많은 'X'들이 풀리기 시작했다. 학문적인 부분뿐만 아니라 나의 일상적인 삶에도 영향을 끼쳤다.

히긴스 이론

미국 컬럼비아대학 심리학과에 토리 히긴스Tory Higgins라는 심리학자가 있다. 상당히 유명한 심리학자이지만 주전공 분야가 인지심리학은 아니다. 평소 '시간이 나면 저런 유명한 심리학자가 뭘 연구하는지 논문 몇 편 읽어봐야겠다' 정도의 생각을 했다.

아래의 내용은 1990년대 후반부터 다른 영역의 심리학자들에게 알려지기 시작한 인간의 동기에 관한 히긴스의 이론이다. 이해를 돕기 위해 이야기를 조금 각색하였다.

영범과 지웅, 두 친구 모두 열심히 공부를 하고 있다. 우열을 가릴 수 없을 만큼 둘 다 열심히 한다. 그런데 두 친구가 열심히 공부를 하는 이유는 조금 다르다. 영범은 부모님께 칭찬을 받기 위해서이고 지웅은 부모님께 혼나지 않기 위해서이다. 하지만 지금 이 순간 두 사람 모두 열심히 공부하는 현상은 동일하다. 그래서 우리는 착각의 함정에 빠지기 쉽다. 결과도 같을 것이라고 믿는 것이다.

하지만 그 결과는 매우 다르다. 영범은 좋은 성적을 받고 난 뒤 '기쁨'을 느낀다. 부모님께서 기뻐하시는 모습이 그려지기 때문이다. 지웅도 좋은 성적을 받았다. 어떤 기분일까? 기쁨일까? 아니다. 그보다는 '안도감'이다. 부모님의 꾸중을 피할 수 있기 때문이다. 물론 기쁨과 안도감은 모두 좋은 정서이긴 하다. 그러나 두 사람이 경험하는 마음의 세계는 매우 다르다. 같은 일을 똑같이 열심히 하더라도 그 이유가 다르면 최종 결과를 통해 얻는 정서에서 큰 차이가 난다. 정서가 그렇게 달라지는데 다른 것은 오죽할까.

토리 히긴스는 인간의 동기를 접근과 회피 두 가지 차원으로 구분하여 설명한다. 접근接近동기는 무언가 좋은 것을 얻기 위해 열심히 하게 하는 반면 회피回避동기는 무언가 좋지 않은 것에서 벗어나거나 회피하기 위해 열심히 일하게끔 한다.

다시 두 사람의 예로 돌아가보자. 영범과 지웅은 각각 접근동기와 회피동기를 가지고 공부를 열심히 했다. 두 사람 모두 열심히 공부했지만, 그 결과 성공했을 때의 느낌은 '기쁨'과 '안도감'으로 매우 다를 수밖에 없다. 그럼 각기 다른 두 동기를 가지고 일을 했을 때 실패하면 어떤 감정을 느낄까? 상식적으로 접근동기는 슬픔을, 회피동기는 불안을 만든다. 무엇을 열심히 하는 것 자체도 중요하지만 어떤 동기를 가지고 하느냐가 더 중요함을 알 수 있다. 기쁨과 슬픔의 차원에서 살아갈 수도 있을 것이고, 안도감과 불안의 차원에서 지낼 수도 있는 것이다.

어느 차원에서 사는 것이 더 좋을까? 이는 가치관과 주어진 현실에 따라 다소 차이가 있다. 일반적으로 기쁨과 슬픔의 세계가 더 좋지만 우리 주위에는 회피동기를 자극하는 메시지들이 더 많다. '공부 열심히 하지 않으면 나중에 바보처럼 산단다'부터 '미리 돈 벌지 않으면 나중에 곤궁하게 지내게 된다' 등. 이는 행복해지기 위해서가 아니라 불안에서 벗어나 안도하기 위해 열심히 살아야 한다는 이야기와 같다.

물론 세상일에는 회피동기를 갖고 해야 결과가 더 좋은 일도 있다. 잘해야 본전이거나 행동 자체가 무엇으로부터 회피를 기본으로 하는 일이 여기에 해당한다. 좋은 예가 '피구' 경기이다. 피구에서 중요한 부분 중 하나가 상대편이 던진 공을 피하는 것이다. 회피해야 하는 것이 기본을 이루는 게임이므로 회피동기를 지니고 해야 한다. 그런데 '멋지게 피해야지'라는 마음을 가지면 어떻게 될까? 그 '멋지게'라는 마음 자체는 접근동기에 더 어울리는 말이다. 종종 학급에서 '운동 좀 한다'는 친구들이 경기 초반에 공을 잡지도 피하지도 않는 어정쩡

한 자세로 아웃되기도 한다. 회피동기를 가지고 해야 할 일을 접근동기를 가지고 하기 때문이다.

지금 하고 있는 일이 어느 동기에 더 들어맞느냐에 따라 내가 가져야 할 동기도 달라진다. 어떤 일을 하기 전에 그 일이 좋은 것을 지향한다면 '이 일을 잘해서 즐거워야지'라고 생각해야 한다. 반면 그 일이 나쁜 것을 막기 위한 일이라면 '이 일을 잘해서 바보같이 되지 말아야지'라고 마음먹어야 한다.

처음 히긴스의 동기에 대한 이론을 읽었을 때 나는 무언가로 한방 얻어맞은 기분이었다. 지금은 똑같아 보이지만 동기의 방향이 접근이냐 혹은 회피냐에 따라 다른 결과에 도달한다는 사실에 놀랐다. 그간 설명하기 어려웠던 부분이 상당 부분 풀리겠다는 생각이 섬광처럼 뇌리를 스쳤다. 다행이자 불행인 것은 이런 생각을 하게 된 심리학자가 한둘이 아니라는 점이다. 그들은 이전에는 지극히 주관적으로 보이는 동기에 큰 관심을 두지 않았다. 가장 열광적인 지지를 보인 사람들은 인간의 생각을 가장 객관적이고 과학적으로 연구한다고 자부해온 인지심리학자였다.

그들은 그동안 자신들이 얻지 못했던 'X'에 대한 답을 이 동기를 이해하면서 하나씩 풀고 있다. 당연히 열광하지 않을 수 없다.

무관심의 전염은 동기가 막고 강한 동기는 무관심도 흡수한다

인간은 사회적 존재다. 그래서 다른 사람들로부터 많은 영향을 받는다. 그런데 문제는 우리의 상상을 초월할 정도로 그 영향력이 강하다는 것에 있다. 다른 사람들이 이타적이면 나도 이타적으로 변한다. 공격적으로 변한 군중 속에서는 별다른 느낌이 없던 나 역시 더 거칠고 난폭해지곤 한다. 이 정도는 잘 알고 있는 현상이다. 그런데 그 이유를 알고 있는 사람들은 별로 없다. 특히나 잘 알려져 있지 않은 중요한 이유가 있다. 사람들은 은연중에 자신과 가까운 거리에 있는 타인들과 목표를 공유하려는 경향을 지니기 때문이다. 그리고 이는 거의 무의식적이고 자동적이기 때문에 지금 이 순간에 물리적으로 가까운 거리에 있는 사람이라면 그 사람이 내가 잘 알고 있는 사람이 아니라 하더라도 예외가 아니다. 그러니 우리는 누군가의 생각과 행동을 마치 전염되는 것처럼 따라하는 것이다. 거리의 사람들이 빌딩 위를 쳐다본다. 다른 행인들도 무심코 걸음을 멈추고 그 시선을 따라 위를 한동안 쳐다본다는 식의 몰래카메라 결과가 바로 이를 잘 보여주는 예다.

더욱 재미있는 점은 인간이 타인의 관심과 행동만 따라하는 것이 아니라는 것이다. 무관심도 마찬가지로 이렇게 사람들 사이에서 전염이 되는 경우가 허다하다. 네덜란드의 심리학자인 폰터스 린더 Pontus Leander 교수는 이와 관련해 매우 흥미로운 실험 결과를 발표

했다.[25] 그는 대학생들에게 어려운 추리문제를 풀게 했다. 그런데 이 문제를 풀기 전에 매우 짧은 시간 동안 무관심한 표정의 사람들 혹은 무언가를 열심히 하고 있는 사람들의 사진을 보여주었다. 그 결과는 매우 흥미로웠다. 학점이 높은(공부에 몰입을 잘 하는) 학생들은 어떤 사진을 봤건 간에 문제를 푸는 데 차이가 없었다. 하지만 학점이 낮은(공부에 대한 동기가 약한) 학생들은 어떤 사진을 봤느냐에 따라 점수에 확연한 차이가 났다. 무관심한 모습이 담긴 사진을 봤을 때 훨씬 낮은 점수가 나온 것이다. 문제 푸는데 투자한 시간도 훨씬 적었으니 성의도 없었다는 이야기가 된다. 그런데 더욱 재미있는 것은 화, 슬픔, 혹은 분노 등 다른 어떤 모습이 담긴 사진을 문제 풀기 전에 볼 때와 비교해도 무관심한 사진을 봤을 때가 가장 낮은 점수를 유발한다는 것이다. 타인의 무관심을 사진을 통해 아주 잠깐 보는 것이 이정도의 차이를 유발하니 현실 세계에서 주위 사람들의 무관심을 본다는 것은 오죽하겠는가.

후속연구에서 더욱 흥미로운 점들이 밝혀졌다. 그 일에 관한 현재 동기가 강한 사람들은 완전히 반대의 경향을 보인다는 것이다. 즉 이들은 무관심한 표정의 사진을 보고 난 뒤 더욱 그 일에 많은 시간을 쓰고 더 잘 수행했다. 더 자극되었기 때문이다. 이를 종합해 보면 결론은 명확해진다. 어떤 일에 뛰어들 동기가 약하고 주저하는 사람들에게 타인들의 무관심은 그 일을 포기할 수 있는 좋은 구실이 된다. 하지만 그 일에 몰입할 준비가 확실히 되어 있는 사람들은 그 무관심에 더 큰 자극을 받는다. 그러니 '열심히 해보자' 는 단순한 메시지로 사람들로 하여금 동기를 유발시킬 수 있을 것이라는 기대는 당치 않다. 그 사람의 현재 상태가 어떤지를 봐야 한다. 만약 그 사람의 의지와 동기가 약하다면 다른 많은 사람들이 그 일에 관심을 가지고 있으며 또 관여할 것이라는 생각을 먼저 심어줘야 한다. 다시 말해 분위기 조성이 우선시돼야 한다. 하지만 그 사람의 의지가 충만하고 기꺼이 몰입할 자세가 되어 있다면 '다른 사람들도 이 일에 뛰어들 것이다'라는 김빠지는 소리를 굳이 할 필요 없다. 그 대신 '너 밖에 이 일을 할 사람이 없다'는 1대 1의 주문과 대화에 좀 더 초점을 맞춰야 한다. 그래야 전자가 뒤에서 밀어주고 후자가 총대를 메는 최고의 조화가 이루어지지 않겠는가.

Tip. 학기 초와 학기 말 실험의 결과는 왜 달랐을까?

이 질문에 대한 대답은 나의 절친한 대학원 동기였던 뉴저지 컬리지College of New Jersey 심리학과 리사 그림Lisa Grimm 교수의 연구를 통해 알 수 있다.[26]

한국과 마찬가지로 미국 대학생들도 학기 초에는 포부가 대단하다. 많은 학생들이 지난 학기의 나태함을 벗어던지고 '이번 학기야말로 무언가 좋은 성취를 이루어내고야 말겠어. 모든 과목에서 A를 받을 테야!' 등과 같은 각오를 다진다. 당연히 접근동기가 강한 시기이다. 그런데 기말고사가 다가오면서 이런 접근동기형 포부는 슬며시 회피동기형으로 바뀐다.

'이러다가는 이번 학기도 영 가망이 없겠는걸? 최소한 평균 B학점 정도는 받아야 해. C가 나오는 것만은 막아야 해!'

리사는 이 점에 착안, 두 가지 형태의 과제를 고안했다. 그리고 학기 초와 기말고사 직전으로 시간 차이를 두고 실험을 실시하였다. 참가자들은 두 가지 수학 게임을 하는데 차이점은 한 가지밖에 없었다. 바로 점수가 표시되는 방식이다. 한 과제(A)는 게임 스크린 오른편에 있는 게임 점수 표시화면이 문제를 맞힐 때마다 아래에서부터 위로 한 칸씩 '쌓여가는' 형태였다. 다른 과제(B)는 문제를 틀릴 때마다 점수가 위에서부터 아래로 '깎여 내려가는' 방식이었다.

접근동기가 강한 학기 초의 학생들은 A 형태의 과제(획득 형태)를 B

형태의 과제(손실 형태)보다 더 잘했다. 아래 그래프에 있는 왼편의 두 막대이다. 그런데 회피동기가 강한 학기 말의 학생들은 그래프의 오른편 두 막대에서 볼 수 있듯이 손실 프레임으로 게임을 할 때 상대적으로 더 우수한 점수를 보였다.

이것은 무엇을 의미할까? 접근동기는 보상 시스템에서 '내가 얻을 수 있는 것'에 민감하지만, 회피동기는 '내가 잃을 수 있는 것'에 더 민감하다. 동기의 방향이 무엇이냐에 따라 급여와 인센티브와 같은 사회 보상 시스템에서도 각기 다른 측면에 더 민감해질 수 있음을 의미한다. 동기는 참으로 강력한 힘을 발휘한다.

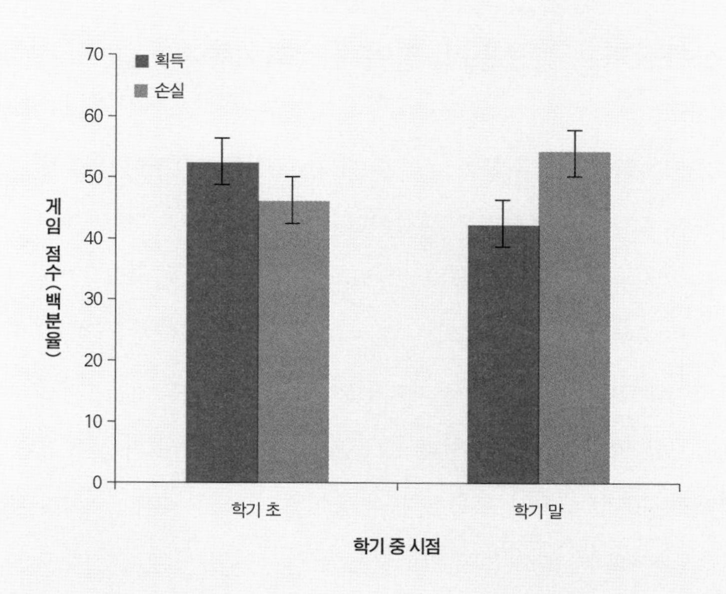

02

접근동기와 회피동기

잡아당기는 접근동기, 밀어내는 회피동기

접근과 회피, 이 두 동기는 아주 기초 동작에서부터 인간의 정신 과정에까지 강력한 영향력을 행사한다.

전에는 동기를 인지했는지 안 했는지의 영향이 얼마나 큰지 미처 생각하지 못했다. 그러던 어느 날, 아트가 텍사스대학으로 오기 전 컬럼비아대학에 재직할 당시 제자였던 미구엘 브렌들Miguel Brendl이 텍사스를 방문한 적이 있었다. 그는 당시 프랑스에서 가장 유명한 경영대학 'INSEAD'의 교수로 재직 중이었다(지금은 미국 노스웨스턴대학 켈로그 경영대학원 교수이다). 미구엘은 동기가 소비자의 행동에 미치는 영향에 대한 연구에 많은 노력을 기울이고 있었다. 자연스럽게 화제는 접근-회피동기로 이어졌다. 대학원 동기인 미국 친구 한 명이 "접근과 회피동기가 그렇게 강하면 아예 접근 행동과 회피 행동과 같이 물리적인 움직임과도 상관이 있지 않을까?" 하는 다소 장난스러운 아이디어를 이야기했다. 미구엘은 "당연히 그럴 것 같은데?" 하며 자신이 앉은 책상 위에 놓여 있는 게임용 조이스틱을 가리켰다.

"아마, 나를 향해 잡아당기는pulling 행동은 접근동기로 해야 더 잘 될 것이고, 나한테서 멀어지게 밀어내는pushing 행동은 회피동기로 해야 더 수월할 거야."

이 말에 우리는 '이론적으로는 그럴듯하지만, 실제 실험을 해봐도 그렇게 나올까?'라는 반응을 보이며 그날의 모임을 마무리했다.

우리 중 몇 사람은 평소 부러울 정도로 학문적 호기심이 강했던 미구엘의 눈빛이 반짝이고 있음을 느낄 수 있었다. 그의 머릿속에서는 이미 정말 그러한지 알아보기 위한 실험 설계가 시작되고 있었다. 본능에 깊이 자리 잡고 있는 동기의 두 방향이 또 다른 본능적 움직임인 밀어내기와 끌어당기기와 너무나도 모습이 닮아있지 않는가? 본능적인 것들은 단순하지만 강력한 힘을 발휘하고, 유사한 것들은 놀라울 정도로 강하게 연결되어 있다.

상품권을 '받는' 게임과 '뺏기는' 게임

게임을 한 번 해보자. 먼저 사람들에게 다음과 같이 말한다.

게임 A "당신은 앞으로 일종의 컴퓨터 게임을 하게 될 것입니다. 만약 일정한 점수 이상을 기록한다면 상품권을 받게 될 거예요. 그 게임은 매 게임 직전에 화면에서 지칭하는 도형이 나올 때마다 조이스틱을 당기는 것입니다. 이때 그 도형에 대해서 조이스틱을 민다거나 다른 도형이 나올 때 조이스틱을 당기면 실점입니다. 자, 그럼 좋은 점수를 받으셔서 꼭 상품권을 받으시기 바랍니다. 준비되셨으면 시작하세요!"

이 실험 게임에 참가한 사람보다 평균적으로 더 저조한 점수를 기록하는 사람이 있다. 바로 아래의 두 가지 경우이다. 왜 그런지 하나씩 생각해보자.

게임 B "당신은 앞으로 일종의 컴퓨터 게임을 하게 될 것입니다. 만약 일정한 점수 이상을 기록하지 못한다면 사전에 당신에게 지급된 상품권을 빼앗기게 될 거예요. 그 게임은 매 게임 직전에 화면에서 지칭하는 도형이 나올 때마다 조이스틱을 당기는 것입니다. 이때 그 도형에 대해서 조이스틱을 민다거나 다른 도형이 나올 때 조이스틱을 당기면 실점입니다. 자, 그럼 좋은 점수를 받으셔서 꼭 상품권을 뺏기지 않기 바랍니다. 준비되셨으면 시작하세요!"

A는 상품권을 받기 위한 게임(접근)이다. 게임에서 득점에 필요한 움직임은 당기기(접근)이다. 게임 참가자의 동기와 게임에서 요구되

는 움직임이 '접근-접근'으로 일치한다. B는 어떤가? 이 게임의 참가자는 이미 자신에게 주어진 상품권을 빼앗기지 않기 위한 게임(회피)을 한다. A에서처럼 필요한 움직임은 당기기(접근)이다. 동기와 움직임이 '회피-접근'으로 일치하지 않는다. 게임 B에 참가한 사람들은 실제로 더 저조한 평균 점수를 기록한다.

그렇다면 반대로 동기와 움직임이 '접근-회피'로 짝지어지면 어떻게 될까? 조이스틱을 미는 움직임이 바로 회피일 것이다. 이 게임에서도 사람들은 게임 A보다 저조한 점수를 보이며 게임 B와 비슷한 정도의 점수를 기록한다. 재미있는 것은 동기와 움직임을 모두 '회피-회피'로 짝지으면 게임 A만큼 점수가 향상된다.

세상의 수많은 일이 접근동기로 해야 할 것과 회피동기로 해야 할 것이 따로 존재한다는 의미이다. 만약 동기와 일이 접근과 회피의 차원에서 서로 궁합이 맞지 않다면 그 결과가 좋아지기 어렵다는 것을 알 수 있다. 흥미를 넘어 신기한 사실이다. 하지만 더욱 중요한 사실은 여기서 그치지 않는다. 시간, 언어, 가치관, 문화, 성격 등 인간 사고의 재료나 대상이 되는 수많은 변인과 접근-회피의 두 방향성이 상호작용하면서 끊임없이 다양한 변수들을 만들어낸다는 사실이다. 현재까지의 연구나 관찰 결과만을 종합해보더라도 꽤 많은 사례가 나올 수 있다.

03

접근과 회피가 만드는 정서 차이

기쁨과 슬픔 vs. 안도와 불안

앞에서 살펴보았듯이 접근동기가 만들어내는 긍정적인 정서로는 노력의 성패에 따른 기쁨과 슬픔을 들 수 있다. 회피동기의 성공과 실패는 안도와 불안을 만들어낸다. 이 이야기는 다양한 정서를 구분하는 기존의 심리학 이론과도 유기적으로 연결된다. 먼저 정서를 잘 이해해야만 인간의 생각과 행동의 작동 원리를 제대로 알 수 있다. 슬픔이나 기쁨처럼 단지 어떤 느낌으로만 끝나는 것이 아니다.

우리의 생각과 행동은 기분의 영향을 얼마나 받을까? 굳이 설명이 필요 없을 정도로 많은 영향을 받는다. 시시각각 다양한 정서를 느끼기 때문에 물과 공기처럼 그 중요성을 인식하지 못할 뿐이다.

정서의 종류는 아주 많다. 기쁨, 즐거움, 환희, 안도감, 편안함, 평온감 등 좋은 정서들도 각기 서로 다른 느낌으로 존재한다. 슬픔, 우울감, 불안, 좌절, 분노, 공포 등 불쾌한 정서의 종류도 다양하기 그지없다. 이렇게 다양한 정서들을 서로 유사한 것으로 묶을 수는 없을까? 도서 분류법이나 행정구역과 같은 인위적인 구분이 아니라, 본질적으로 서로 가까운 정서를 기준으로 분류한다는 뜻이다.

여기에 대해서는 제임스 러셀James Russell이라는 심리학자가 누구나 수긍할 만한 기준을 제시했다. 그에 따르면 다양한 정서들은 결국 두 개의 차원을 통해 4가지로 묶을 수 있다. 그리고 이 두 개의 차원은 '유쾌-불쾌'와 '흥분-이완'의 차원이다.[27] 그렇다면 이 두 차원의 조합을 통해 총 네 가지의 구분이 가능하다. 아래 그림을 보자.

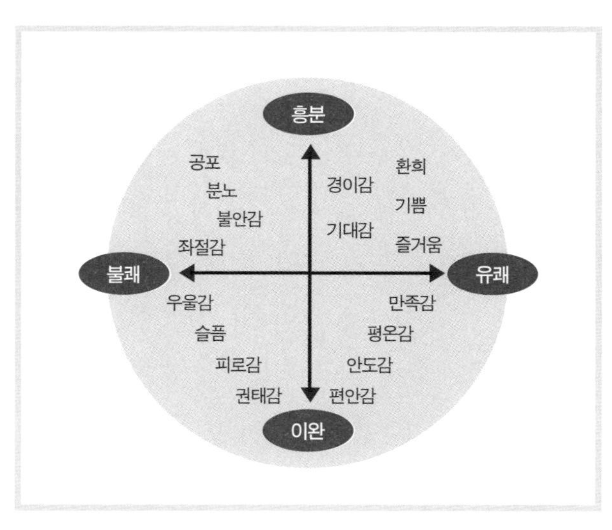

정서의 두 차원을 통해 네 가지로 묶이는 다양한 개별 정서들.

위의 구분은 인위적이지 않고 실제 인간이 경험하는 정서의 다양한 양상을 잘 반영한다. 같은 종류의 정서는 동시에 쉽게 경험할 수 있다. 위의 그림에서 서로 가까이 있는 피로감이나 슬픔 등은 많은 경우 동시에 혹은 연이어 느끼게 된다. 편안함과 안도감도 대부분 같은 상황에서 경험한다. 거리가 먼 정서들은 좀처럼 함께 경험되지 않는다. 슬픔과 거리가 가장 먼 기쁨, 안도감에서 가장 멀리 떨어진 불안 같은 경우이다.

이미 눈치를 챈 독자들도 있을 텐데, 접근과 회피동기의 성공과 실패는 서로 가장 멀리 떨어져 있어서 결코 동시에 경험되지 않는다. 이 두 동기는 서로 어떤 결과와 만나느냐에 따라 인간의 정서 대부분을 좌지우지한다.

특이한 점은 현재 불쾌한 정서인 슬픔과 불안을 느끼는 사람은 본능적으로 그 정서로부터 최대한 벗어나고 싶어 한다는 사실이다. 여기서 '최대'란 가장 멀리 떨어져 있는 정서이다. 세상사와 인간에 대해 조금의 안목만 있어도 이제 사람들의 행동 패턴에 대해 이해가 될 것이다. 자신이나 가족이 큰 '슬픔'을 경험하고 있다면 그 슬픔에서 '최대'한 멀어지는 '행복'을 지향하기 위해 열심히 노력한다. 현재 '불안'한 사람들은 그 불안에서 벗어나기 위해 '안도감이나 편안함'을 주는 무언가를 찾기 위해 몸부림친다. 인간은 그렇게 만들어져 있다. 진화적으로 그리고 대부분 문화에서 보편적으로 나타나는 현상이다.

동기의 방향은 기본적인 성격 구조에도 영향을 강하게 미친다. 물론 한 사람이 둘 중 한 방향의 동기에 의해서만 살아가는 것은 불가능하다. 그럴 필요도 없다. 사람마다 주된 동기의 방향이 접근 혹은 회피 중 어느 것인지와 그 정도는 다양하게 나타날 수 있다. 우리 주위에서 평소 '무언가 좋은 것에 가까이 가려고 노력하는' 이른바 접근동기 위주의 사람들은 정말로 '기쁨과 슬픔' 위주의 정서를 보인다. 그런데 '무언가 좋지 않은 것을 피하고자 애쓰는' 회피동기 위주의 말과 행동을 주로 보여주는 사람에게서는 '안도와 불안' 사이의 정서를 더 쉽게 찾아볼 수 있다.

행동을 결정하는 정서

"이성적이고 논리적인 친구와 감성적인 친구 중에서 어떤 친구를 사귀고 싶은가?"

이렇게 물어보면 감성적인 친구를 만나고 싶다는 사람이 꽤 많이 나온다. 이번엔 다르게 질문을 해보자.

"당신은 회사의 사장이다. 이성적이고 논리적인 사람, 아니면 감수성이 뛰어난 사람 중에서 어떤 사람을 뽑겠는가?"

이럴 땐 대부분의 사람들이 전자가 자기 회사를 위해서 좋겠다고 대답한다. 왜 두 질문에서 서로 다른 대답이 나올까?

"상황과 목적이 다르지 않습니까?"라며 사람들은 빠르고 간단하게 대답한다. 상식적으로 이해가 될 법도 하다. 두 상황에서 어떤 인물이 적절한가를 바라보는 측면이 다른 것이다. 그것 자체로는 틀린 말이 아니다. 그렇지만 조금 더 자세히 들여다보면 다른 해석도 가능하다. 능력은 회사에서 필요한 것이고 나에게 소중한 친구로서는 능력이라는 차원이 그리 중요하지 않다는 의미이다. 즉, 이성과 논리는 능력이고 감수성은 다른 측면이라고 생각하는 경향이 강하다.

그러나 심리학자들은 이러한 관점에 단호한 일침을 놓는다. 착각이라는 것이다. 심리학자들이 지금까지 연구해본 결과, 감수성은 판단력에 결정적 역할을 하기 때문이다. 즉, 생각을 하는 과정상에는 논리로 풀어나갈 수 있지만 최종 결정 단계에서는 정서에 기댈 수밖에 없다.

실생활에서 논리와 이성으로 설명할 수 없거나 설명할 필요가 없는 일은 너무나 많다. 2002년 한일 월드컵 당시 우리 국민은 너나 할 것 없이 거리로 나와 국가대표팀을 열광적으로 응원했다. 태극전사들이 펼치는 경기 하나하나에 엄청난 희로애락을 느꼈다. 지금도 월드컵 때마다 격정적 감정을 느끼곤 한다. 꼭 축구여서 그런 건 아니다. 내가 좋아하는 프로야구팀의 중요한 경기, 모교의 체육 경기나 다른 일에서도 비슷한 감정을 느끼곤 한다.

굳이 논리적으로 생각해야 하는 문제인가? 대한민국이 월드컵 4강에 가면 국가 위상이 올라가고, 그 위상은 다시금 경제적 이득으로 이어지며, 그 이득 때문에 나를 포함한 국민 한 사람 한 사람의 국민소득이 상승하기 때문인가? 그래서 우리는 열정적으로 응원했던 것일까?

우리는 말 그대로 가슴이 시키는 대로 열광했을 뿐이다. '그 가슴'은 무언가 뜨겁게 달아오르게 하는 정서이다. 우리로 하여금 무언가 결정하고 행동하게 하는 힘은 정서에 있다. 거기서 밥이나 돈처럼 경제적 이득이 나오는 것이 아님에도 그렇다.

반작용의 정서가 지닌 엄청난 힘

정서가 중요하고 강력한 만큼 제 기능을 못하면 굉장한 어려움을 겪는다. 예를 들어보자. 시험이 코앞에 닥쳤는데 평소 좋아하는 게임의 신제품이 출시되었다는 이야기를 친구에게 들었다. 결국 게임을 구매하고 곧 그 게임에 빠지고 말았다.

합리적으로 행동한다면 당연히 게임을 그만하고 공부를 시작해야 한다. 여기서 관찰을 끝낸다면 논리나 이성과 달리 정서는 우리를 곤란하게 하는 주범이라 생각하기 쉽다. 하지만 좀 더 생각해보자. 게임을 그만두고 다시 공부하게 하는 것은 합리적 사고의 힘 때문일까? 게임의 즐거움에서 빠져나와 공부로 돌아가게 하는 힘은 게임이 주는 즐거움을 이겨내는 반작용으로서의 정서이다. 즉, '이제 게임 그만하고 공부를 다시 시작해야 하는데…'라는 불안함, 불편함 혹은 긴장감 등이 느껴져야만 게임을 그만두고 공부를 다시 시작할 수 있다. 강하게 느낄수록 더 빨리 공부로 돌아갈 수 있을 것이다.

이러한 반대 정서의 힘이 없다면 어떻게 강력한 게임의 즐거움을 이겨낼 수 있단 말인가. 실제로 게임이나 도박 중독으로 고통 받는 사람 중 상당수에서 정서적 단편성과 관련된 성격 장애가 자주 발견된다. 단편성은 하나의 행동(게임과 같은)이 계속될 때 주로 경험하게 된다. 정서의 종류가 비슷한 한두 가지뿐이어서 반작용으로 작용할 만한 반대 정서가 제대로 기능을 하지 못하는 것이다. 인과관계를 명확하게 설명하는 데에는 아직 한계가 있지만 관련이 있다고 말할 수 있을 정도로 빈번하게 관찰된다.

그런데 게임에서 벗어나 공부를 다시 하게 된 결과를 보며 우리는 흔히 합리적 사고 덕분이라고 생각한다. 결과와 원인을 혼동하고 있으며 이는 심리학에서 종종 강조되는 내용이다. 결과가 합리적이므로 과정도 당연히 논리와 이성의 작용을 거친 것이 아닐까 추정하는 것이다. 하지만 실제 과정에서는 정서의 역할이 더 결정적일 가능성이 높다. 비합리적인 것을 고칠 때도 마찬가지다. 비합리적이어서 고쳐야 한다는 논리적 생각에는 그 비합리적 측면에 대한 분노, 짜증 혹은 불편함이라는 정서가 뒷받침된다. 그렇지 않고서는 변화를 만들어내고자 하는 생각과 의지가 발현되지 않는다. 이로써 정서와 합리성이 별개의 독립적인 것이 아니라 상호 연결되어 있음을 알 수 있다.

정서는 뭔가를 만들어내는 힘, 결과를 만들어내는 원인으로서 역할을 톡톡히 해낸다. 단순히 어떤 일의 결과로서 정서를 느끼는 것이 전부가 아니다. 자, 상식적으로 생각해보자. 기쁨 지향적인 측면이 강한 어떤 일을 하고 있다. 그렇다면 나는 궁극적으로 어떤 생각으로 이 일을 해야 할까? '~하기 위해서'라는 마음가짐이 더 좋은 결과를 만들어낼 것이다. 동기와 그에 따른 정서, 그리고 그 일 자체가 일관적으로 '접근'적 형태를 띠기 때문이다.

뭔가 안 좋은 것을 피하는 안도감을 지향하는 측면이 강한 일을 하고 있다면? 당연히 이번에도 동기와 정서를 일치시키는 것이 더 좋다. 물론 여기에는 다른 변수도 영향을 미치지만 일단 큰 그림은 그렇다. 이제 동기와 상호작용하는 그 다양한 변수들을 하나씩 살펴보자.

04

시간과 상호작용하는 접근과 회피

업무평가는 평가 주기에 따라 달라진다

네 사람 모두 한 가지 종류의 일을 열심히 하고 있다. 그런데 시간에서 어떤 차이가 있다. 두 사람은 그 일의 결과를 차곡차곡 모아서 한 달 후에 평가를 받는다. 다른 두 사람은 매일 일과가 끝난 후 자신이 한 일에 대한 평가를 받는다.

사장은 생산성을 높이기 위해 가끔 직원들을 대상으로 독려했다. 자신의 공장에서 열심히 일해 성공한 직원을 일컬으면서 "저렇게 잘 살고 싶으면 일을 열심히 해."라고 말한 적이 있다. 그리고 일을 열심히 하지 않고 나태하게 근무하다가 지금 가난에 허덕이는 직원을 예로 들면서 "저렇게 살고 싶지 않으면 일을 열심히 해."라고 말한 적도 있다.

두 메시지 중 하나는 접근동기에, 다른 하나는 회피동기에 호소하는 것이다. 그런데 사장은 갈피를 잡기 어려웠다. 두 가지 말 중 하나를 듣고 자신이 바라던 것처럼 더 열심히 일한 직원이 있는가 하면 별 효과가 없는 경우도 꽤 있었다. 한마디로 정해진 패턴이 없었다.

'둘 중 어떤 말이 직원들에게 더 효과적일까?' 고민하던 사장은 업무평가 주기라는 또 다른 영역에서도 직원들의 업무 성과가 들쭉날쭉함을 발견했다. 어떤 직원은 매일 자신이 한 일의 평가를 받을 때 더 뛰어난 성과를 보이고 어떤 직원은 자신이 한 일을 차곡차곡 쌓아두었다가 한 달에 한 번씩 평가를 받을 때 더 뛰어난 성과를 보이는 것이다. 더욱 복잡하고 혼란스러워졌다. 어떤 메시지와 어떤 평가 주기가 직원들의 업무 성과를 높일 수 있을까?

이 질문에 대한 해답은 두 형태의 메시지(접근과 회피)와 두 종류의 평가 주기(매일과 한 달)를 각각 결합하여 모두 네 가지의 상황을 만들어서 살펴보면 손쉽게 알 수 있다.

		메시지의 종류	
		접근	회피
평가 주기	단기	X	O
	장기	O	X

공장 직원들을 네 가지 경우의 수에 각각 해당하게 하였다. 그러고 나서 사장은 담당 직원에게 각 직원의 업무 성과를 기록하고 상대적으로 우수한 직원들이 많은 쪽은 'O'를, 그리고 적은 쪽은 'X'를 표시해서 가져오게 했다. 위의 표가 바로 6개월 이후 나온 결과이다. 해석은 간단하다. 접근동기에 호소하는 메시지를 들은 직원들은 장기적인 관점(한 달 주기)으로 일할 때 더 잘했고, 회피동기에 호소하는 메시지를 들은 직원들은 단기적인 관점으로 임할 때 더 높은 성과를 보였다. 이 두 조건의 성과는 마지막에 합치면 결국 대등한 관계였다. 이제 감이 좀 잡히는가.

현재 하는 일의 결과가 나중에 나오는 것일수록 접근동기가 더 중요하게 작용한다. 결과가 즉시 나오면 나올수록 회피동기가 더 강력한 힘을 발휘한다. 다시 말하면, 장기적인 관점으로 해야 할 일일수록 접근동기에 호소해야 한다.

접근동기는 어디에 유용할까

우리 삶에서 장기적인 관점으로 해야 하는 일은 무엇일까? 한 사람의 인생을 놓고 보면 아마도 '은퇴설계 프로그램'일 것이다. 지금 열심히 돈을 적립하고, 은퇴 후 그 열매를 맛보기 때문이다.

굳이 통계나 조사를 통하지 않더라도 최근에 많이 팔리는 은퇴설계 프로그램의 콘셉트나 광고는 모두 접근동기에 호소하고 있다. 아름

다운 리조트나 평화로운 공원에서 할아버지와 할머니가 행복하게 미소 짓고 있는 모습이 은퇴설계 프로그램 광고의 전형이다. 한마디로 '이렇게 살고 싶으면' 자신들의 은퇴설계 프로그램을 구매하라는 것이다.

그런데 조금만 기억을 더듬어 80~90년대로 가보자. 당시의 은퇴설계 프로그램 카탈로그는 지금과 상당히 차이가 컸다. 경제적 어려움을 겪고 있는 노부부의 사연이나 모습을 주로 보여주었다. '이렇게 살고 싶지 않으면' 자기 회사의 은퇴설계 프로그램에 가입하라는 것이다. 요즘은 이런 광고나 콘셉트의 상품은 거의 사라졌다.

보험회사가 접근-회피동기의 이론적 지식이 없다고 하더라도, 회피동기에 호소하는 방법이 은퇴설계 프로그램 판매에 극히 좋지 않다는 것을 경험적으로 알게 되었음이 분명하다. 오래 해야 할 일들은 분명 접근동기에 호소해야 한다. 그렇지 않으면 그 에너지가 발생하지 않는다.

오래 해야 할 일에는 어떠한 것이 있을까? 아이들의 공부, 대학생이나 직장인의 '창조적 프로젝트', 국가 비전을 달성하기 위한 정책의 계획과 시행 등은 지금 이 순간 하는 일의 양이 나중에 얼마나 큰 결과로 나타나는지 쉽게 가늠하기 어려운 것들이다. 장기적 관점으로 지속적이고 끈기 있게 해나가야 하는 일이다. 그리고 이러한 일을 위해서는 접근동기에 호소하는 메시지가 필요하다.

그럼 우리 주위를 한 번 살펴보자. 지극히 회피동기에 가까운 메시지들이 장기적인 노력이 필요한 일에 제시되는 경우가 너무나도 쉽게 발견된다. 예를 들어 '미래 국제사회에서 도태되지 않기 위한 창조적 인재 육성' 같은 말들은 어긋난 프레이밍이다. "부모님을 실망시키지 않기 위해 3년 동안 열심히 공부하자."라는 고등학교 신입생의 결심도, 옆에서 들으면 안타깝기 그지없다.

언젠가 이와 관련된 세미나를 진행한 적이 있다. 이 내용을 흥미로운 눈길로 지켜봐준 사람 중 '융합과 미래 비전'의 제시로 유명한 관동대 의대 정지훈 교수가 있었다. 그가 대뜸 이런 말을 했다.

"미래의 환경보호를 위한 캠페인들이 바로 이런 실수에 해당합니다. 수많은 공익광고가 환경과 관련된 미래의 불행에 관해서만 이야기해요. 사실 그런 광고에는 미래의 우리 자식들이 행복한 환경에서 살 수 있다는 프레이밍이 들어가야 해요. 미래의 불행? 지금 이 순간의 불행도 발버둥치며 막고 있는데, 미래의 불행을 피하는 데 관심을 보일 사람은 많지 않죠."

그 자리에 참석한 다른 사람들도 고개를 끄덕이며 동의했다. 미래의 불행을 막는다는 메시지는 힘이 약할 수밖에 없다!

회피동기는 어디에 유용할까

지금 당장 해야 할 일들은 회피동기에 호소하거나 사용할 필요가 있다. 특히 그 일 자체가 무언가 안 좋은 것을 피하는 것이라면 더더욱 그렇다. 어떤 것이 있을까? 내 경험으로는 마음에 와 닿았던 것이 바로 예방주사다. 예방주사는 행복해지거나 예뻐지기 위해서 맞는 게 아니다. 바로 질병을 피하기 위해서이다. 전형적인 회피형이다. 될 수 있으면 빨리 맞아야 한다. 그래서 예방주사의 적기는 언제나 '오늘'이다.

그런데 이런 예방주사를 아이에게 맞힐 때 부모가 여간 애를 먹는 것이 아니다. 아이들은 주사를 맞지 않겠다고 발버둥을 친다. 이럴 때 접근동기에 호소하는 건 아무 효과가 없다. 평소 아이가 좋아하는 것으로 달래보아도 별다른 소용이 없으니 부모 입장에서는 당황스러움이 배가 될 수밖에 없다.

큰딸이 세 살을 갓 넘은 시기에 소아과에서 그런 일을 겪었다. 유학 시절이었는데, 의사와 간호사 앞에서 다소 망신스럽기까지 했다. 그런데 갑자기 접근-회피 동기 이론의 개발자인 토리 히긴스의 표정이 뇌리를 스쳐가며 묘안이 떠올랐다. '이 경우에는 회피동기를 한 번 자극해봐?' 하면서 나는 딸을 무서운 눈으로 노려보면서 이렇게 이야기했다.

"시원아. 너 이 주사 지금 맞을래? 아니면 아빠한테 더 세게 맞을래?"

이 말을 들은 시원이는 침대 쪽으로 달려가 주사를 맞기 위한 자세를 취했다. 대성공이다. 한국어를 전혀 모르는 소아과 의사도 워낙 경험이 많은 사람이었기에 그 뜻을 단박에 알아채고 내게 의미심장한 미소를 보냈다. 소란스러움을 단 한 마디로 제압한 나는 진료실을 나오면서 의사에게 "전공이 심리학입니다."라고 한 마디를 덧붙였다. 동시에 우리는 유쾌한 웃음을 터트렸다.

이처럼 지금 당장 해야 하는 예방 위주의 일들은 회피동기를 자극하지 않고서는 제대로 이루어지지 않는다. 규정이나 규칙을 지키는 일, 안전을 위한 일, 긴급한 일 등에 대해 접근동기로 다가가면 오히려 문제가 발생하기 쉽다. 이는 장기적 관점이 필요한 일에 접근동기가 적합한 것과는 정반대의 양상을 띤다.

"먼 곳을 향해 가는 여비는 접근동기에 의해서 만들어지고, 가까이 있는 것을 자세히 파악할 수 있는 세심함은 회피동기가 돕는다."

05

사고유형과 상호작용하는 접근과 회피

접근동기는 숲을, 회피동기는 나무를 보게 한다

접근과 회피로 이루어진 동기 시스템은 시간뿐만 아니라 우리의 사고 유형과도 상호작용한다. 접근동기는 통합적 사고로, 회피동기는 분석적 사고로 귀결된다. 왜 그런지 다음 그림을 통해서 알아보자.

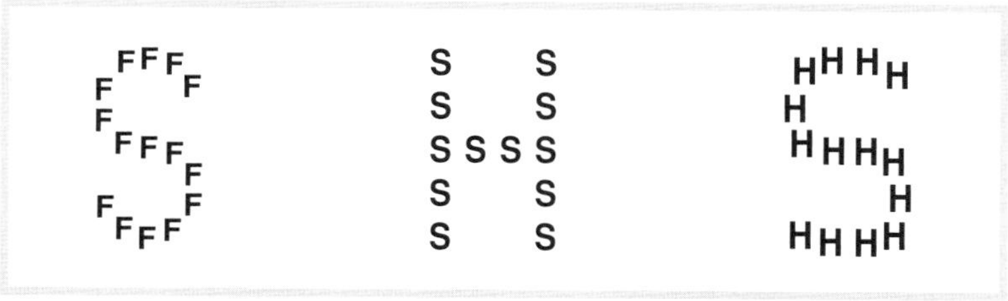

네이본 과제.

위의 그림은 일명 '네이본 과제Navon Task'라고 불린다. 실험 참가자들은 위와 같은 자극들을 제시받는다. 어떤 경우에는 '전체 형태가 어떤 글자인지', 또 다른 경우에는 '작은 부분이 어떤 글자인지'를 질문 받고 가능한 한 빠르게 대답해야 한다. 가장 왼쪽에 있는 자극이 주어졌을 때 전자의 질문에는 정답이 'S'이고, 후자의 질문에는 'F'라고 대답해야 한다.

그런데 위의 과제를 수행할 때 '무언가 좋은 것을 얻기 위한' 접근동기가 활성화된 사람은 전체 형태의 글자(가장 왼쪽의 자극에서 'S')를 더 빠르게 지각한다. 반면, 무언가 좋지 않은 결과를 예방하려는 회피동기가 활성화되거나 강한 사람은 작은 부분이 어떤 글자인지(가장 왼쪽의 자극에서 'F')를 더 빠르게 판단한다. 즉, 숲과 나무 중에서 숲을 보기 위해서는 접근동기가 더 적합하고, 숲에 있는 여러 나무를 '나누어' 보는 단계에서는 회피동기가 더 중요한 동기가 된다.[28]

이와 유사한 결과를 보여주는 연구는 매우 다양하다. 예를 들어 회피동기의 중요한 감정 요소인 불안을 자극하면 부분 지각(가장 왼쪽의 자극에서 'F')에 주의를 향하도록 하는 데 비해,[29] 행복감과 같은 정서를 유발하면 전체 지각(가장 왼쪽의 자극에서 'S')을 상대적으로 더 촉진하는 것으로 나타난다.[30]

단기간의 '유희적 즐거움' 혹은 '쾌락'을 상상하게 하면, 전체 지각보다는 부분 지각이 촉진된다. 장기간에 걸친 목표와 연관된 '사랑' 등의 단어를 제시하면 전체 지각이 부분 지각보다 더 신속해지는 경향을 보인다.[31] 이러한 전체 지각 혹은 전체적 처리는 대상들 간의 유사성을 찾는 것을 촉진한다. 이에 반해, 작은 특징들을 찾아내는 부분 지각, 부분 처리를 하게 되면 대상들 간에 존재하는 차이점을 찾는 것을 가속화한다.[32]

이것은 창의성과도 중요한 관련이 있다. 서로 관련 없어 보이는 대상 간에 존재하는 유사성을 찾아내는 것이 창의적 사고의 핵심 요소이기 때문이다.

이제 결론을 내보자. 접근동기, 행복, 기쁨, 전체·통합적인 사고, 유사성 지각의 촉진은 같은 맥락에서 활동한다. 반면 회피동기, 불안, 부분 · 분석적 사고, 차이점의 부각은 같은 선상에서 작용한다. 이는 우리로 하여금 숲을 보는 것과 나무를 보는 것 중, 지금 이 순간 더 필요한 사고가 무엇인지를 말해준다. 더불어 어떤 동기를 통해 가능한지를 이해하게 해준다. 우리 삶에서는 '숲'과 '나무'를 봐야 할 상황과 시점이 따로 있다.

06

공간과 상호작용하는 접근과 회피

접근동기는 상상력을, 회피동기는 치밀한 완성을 돕는다

접근과 회피는 3차원 세상과도 상호작용한다. 동기의 두 방향은 시간, 통합-분석적 사고뿐만 아니라 공간적 측면과도 연관되어 있다. 특히 공간의 넓고 좁음과는 아주 밀접한 관련이 있다.

미네소타대학 칼슨Carlson 경영대학원의 조앤 마이어스 레비Joan Meyers-Levy 교수는 이 점을 잘 보여주는 연구를 진행해왔다.[33] 연구의 핵심은 천장의 높이다. 높은 천장의 공간에서는 자유로운 생각과 폭넓은 사고가 유발된다. 접근동기로 임하면 높은 천장이 주는 효과는 배가 된다. 그리고 평소에는 서로 다르게만 보였던 사물을 하나로 통합할 수 있는 (숲을 보는) 성격의 일들이 더 잘 이루어진다.

반면, 천장이 낮고 좁은 공간에서는 반대의 효과와 결과가 일어난다. 세밀하고 꼼꼼해야 실수가 생기지 않는 일들을 더 잘 수행할 수 있다. 이런 종류의 일들은 그 특성상 각기 다른 대상들과 서로 뚜렷하게 구분되어야 더 잘 수행될 수 있다. 회피동기와 일맥상통한다.

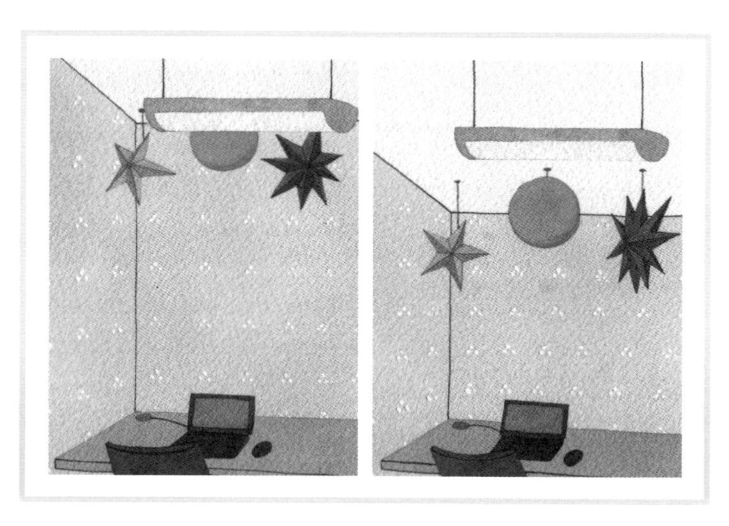

천장의 높이를 조절한 마이어스 레비 교수의 연구.
왼편 공간과 오른편 공간은 각각 높고 낮은 천장으로 조절된 방이다.

왜 이런 현상이 일어날까? 앞서 몇 차례 강조한 바와 같이 인간은 현재 자신의 상태에 맞게 외부세상을 받아들이기 때문이다. 인간은 자신의 내적 상태, 하고 있는 일과 환경 간에 일치가 이루어질 때 최적의 수행을 할 수 있는 존재이다. 마이어스 레비 교수의 연구처럼, 다양한 환경심리학 및 공학적 발견들을 접근과 회피동기의 관점에 기초해 들여다보면 그 원리들을 매우 적절하고 수월하게 파악할 수 있다.

07

접근은 넓히고 회피는 좁힌다

모험적인 접근동기, 돌다리도 두드리는 회피동기

지금까지 우리의 생각과 그 결과로 나타나는 행동에 동기가 미치는 영향을 살펴보면서 동기의 두 방향이 시간, 사고처리의 양상, 공간 등과 밀접하게 관련되어 있음을 알았다. 이제 세계관과 같은 더욱더 크고 넓은 개념으로 나아가보자. 그렇다고 여기에서 문학이나 사회과학적 의미에서 세계관을 정의 내리거나 세계관이 어떻게 변화하는지를 관찰하려는 것은 아니다. 현재 내게 주어진 공간을 하나의 세상이라 가정하고 그 공간을 보는 눈이 얼마나 넓은지 혹은 좁은지를 생각해보는 것이다. 다음 그림을 보자.

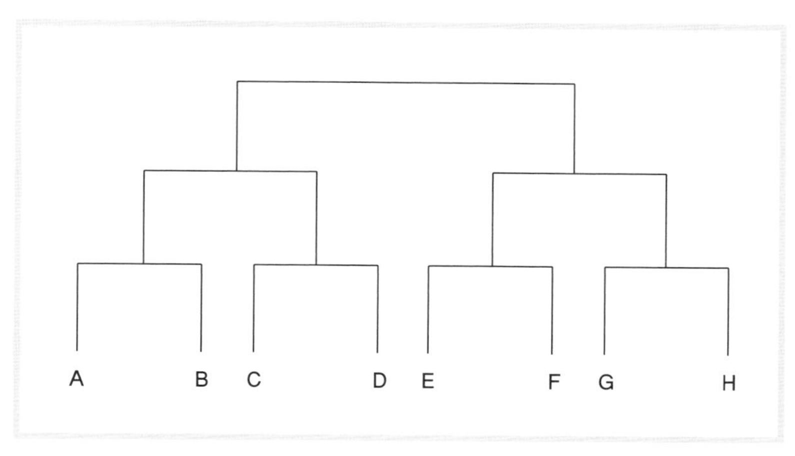

토너먼트 경기 대진표.

흔히 볼 수 있는 토너먼트 경기의 대진표이다. A~H까지 모두 8개의 팀이 있다. 사람들에게 다음과 같이 물어본다.

질문 A "당신은 8개 팀 중 4개를 고를 수 있습니다. 만약 당신이 선택한 네 팀 중에서 우승팀이 나오면 상금 10만 원을 드립니다."

사람들은 어떻게 4개의 팀을 고를까? 대략 두 가지 방법이 있다. 첫 번째 방법은 'A, B, C, D' 혹은 'E, F, G, H'와 같이 한쪽 그룹에서 네 팀을 모두 선택하는 것이다. 그럼 내가 고른 팀 중에서 반드시 한 팀이 결승에 진출할 것이다. 그리고 다른 그룹에서 올라온 팀과 맞붙으면 내가 선택한 팀 중에서 우승팀이 나올 확률은 50%가 된다. 즉, 확실한 50 대 50의 확률을 보장받는다.

그런데 실제로 이런 게임을 해보면 대부분의 사람이 "그렇게 하면 재미가 없죠."라며 다른 방법을 선택한다. 그리고 이런 말을 덧붙인다. "쪼는 맛이 있어야죠." 그래서 'A, D, E, H' 혹은 'B, C, F, G' 같이 골고루 팀을 뽑는다. 실제 결과를 보면 평균 80%의 사람들이 이런 선택을 한다. 확실한 50 대 50의 게임을 마다하고 더욱더 모험적인 시도를 하는 것이다.

왜 모험인가? 더 불확실하기 때문이다. 결승전에 진출할 두 팀이 모두 내가 선택한 팀에서 나올 수도 있고, 아니면 모두 1회전에서 탈락할 수도 있다. 이제 사람들에게 들려준 말을 다시 한 번 생각해보자. '우승팀을 맞히면 상금 10만 원을 준다'이다. 즉, 접근동기를 자극한 것이다. 그럼 다음 상황에서는 사람들이 어떻게 네 팀을 선택할까?

질문 B "당신은 8개의 팀 중 4개를 고를 수 있습니다. 그리고 만약 당신이 선택한 네 팀 중에서 우승팀이 나오면 10만 원을 내놓으셔야 합니다."

놀라운 결과가 일어난다. 질문 B를 받은 사람들은 질문 A를 받은 사람들과 정반대의 선택을 한다. 70%가 넘는 사람들이 'A~D' 혹은 'E~H' 처럼 한 그룹에서 자신의 네 팀을 모두 선택한다. 왜 이렇게 극단적인 차이가 생길까? 질문 B는 사람들에게 분명 회피동기를 갖게 했을 것이다. 자신이 지금 가지고 있는 현금 10만 원을 뺏기는 것을 피하고자 하는 동기를 발생시킨 것이다. 회피동기는 불안을 부추겨 안정을 추구하는 쪽으로 선택하게 한다. 질문 B를 받은 사람들은 자신의 선택 범위를 최소화하고자 하였고 반응도 같은 이유에서 비롯되었다.

"어휴, 가슴 떨리게 1회전, 2회전, 결승전과 같이 매번 경우의 수를 생각하기 싫어요."

"그냥 복잡하게 생각하지 말고 50 대 50. 운에 맡겨보죠."

한마디로 복잡하고 넓게 보기 싫다는 것이다. 회피동기가 자극된 사람들의 성향이다. 이런 결과는 우리에게 시사하는 바가 크다. 세상은 A부터 H까지, 뭔지 잘 모르는 무수한 대안과 대상으로 이루어져 있다. 그런데 상황상 접근동기가 자극되었거나 원래부터 강한 사람들은 세상의 이곳저곳을 그야말로 '찔러' 보고 '확인'해보려 한다. A부터 H는 아프리카의 오지일 수도 있고 한국기업이 아직 진출하지 않은 남미나 동유럽의 개척 시장일 수도 있다. 때로는 우리가 아직 시도해보지 않은 새로운 기술이거나 가보지 않은 길일 수도 있다.

좁힐 때와 넓힐 때

접근동기는 우리에게 미지의 세상을 가능한 한 더 보고 싶게 만든다. 그럼 회피동기는 어떠한가? 내가 보고 있는 문제 공간, 즉 세상을 가능한 한 최소화해서 보게 만든다. 왜냐하면 그것이 더 안전하고 단순하게 보이기 때문이다. 텔레비전이나 신문에서 미개척 시장이나 신기술에 도전하여 성공한 사람들을 소개할 때 '불굴의 의지'나 '시련에도 굴하지 않는 용기와 도전정신'과 같은 거창하고 멋있는 표현을 애용한다. 그래서 '평범한' 사람들은 찬사를 보내면서도 한편으론 나와는 거리가 먼 사람들의 이야기라고 생각한다.

그러나 생각을 좀 더 해보면 이런 자괴감은 얼마든지 떨쳐낼 수 있다. 미디어에서 소개되는 그들의 성공 '원동력'은 '원인'보다는 '결과'에 더 가깝다. 그들의 일상을 보여주는 장면과 지나온 길에 대한 회고의 순간에 나타나는 표정은 정말 중요한 원동력이 무엇인지 분명히 말해준다. 그들이 성공을 이룬 공통점은 바로 즐거움에 있다. 그들의 얼굴에서 비장함, 결의 혹은 불굴의 의지보다는 즐거움, 기쁨, 재미를 더 쉽게 찾아볼 수 있다. 그것은 접근동기가 밑바탕이 되었을 때 그 결과로 나오는 감정이다.

나는 지금까지 많은 기업, 기관, 단체로부터 강연을 부탁받아 연구와 교육에 방해되지 않는 범위 내에서 해왔다. 얼마 전에도 외부 강연에 나갔다가 경험한 일화가 있다. 강연 중간에 피드백을 주는 청중들에게 오히려 배울 때가 종종 있었는데 그날도 기업과 기관의 중견간부들과 이야기를 나눌 기회가 있었다. 그들의 이야기에는 중요한 공통점이 하나 있었다. 내용을 정리하면 다음과 같다.

어느 회사가 있다. 회의를 주관하는 상사는 비장한 분위기로 회의를 진행한다.

"잘해야만 해. 실패하면 큰일 난단 말이야. 경쟁회사에 뒤지면 안 돼. 힘을 내자고!"

이런 분위기의 회의가 끝난 후, 다른 참석자들이 처음 하는 행동에는 일련의 공통적인 경향이 나타난다. 지금 하고 있는 일과 가장 비슷한 일을 했던 전임자나 인근 부서에 있는 관련 경험자를 바로 찾아간다.

그런데 회의 분위기가 조금 더 부드럽고, 상사도 아래와 같이 회의를 진행했다고 치자.

"우리 잘 해보자. 이 일이 잘되면 회사도 좋지만 우리 각자에게도 굉장한 발전의 기회가 될 것 같아. 성공하면 나도 크게 한턱 쏘지. 힘을 내자고!"

역시 힘을 내자는 말로 회의는 마무리된다. 한마디로 '파이팅' 하자는 것이다. 그런데 이런 분위기로 회의가 끝나면 사람들이 처음으로 보이는 행동은 그 전과 매우 다르다. 일단 예전에 그 일을 어떻게 했는가에 대한 관심이 대폭 줄어든다. 전임자나 경험자를 찾아가는 것도 최소화된다. 가장 중요한 것은 무언가 다른 방식으로 일을 해보고자 하는 시도가 생긴다는 점이다. 혹시 이전에 그 일을 했던 전임자나 경험자와 대화를 나눈 후에도 그들이 했던 방법과는 다른 무언가를 찾아내려고 고민한다.

현재까지 해온 일을 좀 더 정교하게 발전시키는 것은 매우 중요하다. 그러기 위해서는 다른 측면에 주의를 뺏기지 말아야 한다. 즉, 좁혀야 한다. 아마도 회피동기가 도움이 된다. 하지만 새롭고 혁신적인 것을 기대한다면 문제 공간을 넓게 보고 다른 방식을 취하려는 시도를 이끌어내야 한다. 고로 접근동기가 필요하다.

08

비교는 회피동기, 새로운 것은 접근동기

비교 우위 vs. 질적인 차이

앞에서 이미 살펴본 바와 같이 후회는 비교를 통해 만들어지고, 만족은 대상 그 자체로부터 무언가를 느껴야 가능하다. 그래서 '후회하지 않으면 만족할 수 있다'라는 생각은 매우 큰 착각일 수 있다. 그런데 후회와 관련된 '비교'라는 정신 과정은 회피동기와 관련이 깊다. 대상 자체(그리고 그것에 기초한 결과로서의 만족)에 대한 집중은 접근동기에 의해 더 잘 이루어진다. 다음의 두 자동차를 보자.

	Car A	Car B
연비	16.3km/l	15.3km/l
출력	190마력	180마력
최고 속력	200km	180km
내비게이션	X	O
선루프	X	O

자동차 A와 B를 비교해보면 일단 연비, 출력, 최고 속력이라는 측면에서 A가 더 우수해 보인다. 이 세 가지 측면은 '엔진'이라는 공통점에 기초하여 '상대 비교'가 가능하다. 그런데 B는 A에는 아예 존재하지 않는 내비게이션과 선루프가 있다. 질적인 차이이다. 그래서 상대 비교가 이루어지지 않는다.

재미있는 것은 회피동기가 자극되었거나 원래 회피동기가 강한 사람은 자동차 A가 더 우수하다고 평가하는 경향이 있다. 반대로 접근동기가 강한 사람은 B를 더 선호한다. 즉, 회피동기는 상대 비교를, 접근동기는 질적인 차이에 우리의 관심을 집중시킨다. 그런데 우리 사회와 기업이 목마르게 찾는 혁신은 어디에 더 가까울까? 새롭고 창의적인 결과를 지향하려면 접근동기가 필수적이다.

그러나 회피동기가 필요한 순간도 있게 마련이다. 이미 살펴본 바와 같이 회피동기는 구체적이고 치밀한 것을 위해서 필요하다. 그런데 이 구체성과 치밀함은 언제 가장 필요할까? 바로 뭔가를 결정하고 난 후 그것을 '실행'할 때이다. 결정의 순간까지는 접근동기의 힘을 얻어야 하지만 그 이후 실행을 위해서는 회피동기의 개입이 요구된다. 이것은 창의적 아이디어 실행과 관련된 제3장에서 자세히 살펴보자.

09

동기의 잘못된 만남은 편향과 오류를 낳는다

자극-반응 호환성과 스트룹 효과

접근동기와 회피동기가 각각의 일과 상황에 잘 맞으면 좋은 결실을 맺지만 일치하지 않을 경우 실수와 오류가 발생한다. 이를 제대로 이해하는 것은 매우 중요하다. 접근과 회피가 사람, 일, 환경, 목적 등의 차원에서 제대로 짝지어지지 못하면 그 결과는 다양한 편향과 그에 따르는 오류의 가능성을 높인다. 역으로 적절하지 못한 동기를 제대로 짝짓기만 해도 많은 오류를 줄여나갈 수 있다. 잘못된 만남을 제대로 돌려놓으려면 생각의 '호환성compatibility'에 대한 이해가 필요하다.

호환성은 무언가 다른 두 대상이 서로 맞바꿀 수 있을 만큼 유사하거나 동질적인 면이 있다는 뜻이다. 즉, 일치됨을 의미한다. 심리학적으로 정의해도 크게 다르지 않다.[34] 그런데 이 말의 뜻보다 더 중요한 점은 심리학, 특히 인지심리학에서는 이 호환성이라는 말 앞에 두 단어를 더 붙여 하나의 용어로 사용하는 경우가 많다. 이른바 '자극-반응 호환성stimulus-response compatibility'이라는 말이다. 사람들은 자신이 받는 자극(정보, 질문, 문제 등 세상으로부터 나에게로 들어오는 모든 것)과 그에 대한 반응(생각과 그에 따른 행동)을 일치되는 방향으로 유지하려고 한다. 그렇다면 일치성이나 부합성을 결정하는 것은 무엇인가? 당연히 자신의 경험이다. 지금까지 살아오면서 자신의 지식체계에 쌓아온 '상식의 결집체'이다. '세상으로부터 이런 식의 자극이 오면 나는 이렇게 생각하고 행동한다'라는 형태의 무수한 지식을 살면서 계속 쌓아온 것이다. 즉, 자극과 반응 간의 연결association고리가 생긴다. 이를 심리학자들은 도식schema이나 심성모형mental model이라고 부른다.

예를 들어보자. '빨간색'에 대해 자신이 지금까지 쌓아온 상식은 무엇인가? 무언가 타오르는 느낌, 열정이나 위험을 의미하기도 한다. 그래서 빨간색으로 어떤 메시지를 전달받으면 즉각 '이 메시지는 무언가 경고에 관한 내용'이라고 느낀다. 실제로 자동차든 행인이든 각자의 신호체계에서 빨간 신호는 '멈춤'을 의미한다.

그런데 새로 이사 간 어떤 작은 도시에서는 이를 반대로 표시한다고 가정해보자. 빨간 신호가 '건너시오'나 '출발하시오'를 뜻한다면 아마 혼란으로 사고율이 급증할 것이다. 대부분의 사람이 공통으로 쌓아온 지식체계가 말해주는 상식, 즉 호환성을 거스르기 때문이다.

경험이 만들어낸 상식의 체계를 거스르는 것은 아무리 간단한 일이어도 큰 어려움이 이어진다는 사실을 보여주는 게 그 유명한 '스트룹 효과Stroop effect' 실험이다.[35] 존 리들리 스트룹John Ridley Stroop이라는 유명한 심리학자의 성을 따서 이름 붙인 이 실험의 과제는 매우 간단하다.

아래 그림에서 왼쪽의 8개 단어를 보고 각 단어의 폰트 색을 순서대로 빠르게 말해보자. 어렵지 않을 것이다. 마찬가지로 그림의 오른쪽을 보고 각 단어의 폰트 색을 순서대로 말해보자. 왼쪽 그림보다 상당히 어려워진다. 수시로 글자를 그대로 읽는 실수를 범하게 된다.

빨강	주황	빨강	주황
파랑	검정	파랑	검정
노랑	보라	노랑	보라
연두	회색	연두	회색

스트룹 효과.

이러한 현상을 스트룹 효과라 하며 하나의 자동화된 실행(이미 정착된 자극-반응 호환성)이 다른 중립적인 실행을 오히려 방해하는 것을 의미한다. 오른쪽 그림에서는 파란색으로 쓰인 빨강을 '빨강'으로 읽는 자동화된 읽기 실행이, '파랑'이라고 말해야 하는 새로운 과제의 수행을 방해한다. 기존의 자동화된 과제를 오히려 '억제'나 '무시'해야 하는 새로운 일은 좀처럼 숙달되기 어렵다. 이는 멀티태스킹을 하는 것이 얼마나 어려운지와도 연결된다. 우리가 살아가면서 어떤 일에 익숙해지려고 해도 잘되지 않는 것과 멀티태스킹이 힘든 상황의 상당수는 자극-반응 호환성을 거스르는 경우에 해당하기 때문이다.

테니스 선수는 배드민턴도 잘 칠까?

실생활에서는 한 종류의 일에 숙달되면, 나머지 하나를 하기가 점점 더 어려워지는 경우가 종종 발생한다. 좋은 예는 라켓을 사용하는 스포츠에서 찾아볼 수 있다. 테니스를 잘 치는 사람은 배드민턴 배우기를 오히려 더 어려워한다. 배드민턴 라켓을 쥐는 순간 테니스 라켓으로 했던 일들이 자동으로 활성화되기 때문이다. 셔틀콕이 날아오는 속도와 이를 잘 받아내기 위한 스윙의 궤적은 테니스공이 오는 속도와 라켓의 궤적과는 전혀 다르다. 종종 테니스를 잘 치는 사람은 배드민턴도 빨리 배울 것으로 생각하지만, 오히려 자세를 고치지 못해 놀림감이 되곤 한다.

이전에 많이 했던 일과 표면적으로 유사해서 쉬울 것으로 생각한 일 혹은 한 분야의 전문가가 유사한 다른 분야에서도 잘할 수 있을 것이라는 기대는 오히려 정반대의 결과가 나오기 쉽다. 이러한 원인이 자극-반응 호환성의 영향 때문은 아닌지 곰곰이 살펴볼 필요가 있다.

자극과 반응 간의 호환성이 떨어지면 즉시 행동을 취할 수가 없어서 실수를 저지르거나 적절한 반응을 선택하지 못하고 엉뚱한 결과를 내놓기도 한다. 인간의 생각과 행동에서 이 호환성은 매우 중요한 요인임에 틀림없다.

더 나아가 인간은 호환성의 중요성을 의식·무의식적으로 너무나 잘 알고 있다. 그래서 판단이나 의사결정을 할 때 대상, 문제 혹은 질문에서 호환성이 높은 정보나 측면만을 '선별적'으로 취하려 한다. 우리가 일상에서 흔히 쓰는 표현 중에 '뭐 눈에는 뭐만 보인다'라는 말이 있다. 이런 경향은 우리의 생각보다 훨씬 더 강하다. 자신이 좋아하는 것이 무엇인지를 얘기할 때도 질문(자극)이 살짝 바뀜에 따라 정반대의 선택이나 결정(반응)을 하는 경우도 얼마든지 있다. 이른바 '선호도 반전preference reversal' 현상이다. 다음의 예를 보자.

A	11/12 확률로 12만 원을 획득 1/12 확률로 24만 원을 잃음
B	2/12 확률로 79만 원을 획득 10/12 확률로 5만 원을 잃음

위의 두 게임을 놓고 사람들에게 이렇게 질문한다.

질문 1 "두 게임 중 하나만 할 수 있다면 어떤 게임을 하시겠습니까?"

당연히 선호도에 관한 질문이다. 이 질문을 받으면 대부분의 사람이 게임 A를 하겠다고 대답한다. 그렇다면 아래의 질문은 어떨까?

질문 2 "두 게임 중 어느 것을 하더라도 티켓을 사야 합니다. 각 게임의 티켓 가격이 어느 정도면 사시겠습니까?"

이것도 선호도에 관한 질문이다. 우리가 쇼핑을 할 때 두 개의 다른 브랜드를 놓고 "이 물건은 값이 10만 원 이하면 살 거야. 그런데 저 물건은 5만 원 넘으면 안 사!"라는 말과 행동을 한다. 전자의 물건에는 10만 원까지 쓸 용의가 있지만, 후자의 물건에 대해서는 5만 원까지만 쓸 의향이 있다. 그러므로 전자의 물건에 대해 선호도가 더 높다고 할 수 있다.

그런데 질문 2를 받은 사람들은 질문 1을 받은 사람들과 전혀 다른 양상의 반응을 보인다. 게임 A보다 게임 B에 대해 더 높은 티켓 가격을 매긴다.

사실 이것은 당연하다. 게임 A를 하기 위한 티켓을 12만 원 혹은 그 이상을 주고 사는 것은 바보짓이다. 어차피 딸 수 있는 금액은 12만 원이고, 그것도 100%의 확률이 아니기 때문이다. 그래서 게임 A의 티켓 가격은 높아야 3~4만 원 정도로 결정된다. 하지만 게임 B에 대한 사람들의 반응은 사뭇 다르다.

"잘하면 79만 원을 딸 수 있다는 거죠? 그렇다면 모험을 한 번 해볼까? 게임 티켓이 15만 원이라도 사겠습니다."

이런 식의 반응을 보이는 사람들이 꽤 많이 존재한다. 게임 B의 티켓 가격이 평균적으로 훨씬 높게 매겨진다.

이제 곰곰이 생각을 해보자. 질문 1과 2 모두 선호도를 묻는 것이다. 사람들은 질문 1에서처럼 '선택'을 하라는 질문에 게임 A를 더 선호했다. 그렇지만 질문 2처럼 '얼마만큼의 돈을 쓸 의향이 있는가'를 물어보는 질문에 대해서는 게임 B에 더 많은 돈을 쓰겠다고 대답했다. 이러한 불일치 또한 그 원인은 호환성이다. 사람들은 자신에게 주어진 질문(자극)과 가장 호환되는 정보가 무엇인지를 그 자극 내에서 찾는다. 그래야 나의 결정(반응)이 더 쉬워질 뿐 아니라 더 적절하다는 느낌이 든다. 그럼 질문 1처럼 우리가 실제 살아가면서 '선택'을 할 때 어떤 정보가 호환성이 가장 높을까? 상식적으로 '확률'이다.

그런데 질문 2처럼 '돈을 얼마나 쓰겠느냐'에 대한 판단과 호환성이 가장 높은 정보는 '얼마나 많은 돈을 벌어주느냐'는 결과에 있다. 그래서 질문 1을 받은 사람들은 가장 호환성이 높은 확률에 초점을 맞추므로 높은 당첨 확률(11/12)을 가진 게임 A를 선택한다. 질문 2를 받은 사람들은 자신이 해야 할 일과 가장 호환성이 높은 정보인 '어느 쪽이 당첨 금액이 더 큰가'에 관심을 둔다. 그래서 당첨되면 79만 원을 받을 수 있는 게임 B에 더 많은 돈을 쓰는 것이다.

안구추적장치eye tracker를 통해서 사람들의 눈이 게임 A와 B의 내용 중 어디를 보는가를 관찰해보면 더욱 분명하게 그 양상을 확인할 수 있다. 질문 1을 받은 사람들은 게임 A와 B의 확률 정보를 유독 열심히 보며, 선택 직전에는 게임 A의 '11/12'이라는 부분에 몰두한다. 질문 2를 받은 사람들은 자신의 시선 대부분을 '79만 원'과 같은 금액 정보에 집중시킨다. 이처럼 사람들은 무엇인가를 결정할 때 자신의 의지대로만 하는 것 같지만, 사실 많은 부분은 질문의 형태에 의해 좌우된다. 굳이 슬퍼할 일은 아니다. 인간이라는 존재 자체가 호환성이라는 정보를 매우 중요하게 추구하기 때문이다.

이제 다시 접근과 회피로 돌아와보자. 우리는 이미 접근동기는 '무엇을 하기 위한', 그리고 회피동기는 '무엇을 하지 않기 위한' 준비상태이며, 동시에 지향하게 하는 이유임을 잘 알고 있다. 그래서 접근동기가 중심인 사람은 자신의 주변에서 '~을 위한' 정보가 더 호환성이 높을 것이며, 회피동기가 중심인 사람은 '~을 않기 위한' 측면이 더 호환성이 높을 것이다. 접근과 회피, 둘 중 어떤 동기를 가지느냐에 따라 나의 시각과 청각이 어떤 정보를 더 중점적으로 보느냐가 결정된다.

10

실패는 어떻게 만들어지는가?

익숙한 일을 방해하는 회피동기

오랫동안 인류는 '나태가 실패를 부른다'고 생각해왔다. 맞는 말이다. 그런데 나태란 무엇을 뜻하는가? 일상생활 속에서는 이렇게 표현된다.

"재는 말이야, 시험이 코앞에 다가왔는데도 천하태평이야. 다른 친구들은 모두 열심히 공부하고 있는데…. 그러니 매번 반에서 꼴찌를 다투지. 쯧쯧."

참으로 많이 쓰이는 이 표현에서 중요한 한 가지를 더 찾아볼 수 있다. 나태는 무언가 열심히 해야 하는 상황에서 압박감을 덜 느낀다는 것이다. 대학에서 학점이 좋은 학생은 그렇지 못한 학생보다 평균적으로 '불안'에 조금 더 민감한 것으로 나타난다. 학점과 성격적으로 불안을 느끼는 정도를 측정해보면 아주 높지는 않지만, 통계적으로는 유의미한 상관관계를 관찰할 수 있다.

시험이 코앞으로 다가오면 어느 정도 불안을 느껴야 그 반작용 정서의 힘으로 놀기나 잡념을 그만두고 시험공부에 몰입할 수 있다. 불안은 잘만 쓰면 무언가를 열심히 하게 만드는 에너지가 된다.

그러나 우리가 실패하는 데에는 또 다른 이유가 있다. 열심히 해도 실패의 가능성은 늘 존재한다. 이미 살펴본 접근과 회피동기가 일과 상황에 어울리지 않을 때도 그 중 하나다. 여기서 끝이 아니다. 접근과 회피동기는 일마다 각기 다른 영향력을 미치고 있다.

우리는 뭔가를 규정하는 조건들로 이뤄진 세트 같은 규칙을 지식체계 안에 갖고 있다. 아주 사소해 보이는 판단에도 인간은 꽤 많은 조건을 기억에 담고 있다. 어떤 일을 처음 시작할 때는 생각의 자원 혹은 리소스가 많이 필요하므로 어렵다. 이때는 생각의 자원이 모자라기 때문에 항상 집중해야 한다. 그리고 일을 가능한 한 '쪼개야' 한다. 커다란 목표가 있으면 일은 더욱 어려워진다. 작은 목표를 여러 개 만들어서 하나하나씩 해야만 한다.

우리는 거시적 관점이 미시적 관점보다 더 좋을 거라고 생각한다. 그런데 어떤 일을 처음 배우거나 시작할 때는 결코 이롭지 않다. 물론 그 일을 시작하겠다고 마음먹는 결정의 순간에는 거시적 관점이 필요하다.[36]

자동차 운전을 처음 배울 때를 생각해보자. 운전교습소 강사는 무수한 규칙을 얘기해준다.

"출발할 때는 먼저 브레이크에서 발을 떼고, 그 발을 액셀러레이터로 천천히 옮겨서 지긋하게 밟고, 좌회전할 때는…."

숙련된 강사일수록 작고 미세하게 동작들을 쪼개는 능력이 탁월하다. 나중에 익숙해지면 결국 '출발'이든 '좌회전'이든 하나의 운전 행위가 된다.

그렇다면 지금까지 배운 접근-회피의 지식을 여기에 적용해보면 이때는 어떤 동기가 더 적합할까? 당연히 회피동기이다. 회피동기는 구체적이고 작은 일을 실수 없이 잘 해낼 수 있도록 돕기 때문이다. '잘해서 멋지게 보여야지'라는 생각보다 '실수하지 말아야지'라는 생각이 더 적절하다.

물론 여기에는 중요한 전제조건이 있다. 회피동기의 미시적인 눈에 잘 맞도록 더 많은 퍼즐 조각으로 쪼개어주어야 한다. 물론 나중에는 접근동기로 하나의 그림을 볼 수 있어야 한다. 그렇게 하지 않고 회피동기만 가진다면 결과는 더 나빠질 것이다. 이런 과정을 통해 우리는 점점 더 그 일을 잘할 수 있게 된다. 자동차 운전에 익숙해지면 강습받던 시절 강사에게 열심히 들었던 수많은 작은 동작들에 대한 말들이 필요가 없다. 운전할 때 생각할 필요조차 없어진다. 이렇게 익숙해져서 거의 자동화된 지식을 '절차적 지식procedure knowledge'이라고 부른다. 인간이 무언가를 처음 배우고 반복을 통해 익숙해지는 것은 지식의 형태가 '규칙'에서 '절차'의 형태로 바뀌게 됨을 의미한다. 이때는 회피동기가 오히려 우리의 일을 방해하기 시작한다. 이제 통합

되어 (각기 다른 규칙들로 구분될 필요도 없고 구분하기도 어려워진) 하나가 된 지식을, 회피동기의 눈은 무리하게 쪼개고 나누어 미시적으로 진행하려고 하기 때문이다.

며느리가 명절에 손을 잘 다치는 이유

명절에는 꽤 많은 며느리가 손을 다친다고 한다. 너무 지쳐서? 너무 많은 일을 해서? 아니면 스트레스를 많이 받아서? 물론 이런 요인도 이유가 될 수 있다. 그런데 왜 하필이면 손일까? 지쳤다면 다리가, 너무 많은 일을 했다면 허리가 아파야 하지 않는가? 그런데 유독 명절 후에는 손가락을 다친 며느리들이 눈에 많이 띈다.

주부들은 평소에도 언제나 가족을 위한 식사를 준비한다. 그래서 매일 도마에 재료를 놓고 칼질을 한다. 주부들에게 칼질은 규칙의 세트들이 사용될 필요가 없는 완벽한 절차적 지식이다.

명절을 앞두고 주부들은 시댁이라는 장소로 옮겨 이 익숙해진 활동을 한다. 그런데 평소에 잘 찾아뵙지 못해서 죄송한데, 시어머니가 며느리 옆으로 와서 슬쩍슬쩍 며느리의 칼질을 지켜본다. "우리 며늘아기 이제 요리 좀 늘었니?"라는 말을 곁들이면 이제 시어머니의 시선이 따갑게 느껴진다.

이럴 때 여러 가지 생각이 들 수 있겠지만, 그 중 많은 주부들이 하는 생각은 '요리에 서툴다는 느낌을 드리지 말아야지' 혹은 '명절 때

요리 솜씨 엉망이라는 말을 들으면 나중에 간섭이 이만저만이 아닐 거야'와 같은 염려와 불안이다. 정도의 차이는 있지만 회피동기가 작동하기 시작한다. 그래서 이미 익숙한 일인데도 의식적으로 회피동기에 입각해 '실수하지 말아야지'가 며느리의 행동을 지배한다. 회피동기는 지금 하고 있는 일들을 잘게 쪼갠다. '도마와 칼이 직각이 되게 하고', '칼과 음식의 간격을 맞추고', '채소를 썰 때는 일정한 크기로….'

요리를 처음 배울 때나 필요한 구체적이고 명시적인 규칙들이 다시금 나온다. 지금 이 순간에는 회피동기가 도움을 주는 것이 아니라 재빠르게 다음 단계로 자동으로 넘어가는 것을 방해한다. 그런 과정에서 손을 베거나 다치는 것이다. 익숙하지 않았던 시절, 작은 나무들에 집중할 수 있도록 도와주었던 회피동기가 이제 익숙해져서 숲을 봐야 하는 시점에서 여전히 나무를 보게 하는 훼방꾼이 되어버린 것이다.

11

접근동기는 언제나 좋기만 할까?

포기를 쉽게 만드는 접근동기

아마도 이 책을 읽는 독자들은 '접근과 회피'라는 동기에 관해 읽으면서 처음에는 "아, 접근동기의 중요성을 지금까지 잘 몰랐구나!"라고 느꼈을 것이다. 그럼 접근동기는 언제나 바람직할까? 접근동기라고 해서 언제나 우리에게 도움을 주지만은 않는다. 잘못 쓰거나 개입되면 오히려 더 나쁜 결과를 초래한다.

회피동기가 요구되는 자리에 접근동기를 갖고 접근하면 '무책임한 포기'의 가능성이 커질 수 있다. 접근동기의 어두운 면 중 하나가 바로 '포기'이다. 시간과 동기는 상호작용하므로 장기적인 관점을 지니고 오랫동안 해야 할 일은 접근동기로, 지금 당장 해야 하는 일은 회피동기로 하는 것이 좋다.

그런데 아무리 멀리 있는 목표라고 하더라도 하루, 이틀, 한 달, 두 달이 지남에 따라 계속 가까워지고 결국 코앞으로 다가오게 된다. 이제 목표와 그것을 위한 행동은 '지금 당장'의 일이 된다. 그래서 장기적인 관점이 필요한 접근동기는 시간이 지나 '그날'이 다가옴에 따라 그 역할이 끝난다. 접근동기는 점차 회피동기로 바뀌어야 한다.

만약 계속 접근동기가 고집을 부린다면? 일이 코앞에 닥쳤는데도 불안이나 압박감을 덜 느낀다. 물론 필요 이상으로 불안한 감정을 느끼는 것도 피해야겠지만, 적절한 긴장감은 긴급하게 처리해야 할 일들에 필수적이다. 그런데 접근동기는 긴장감을 만들어내지 못한다. 그래서 겉으로 보기에는 '쿨'하고 '통 큰' 것처럼 보이지만 사실 무책임한 포기나 미루기를 잘하는 사람이 된다. 꽤 많은 고3 학생들이 대입 수능시험을 한두 달 앞두고 부모님에게 이렇게 이야기한다.

"이번엔 그냥 연습 삼아 하고 내년 한 해 열심히 준비해서 꼭 대학에 가겠습니다."

이런 말은 어떤 과정을 거쳐 수험생의 입에서 나오게 되었을까? 수능시험이 한두 달밖에 남지 않은 시점에서 '대학에 가면 할 수 있거나 경험할 수 있는 좋은 것'에 대한 '추상적' 이미지만을 지니고 있는 수험생은 적당한 회피동기 없이 접근동기만을 지닌 사람이라고 볼 수 있다.

원래 모든 일이 '그날'이 다가옴에 따라 신경 쓰고 챙겨야 할 일들이 여러 가지로 쪼개지기 마련이다. 그런 작고 세밀한 개별적 일들은 현재의 접근동기와 좀처럼 궁합이 맞아떨어지지 않는다. 그러므로 공부가 잘되지 않고 모든 게 영 만족스럽지 못하다. 자신감도 없어지고 가능성도 별로 없는 것 같다. 회피동기를 만들어내지 못하고 여전히 접근동기만 가진 학생은 자연스럽게 자신의 목표와 접근동기가 가장 잘 맞았던 시점으로 돌아가본다. 어떤 일이 잘 안 풀릴 때 사람들은 자연스럽게 그 일이 잘 풀렸을 때와 비교를 하게 마련이다. 그 시점은 당연히 과거이다. 과거로 돌아가는 것은 불가능하지만, 과거와 비슷한 상태로 다시 한 번 돌아가는 것은 얼마든지 가능하다. 고3이 될 때의 그 3월처럼, 재수생이 되어 그 3월을 다시 시작하고 싶어진다. 우리 주위에서 꽤 자주 이런 낙천형 포기자들을 찾아볼 수 있다. 접근동기로 시작한 일은 '그날'이 다가옴에 따라 회피동기가 필요해진다.

정부나 기업에서도 마찬가지다. 어떤 일이든 처음 시작할 때는 포괄적인 목표global goal를 필요로 한다. 비전이나 청사진과 같은 형태의 메시지들이 모두 여기에 해당한다. 이러한 포괄적 목표들은 대부분 일의 시작 전이나 시작 단계에서 필요하다. 그러다 구체적이고 자질구레한 고민이 시작되면서 회피동기를 자극한다. 모든 비전이나 청사진은 완성될 때까지 수많은 하위의 지엽적 목표local goal가 필요하다. 일이 진행됨에 따라 그에 걸맞은 회피동기로 움직여야 한다.

규정 위반을 못 보게 하는 접근동기

통계 자료에는 잘 나타나지 않지만 공무원이나 군, 경찰에 계신 분들에게 자주 듣는 볼멘소리가 있다. 감사나 검열을 받을 때, 정작 걱정했던 분야에서는 무난히 지나가고 생각하지도 못했던 부분에서 많은 지적사항이 나온다는 것이다. 초급 장교로 3년간 군 생활을 할 때도 이런 현상을 자주 목격했다. 상당히 많은 조직에서 빈번히 일어난다.

규정은 지키면 좋은 것보다는 지키지 않으면 안 되는 것이 대부분이다. 정확한 연구와 분석이 필요하지만 회피동기가 아닌 접근동기로 좋은 일을 할 때 오히려 규정을 꼼꼼히 지키지 않을 가능성이 커진다. 평소 엄격한 규정이 지배하는 군부대나 소방서에서 주변 양로원이나 보육원 봉사활동을 하는 것이 좋은 예다. 좋은 일을 할 때면 사람들은 그 일을 통해 얻는 기쁨을 상상하며 행복하게 일을 진행한다. 하지만 이런 좋은 접근동기는 자연스레 회피동기로 해야 할 일에는 둔감하게 만든다. 즉 나쁜 결과를 피하기 위한 것이 주된 목적이며 따라서 지키지 않으면 안 되는 규정 사항들에 덜 민감하게 만드는 것이다. 그 결과는 억울하게도 규정 위반으로 나타나곤 한다. 좋은 의도로 행복한 일을 하는 과정이더라도 예리한 회피동기의 눈으로 지키지 않으면 안 되는 것들을 지킬 수 있도록 하는 역할의 사람이 필요한 이유다.

12

칭찬의 힘

사람은 절대 안 변한다

많은 사람들이 이런 말을 한다. '사람 절대 안 변한다!'. 다른 한 쪽에서는 이런 말도 한다. '사람은 굉장히 쉽게 변한다. 심지어 간사하다'. 어느 말이 맞는가? 더 정확하게는 어느 말이 어떤 경우에 맞는 말인가? 그 차이와 이유를 아는 것은 매우 중요하다. 한 사람에게 있어서 잘 변하지 않는 것은 능력과 성격이다. 이 둘은 아무리 늦게 잡아도 20세를 넘어서면 그 사람의 일생에 있어서 잘 변하지 않고 지속된다. 여기서의 능력은 일의 숙련도를 의미하는 것이 아니다. IQ, 기억력, 연산능력, 사고 스피드와 같이 기초적인 개별 인지능력을 말한다. 이런 능력은 노화가 진행되면서 약간씩 떨어지는 경향이 일반적이지만 크게 변하는 경우는 거의 없다. 그래서 IQ와 같은 지능검사를 고등학교 때까지는 받지만 성인이 되면 그 검사를 받는 경우가 거의 없는 것이다. 안 변하니 굳이 다시 검사할 필요가 없으니 말이다.

성격은 두말할 필요 없다. 수 십 년 후 동창회에서 만난 친구들의 성격은 대부분 그대로다. 그래서 이 둘을 굳이 입에 올리지 않더라도 우리는 사람은 변하지 않는다는 말을 많이 하고 살아가는 것이다. 이 둘까지 바꾸려면 그야말로 상당한 시간이 필요하다.

동창회 이야기로 좀 더 생각을 해보자. 정말 오랜 만에 만난 동창들 중에 확 바뀌어 있다는 느낌을 주는 친구들이 있다. 그리고 우리는 그 친구들에게 흔히 큰 성공을 해서 혹은 일이 지독히 안 풀려서라는 말로서 그 바뀌었다는 느낌의 이유를 말한다. 하지만 심리학자들의 수많은 연구들을 종합해 보면 그 변화의 근본적 원인은 결국 자아 존중감 혹은 자존감self-esteem으로 귀결된다. 이는 말 그대로 자신을 존중하고 사랑하는 마음이다. 이것이 왜 중요한가? 자신의 능력과 한계에 대해 어떻게 생각하는지에 대한 전반적인 그 사람 스스로의 의견이기 때문이다. 역경을 이겨내고 성취를 만들어 낼 수 있다는 확신과 직결된다. 동창회에서 우리에게 무언가 확 바뀌었다는 느낌을 주는 친구들에게 지난 시간 동안 무엇이 변화한 것이겠는가? 결국 바뀐 자존감을 보고 있는 것이다. 그 방향이 상승이든 하강이든 말이다.

물론 자존감이 무조건 높은 것이 마냥 좋은 것은 아니다. 타인을 무시하고 아집과 독선에 빠지기 쉽기 때문이다. 하지만 적절한 수준으로 자존감을 높게 가질 수 있게 되면 자신을 소중히 여기면서도 다른 구성원과 긍정적인 관계를 유지할 수 있다. 작은 실패나 역경에도 유연하게 대처한다. 반면에 이 자존감이 약하면 열등감에 쉽게 빠질 수 있다. 왜냐하면 자신의 관점이나 기준이 없으니 남의 시선과 평가에 전전긍긍하면서 살아가기 때문이다.

그렇다면 이 자존감에 가장 결정적 영향을 미치는 외부요인은 무엇인가? 당연히 칭찬과 격려다. 이는 어떤 자존감 연구를 찾아봐도 한결같다. 그런데 칭찬과 격려를 단순하게 보면 안 된다. 자존감을 높이는 진정한 칭찬은 정확한 칭찬이다. 결과보다는 노력에 초점을 맞춘 칭찬이다. 전자는 결과를 만들어 낸 진짜 이유에 초점을 맞추게 하니 바둑으로 치면 질 좋은 복기에 가깝다. 후자의 순기능은 일의 성패 여부에 관계없이 다음 일에도 긍정적 자세로 뛰어들게 만들 수 있는 원동력이다. 의미심장한 것은 이 두 원칙을 지키지 못한 칭찬은 오히려 장기적으로는 자식이나 부하직원의 자존감에 악영향을 끼친다는 것이 대부분 연구 결과들이다. 지나치게 높거나 낮은 자존감이 대부분 이런 어리석은 칭찬의 과정을 거치면서 만들어진다. 영국의 천문학자 존 허셀의 명언 '자존이야말로 모든 미덕의 초석이다'. 결국 무슨 뜻일까? 자신을 적절히 사랑할 수 있는 사람이 다른 사람들과 협동의 미덕을 발휘할 수 있다는 뜻이다. 그렇게 만들기 위해선 품질 좋은 칭찬을 해야 한다. 정확하게 무엇을 칭찬해야 하는가와 결과가 아닌 노력도 충분히 칭찬하고 있는가를 되돌아보아야 한다.

한 번에 두 번의 칭찬

칭찬에 특별한 기법이나 기술이 있는 것은 아니지만 흥미로운 측면들이 꽤 많이 있다. 그 중 하나가 '칭찬은 하는 것일 뿐만 아니라 전달하는 것' 이기도 하다는 점이다.

우리는 흔히 칭찬을 내가 하는 것이라고 생각하기 쉽다. 상대방이 혼자든 다수든 칭찬은 내가 주체가 돼서 하는 것이라고 말이다. 하지만 칭찬은 꼭 내가 하는 것이 아니라 남이 한 칭찬을 전달만 해줘도 결국 같은 더 나아가 두 배 이상의 긍정적 효과를 보게도 한다. 다시 말해 칭찬을 듣는 사람 입장에서 보면 여러 명으로부터 칭찬을 받으니 그 기쁨과 용기의 정도가 배가 된다. 그래서 남의 입을 빌어 칭찬하는 것이 더 효과적일 때도 많다.

군대에서 장교생활을 할 때 참으로 인상 깊은 칭찬을 하는 지휘관이 있었다. 그 지휘관은 자신의 부하를 칭찬할 때 곧잘 이런 말을 한다. "자네가 늘 열심히 하고 있다는 말을 자네 직속상관으로부터 늘 듣고 있네. 내가 오늘 보니까 그 말이 사실이군. 새로운 작전계획에 자네의 노력과 고민이 잘 묻어있어." 이렇게 말하는 것이었다. 지금도 많은 강연에서 주저 없이 좋은 칭찬의 예로 들고 있는 일화다. 왜 이 칭찬이 지혜로운 것인가? 부하의 노력에 대한 칭찬이 그 부하 직속상관의 평가를 통해서 이루어졌기 때문이다. 이렇게 칭찬하면 그 부하는 자신 앞에 있는 높은 지휘관에게 결과에 대한 칭찬을 받았을 뿐만 아니라 지금 이 순간 자리에 없는 자신의 직속상관에게도 자신의 과정과 노력을 인정받은 셈이 된다. 이런 지혜로운 칭찬을 인정이라고 한다. 인정은 '확실히 그렇다고 여김', 칭찬은 단순히 '높이 평가함'을 의미한다. 그래서 우리는 인정이라는 더 강한 긍정적 평가를 위해 한 사람이 아닌 다수의 공통된 평가를 필요로 한다. 헌데 이 지휘관은 한 문장에서 그 다수의 입을 구현해 냈다.

좋은 칭찬의 또 다른 예를 보자. 한 회사의 A라는 임원은 자기의 직원을 칭찬해 줘야겠다는 생각이 들면 꼭 그 직원의 직속상관을 부른다. 그리고 이렇게 물어본다. "이 직원은 칭찬받아야 할 정도로 좋은 사람인데 정말 그렇습니까? 예를 하나만 들어주세요." 이 말에 대부분의 경우 그 직속상관은 자기 부하의 장점과 관련된 에피소드를 최대한 떠올려야 한다. 그러면 그 임원은 직원을 만났을 때 '자네의 직속상관에 의하면' 이라는 말과 자신이 지금 하는 칭찬과 관련된 에피소드를 덧붙일 수 있다. 자신의 칭찬에 대한 근거를 확보하는 것이다. 잘 모르면서도 그저 덕담한다는 느낌이 듣는 사람 입장에서 사라진다. 게다가 듣는 사람 입장에서 보면 어떻게 나에 대해 이렇게 잘 알고 있는가라는 느낌에 자신의 직속상관에 대한 고마움까지 들게 된다. 왜냐하면 칭찬하는 사람이 말하는 그 에피소드가 자신의 경험이니 생생하기 때문이다. 이러한 간접 칭찬과 칭찬 옮기기의 효과는 정말 크다. 따라서 지혜로운 사람이라면 직접 칭찬뿐만 아니라 간접 칭찬, 즉 칭찬 옮기기를 할 줄 알아야 한다.

결국 칭찬은 3가지다

칭찬이 좋다는 말은 누구나 알지만 그 타깃이 잘못되면 좋은 칭찬이 될 수 없다. 심리학 연구들을 종합해 보면 결국 칭찬은 세 가지 대상에 해야 한다.

첫째, 앞서 살펴본 것처럼 재능이 아닌 노력을 칭찬해야 한다. 아이에게 '너 똑똑하다' 고 재능을 칭찬한다고 하자. 만약 아이가 시험에서 낮은 점수를 받으면 '내 IQ가 낮아서야' 라며 대수롭지 않게 생각할 것이다. 반면 노력을 칭찬한 아이는 성적이 안 나와도 좌절하지 않고 더욱 노력한다. 심리학 역사에서 수많은 연구자들이 반복 관찰한 매우 중요한 결과다.

둘째, 사건이나 결과가 아닌 인격 자체를 칭찬해야 한다. '잘했어' 라는 말 보다 '경일아 잘했어' 라는 말이 훨씬 좋게 들리며 동기 부여가 된다. 왜일까? 인격을 칭찬하면 그 사람이 나에게 호감을 가지고 있으면서 긍정적 평가를 내리는 것으로 우리는 생각하기 때문이다. 그 반대를 생각하면 이유가 간단해진다. 사람들은 싫어하는 사람의 성공은 그 칭찬에 인격을 포함시키지 않지 않은가. 예를 들어 싫어하는 사람이 프로젝트 리더였다면 '프로젝트가 성공했다' 고 말한다. 하지만 좋아하는 사람이 리더였다면 'OO이 프로젝트를 성공시켰다' 고 말한다. 그러니 인격에 칭찬을 해야 한다.

셋째, 의도적인 행동이 아니라 무의식적 행동, 즉 반사적인 행동에 주목하고 칭찬을 해야 한다. 사람들은 자신이 한 행동에 칭찬을 받게 되면 자연스럽게 그 칭찬 받은 행동의 원인에 대해 궁금해진다. 그런데 내가 매우 계산적이고 의도가 있는 행동을 했을 때 칭찬을 받게 되면 결국 자신의 가증스러운 모습을 확인하게 된다. 예를 들어 '내가 착해서 이 행동을 한 것인지 아니면, 칭찬을 받기 위해 그 행동을 했는지' 를 헷갈려한다는 것이다. 하지만 자신이 무의식적이고 반사적인 행동을 바로 칭찬하면 사람들은 훨씬 더 스스럼없이 '나는 좋은 사람이구나' 라는 생각을 하게 된다. 그러니 좋은 행동의 가능성도 높아진다. 특히 아이들을 칭찬할 때는 굉장히 중요한 대목이다.

13

리더가 알아야 할 동기

자기계발서의 한계

수많은 성공학 관련 서적이나 자기계발서가 훌륭한 리더의 리더십을 논한다. 협력하고, 목표의식을 가지라고도 하며 다른 사람의 말을 늘 경청하라고 말하기도 한다. 참 좋은 말들이다. 그 조언들을 하나하나 따라 해보면 효과가 있을 때도 있고 별다른 효과가 없을 때도 있다. 후자는 그저 '내 노력이 부족해서 그런가보다'라고 생각할 수 있지만 당황스러운 것은 오히려 역효과가 날 때이다. 왜 이런 일이 빈번하게 일어날까?

사회학자이자 문화비평가인 미키 맥기Micki Mcgee는 그의 저서 《자기계발의 덫》을 통해 수많은 자기계발서에 대해 단단한 일침을 놓았지만 여전히 많은 독자들은 자기계발서에 적힌 행동강령들을 자기 삶의 목표로 삼는다. 삶의 목표를 설정할 때는 자기에게 중요한 가치가 무엇인지에 대한 고민이 선행되어야 한다. 인문학적 통찰을 비롯해 여행을 통한 경험, 소중한 사람들과의 대화 등 다양한 도움이 필요하다. 그러하기에 단순히 자기계발서에 적힌 바를 그대로 추종하는 것은 이미 한계를 내포하고 있다.

심리학에서는 상호작용을 중요시한다. 이는 생각을 좀 더 똑똑하게 스토리텔링할 수 있게 돕는다. 이른바 '~하라'는 식의 단편적인 지침이 아니라 같은 원인이라도 이럴 때는 이렇게 하고 저럴 때는 저렇게 하라는 식이다. 더욱 정교한 생각의 습관을 만든다.

상호작용의 의미는 쉽게 말해 '변인 간의 관련성'을 파악하는 것이

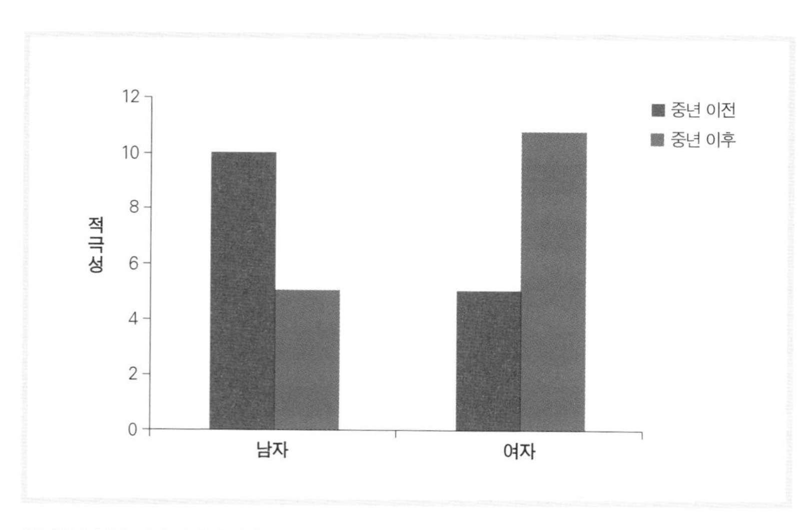

적극성과 성별, 나이 간의 관련성.

다. 어느 문화권이든 일반 상식 중 하나는 '남성이 여성보다 더 적극적'이라는 것이다. 그런데 어느 심리학자가 '적극성은 나이와 상호작용한다'는 것을 밝혀냈다. 중년 이전의 남성은 세간의 상식처럼 여성보다 적극성이 더 높다. 그런데 중년 이후에는 오히려 정반대의 현상이 일어난다. 여성이 남성보다 적극성이 더 높아진다.

그러므로 누가 더 적극성이 높은가를 보려면 성별이나 나이만 가지고는 예측할 수 없다. 성별과 나이를 모두 고려해야만 가능하다. 실제로 세상에는 복잡한 상호작용이 무수히 존재한다. 자기계발서에서 제시하는 단편적인 행동강령이 오히려 역효과를 낳는 이유도 여기에 해당한다. '남자가 여자보다 적극성이 높으니 남자에게 주로 의견을 물어보라'는 지침은 중년 이후의 연령대에서는 정반대의 효과를 일으킬 수 있다.

심리학자들에게 상호작용은 참으로 중요한 의미이자 임무이다. 심리학자들은 나이, 성별, 지역, 교육 수준 등 인구통계학적 변인뿐만 아니라 성격과 지적 능력 등 수많은 개인차 변인들까지도 포함하여, 이들 간에 존재하는 복잡한 관련성(상호작용)을 알아내고자 한다. 그래서 심리학자들은 '~하라'는 식의 단편적인 말을 싫어할 뿐만 아니라 겁을 내기까지 한다. 너무나 단순하면서도 용감한 이야기이지만 실패로 이어질 가능성이 높기 때문이다.

동장급 시장

상호작용이 동기와 만나면 리더십에 중요한 화두를 던질 수 있다. 결론부터 말하면, 리더는 접근동기를 가져야 하는가, 회피동기를 가져야 하는가. 이는 거리와 상호작용한다.

회사의 가장 높은 곳에는 사장이 있고, 아래로 내려가면서 부사장, 이사, 부장, 차장, 과장, 대리, 평사원 등 다양한 계층이 존재한다. 상식적으로 이 위계에서 거리가 멀수록 자주 만날 일이 없다. 사장과 임원은 자주 만나고 대리와 평사원은 서로 매일 보지만 사장과 평사원이 만날 일은 훨씬 드물다.

그렇다면 자주 만나는 사장과 임원 사이에서 구체적인 목표와 일이 더 많이 논의될까, 아니면 사장과 평사원 사이에서 더 많이 논의될까? 당연히 전자이다. 그렇다면 구체적이고 개별적이며 작은 일들을 위한 동기는 자연스럽게 회피동기일 것이다. 어쩌다 한 번 만나는 사장과 평사원 사이에서는 매우 추상적이고 거시적인 목표 외에는 생성할 수 없다. 우리는 이미 이런 목표에는 접근동기가 긍정적임을 잘 알고 있다.

이제 관점을 사장을 중심으로 한 번 바꿔보자. 내가 사장이면 내게는 매일매일의 구체적인 목표와 그 목표를 위한 행동에 관하여 이야기를 나누는 사람이 있다. 나의 바로 아랫사람(혹은 바로 윗사람)이다. 이런 사람과는 기본적으로 '무언가 꼭 해야 하는 일'과 그것을 진행하는 과정에서 발생 가능한 '사고나 사건을 막아나가는 방편'에 대한 대화가 필요하다.

그런데 많은 리더가 자신의 바로 아랫사람에게 막연히 "잘해!" 혹은 "열심히 좀 해봐."라는 추상적인 메시지만을 던지고 만다. 도대체 무엇을 잘하고 열심히 하라는 걸까? 조직 전체를 혼란에 빠뜨릴 위험이 커질 수밖에 없다. 재미있는 것은 이런 리더는 꼭 자신과 거리가 멀어 상대적으로 접근동기에 호소하는 메시지를 주고받아야 하는 사람들에게는 '잔소리'를 해댄다. 말단 직원들의 출퇴근기록을 일일이 검사하는 사장, 병사들의 내무반 사물함까지 뒤지는 사단장, 1학년 학생의 가방을 열어보고자 하는 교장 등 이른바 '동장급 시장'과 같은 리더이다. 이들은 자신의 행동에 대해 한 번쯤 생각해봐야 한다. 이런 행동에는 조심성이 많이 필요하다. 이러한 리더의 행동은 그들의 바람대로 말단 직원, 병사, 학생에 대한 세심한 배려로 이어지지 않는다. 그보다는 조직의 최상위 리더로 인해 전반적으로 회피 분위기가 강하게 형성되기 쉽다. 접근-회피의 방향과 추상-구체의 메시지 형태, 그리고 거리의 멀고 가까움 등 여러 요인의 관련성을 고려할 때, 청개구리처럼 정반대의 길을 걷고 있는 것이다.

자기와 가까운 사람과는 언제나 회피동기만 가지고 서로를 대하라고 하면 단편적인 의사소통 방식 때문에 속상해할 사람들이 있을 것이다. 하지만 조금만 더 생각해보면 그렇지 않다. 그런 사람과는 자주 만나기 때문에 일에서 벗어날 기회도 많다. '함께 일에서 벗어나' 접근동기에 적합한 말과 행동을 나눌 필요가 있다. 이제 나와의 거리가 상대적으로 더 먼 사람과는 어떤 동기에 근거한 메시지가 교환되어야 하는지가 분명해진다.

엄마는 회피동기, 아빠는 접근동기

아빠와 엄마의 역할에서도 이 기준을 적용해보자. 우리 사회는 엄마에 비해 아빠들이 자신의 역할과 위치에 대해 더 많은 어려움과 혼란을 느낀다. 당연하다. 엄마와 아이들은 함께 있는 시간이 아빠보다 더 길다. 엄마와 아이 사이에는 매일매일 해야 할 일과 목표들이 쪼개져서 진행된다. 그렇기에 아이들은 엄마에게 듣는 수많은 잔소리에는 그런대로 버틴다. 왜냐하면 건강한 회피동기가 자리 잡을 수 있는 여지가 있기 때문이다.

아빠는 엄마보다 아이들과 함께하는 시간이 상대적으로 적다. 그래서 아이들과의 물리적, 시간적, 공간적 거리는 길고 멀 수밖에 없다. 이것을 인정하지 않으면 결국 문제가 더 곪게 된다. 인정하는 순간 아빠의 역할 찾기가 조금은 쉬워진다. 아빠는 엄마와 달리 항상 아이 곁에서 챙겨주고 보살피는 과정에서 생길 수밖에 없는 회피동기의 프레임에서 벗어날 수 있다. 아빠에겐 '함께 있으면 좋은' 접근동기로 움직이는 역할이 남아 있기 때문이다.

그렇다고 피곤한 주말에 무조건 아이들과 밖으로 나가라는 말은 아니다. 중요한 건 아빠라는 존재가 집에 있는 동안의 느낌이다. 아빠가 집에 있는 동안은 엄마하고만 있던 집과는 무언가 달라야 한다. 아빠가 집에 들어왔는데도 전혀 차이가 없다는 건, 달리 생각해보면 무서운 일이다. 사람이 어떤 공간에 들어왔는데 조금도 변화가 일어나지 않는다면 그 사람은 투명인간밖에 되지 않는다. 그런 취급을 받지 않기 위해서는 다른 역할을 해야 한다. 엄마와 같은 역할을 고집하면 '1+1=1'의 상황을 만들어내는 사람일 뿐이다. 가족으로부터 '외면 당한다'는 느낌을 받을 수밖에 없다. 우리나라의 수많은 아빠가 이런 고통을 호소한다.

생각해보자. 말단 직원이 과장에게 늘 잔소리를 듣는데, 어쩌다 한 번 들른 사장이 과장과 똑같은 소리를 한다면? 직원에겐 끔찍한 일이다. 부모 때문에 힘들어하는 아이들은 "엄마든 아빠든 똑같다"고 말들 한다. "엄마와 아빠가 많이 달라서 헷갈리고 혼란스럽다."는 고충을 토로하지는 않는다. 한쪽에서 잔소리를 한다면 한쪽에서는 좀 더 거시적으로 바라보며 숨통을 틔워줘야 한다. 안타깝게도 많은 엄마와 아빠들이 오로지 부모일 때만 같은 역할과 같은 모습을 보이려고 한다.

가장 이상적인 아버지는 요절하는 아버지?

일본의 대표적인 극우 정치인으로 '이시하라 신타로'가 있다. 일제 강점기 시절의 역사와 독도에 관한 망언으로 우리에게는 참으로 분노를 느끼게 하는 정치인이다. 그런데 이 사람이 가끔 던지는 이야기 중에 일본인들로 하여금 '아! 그 말은 정말 일리가 있네!'라고 고개를 끄덕이게 하는 경우가 꽤 있다고 한다. 내가 아는 일본 지인 중에도 그의 정치적 관점과 사상에 대해서는 끔찍이도 싫어하면서도 다른 부분에서는 평소 생각지도 못했던 점을 일깨우는 면이 있다고 말들 한다. 그 중에서 일본인에게 유명하게 회자된 말이 있다.

"가장 이상적인 아버지는 요절하는 아버지이다."

그 말의 뜻은 '모든 것을 빈틈없고, 세세하게, 그리고 아낌없이 가르쳐주려는 아버지'의 역기능을 꼬집고 있다. 빈틈없음, 세세함, 아낌없음 등은 회피동기에 잘 어울리는 말들이다. 빈틈이 있더라도 무언가 생각의 나래를 펼칠 수 있는 여지를 만드는 게 아버지의 역할임에도 자신의 역할을 착각하고 제대로 이행하지 못하는 아버지는 차라리 일찍 죽는 것이 낫다는 의미이다.

실제로 역사상 위대한 인물 중 요절한 아버지를 둔 경우가 뜻밖에 많다. 그들의 공통점은 '거의 보지 못한 아버지의 모습을 자신이 살아가면서 창조적으로 형상화하고, 그것에 따라 자신을 완성해갔다'는 것이다.

자녀에게 부족함 없이 해주고, 늘 배려하며, 꼼꼼하게 챙기고, 더 나아가 늘 지켜보는 것은 엄마의 역할이다. 엄마의 역할을 대신 하지 않는 아빠라면 오히려 다소 허술하고 빈틈이 있어도 자신이 들어오면 아이들이 좋아하는 아빠가 되어야 한다. 특히 자상하고 세심한 배려를 할 자신이 없는 아빠는 더더욱 그렇다.

내 고등학교 친구들을 동창회에서 만나면 대부분 아빠들인지라 이런 말을 해준다.

"엄마의 역할을 대신 할 자신이 없으면, 그냥 집에서 같이 놀아. 빈둥거려도 괜찮아. 아이들이 그 모습을 보면서 최소한 숨 쉴 수 있는 피난처로라도 너희를 써줄 거야."

가끔 주부들을 대상으로 강연할 때가 있다. 강연 후 이런저런 질문을 받을 때 항상 나오는 푸념이 있다.

"우리 남편은 참 이기적이에요. 악역은 모두 엄마인 제게 시키고 자기는 아이들이랑 좋은 것만 하면서 인기를 유지한다니까요."

그런데 푸념 섞인 질문을 하는 사람들의 표정은 다른 말을 하고 있다. '그래도 제 남편은 그런대로 봐줄 만하네요.' 남편이 이와 반대로 행동한다면 어떨까? 남편이 집에 들어와서 하얀 장갑을 끼고, 현관에서부터 장갑 낀 손으로 검사한다면 생각만 해도 소름 끼치는 일이다. 이런 이야기를 들려주면 모두 이렇게 입을 모은다.

"차라리 좀 못마땅하더라도 덜 꼼꼼한 남편이 낫겠네요."

접근동기로 뭉친 사람들은 주위의 다른 사람들도 끌어들이려고 한다. 일종의 행복한 공범의식이 발생한다. 그래서 아이들과 아빠는 이내 자신들의 놀이에 엄마를 끌어들이려고 귀여운 음모를 꾸민다. 여기에 못 이기는 척 함께하면 이제 행복의 사이클이 완성된다.

최악의 남편이자 아빠는 가족의 생계에 무책임한 사람이지, 세심하지 못한 사람이 아니다. 엄마(아내)가 제 역할을 잘하고 있다면, 아빠의 역할은 엄마와는 다른 곳에 있음을 잊지 말자.

사회 구조가 급변하면서 싱글 맘이나 싱글 대디도 많아지고 있다. 그리고 엄마가 밖에서 사회생활을 하고 아빠가 육아에 전념하는 가정도 늘고 있다. 그래서 자기계발서들이 강조하는 '아빠는 이렇게 해야 하고, 엄마는 이렇게 해야 한다'는 식의 행동강령이 맞아떨어질 수가 없다. 접근과 회피의 원리를 이해하면 현재 내게 주어진 상황에 맞춰 얼마든지 적용할 수 있다. 접근과 회피의 역할이 각기 필요하며 두 가지 모두 정말 중요하다는 점을 유념하자.

싱글인 부모는 자기 역할이 주로 회피동기에 근거할 수밖에 없다. 그럴 때 접근동기를 좀 더 자극해줄 수 있는 외부의 친구나 친척과 가깝게 지내면 된다. 혹은 또 다른 가족의 영역을 만든다. 그것이 어려우면 아이들과 함께 집을 떠나 여행을 자주 가는 것도 좋다. 접근동기를 자연스럽게 형성할 수 있기 때문이다.

죽음에 관해서도 접근과 회피의 관점으로 곰곰이 생각해보는 것은 의미가 있다. 죽음에 관한 많은 연구를 보면 종합하기가 상당히 혼란스럽다. 이유는 가족 구성원 간에 복잡한 관련성이 존재하기 때문이다.

어떤 연구 결과에 따르면 아빠보다는 엄마가 죽었을 때 아이들이 더 힘들어한다. 하지만 어떤 연구자는 '아내를 잃은 남편보다 남편을 잃은 아내가 정신적으로 고통과 후유증을 심하게 겪는다'고 말한다. 그렇다면 '남편(아이에게는 아버지)을 잃은 엄마의 심적 고통이 더해져서 아버지를 잃을 때 더 큰 어려움을 겪는 아이들'도 상당수 존재하지 않을까? 물론 이에 관한 연구 결과도 존재한다.[37]

상대적으로 아빠가 아이들에게 접근동기에 기반을 둔 존재라 하더라도 아빠는 아내에게 남편이고, 남편은 아내에게 '없으면 안 되는 존재'인 회피동기적 존재의 성격이 더 강해진다. 그래서 나는 한 명이지만 나와 관계를 맺고 있는 다양한 사람들 간에 내가 어떤 동기에 더 적절한 사람이냐는 평가는 항상 달라진다. 그러므로 '나는 이렇게 하면 된다'는 단편적인 방법은 아무 소용이 없다.

성취보다는 방지에 민감한 사회

우리나라 사람의 접근동기와 회피동기는 평균적으로 어떤 양상을 띠고 있을까? 전 국민을 대상으로 물어볼 수는 없지만 흥미로운 추리가 가능한 대목이 있다. 바로 우리말에서부터 찾아보는 것이다. 많은 심리학자는 '언어는 단지 의사소통 수단이 아니다. 말을 잘 분석해보면 그 말을 하는 사람의 심리적 측면에 대해서도 꽤 중요한 단서를 얻을 수 있다'는 데 동의한다. 예를 들어 '나'라는 개념이 더 활발할수록 행복이나 기쁨을 추구하는 것이 더 좋은 가치라고 판단하는 반면, '우리'라는 개념은 자주 떠올릴수록 무언가 좋지 않은 일을 막아내는 것이 우선되어야 할 가치라고 생각하는 경향이 강하다.[38]

이제 독자들도 자연스럽게 동기와 연결할 수 있을 것이다. 전자는 접근동기에 가깝고 후자는 회피동기에 가깝다. '우리'는 '나'보다 회피동기를 자극하기 더 쉽다. 전반적으로 우리 문화에서 회피동기에 기반을 둔 사고나 행동을 더 쉽게 찾아볼 수 있는 이유 중 하나이다. 물론 접근동기와 회피동기는 각각 장단점을 지니고 있으므로 어느 한쪽만 좋다고는 할 수 없다. 하지만 회피동기가 지나치게 강조될 경우 초래할 위험은 그 반대의 경우보다 더 진지하게 고려해볼 필요는 있다.

회피동기가 사회적으로 지나친 지배력을 가지면 무언가를 바라고 성취하려는 성향보다는 무언가 좋지 않은 일의 방지에만 너무 많은 힘을 쏟을 수 있다. 각계각층의 사람들이 종종 이런 이야기를 한다.

"몇몇 사람들의 잘못을 방지하기 위해 수많은 선량한 사람들이 불편을 겪어야 하는 규제나 제약이 너무 많다."

잘못한 사람들에 대한 처벌과 그에 대한 방지는 분명히 강력하게 이루어져야 한다. 하지만 방지 차원의 제도들을 남발하여 훨씬 더 많은 사람의 접근동기에 피해를 주는 일은 없어야 한다. 정부나 단체 등 다양한 조직이 회피동기에 근거하여 쉽고 간편하게 일을 처리할 때마다 벌어지는 부작용이다. 무엇을 방지하면 그 반대 방향으로 촉진된다는 식의 단순한 발상에서 벗어나야 '우리'의 개념이 지닌 공동체 의식 제고와 같은 순기능을 극대화할 수 있다.

근본적인 변화는 '왜'로부터

동기는 모든 생각과 행동에서 가장 근원에 해당하는 요인이며, 동기를 이해해야만 우리가 '무엇'을 더 보고 '어떤 길'로 가는지를 알아낼 수 있다. 동기는 에너지일 뿐만 아니라 방향이기 때문이다.

동기를 이해함으로써 우리는 최종 결과에 다가가기 위해 어떤 생각과 행동을 취해야 하는지 인과관계를 완성할 수 있다. 뭔가를 제대로 고치거나 근본적 변화를 만들어내려면 '어떻게how'에 관한 사용법만 알아서는 불가능하다. '왜why'라는 질문과 그에 따른 '왜냐하면because'이 끊임없이 동반된 대답을 통해 생각의 작동 원리를 이해해야 가능하다.

좋은 롤모델보다 회피동기 차단이 먼저인 이유

롤모델이란 무엇인가. 사전적인 정의로 보면 다음과 같다. '자기가 마땅히 해야 할 직책이나 임무 따위의 본보기가 되는 대상이나 모범.' 말 그대로 긍정적 롤모델이다. 하지만 '나는 저러지 말아야겠다'는 강한 경각심을 일깨워주는 롤모델도 있다. 이른바 부정적 롤모델이다. 재미있는 것은 긍정적 롤모델과 부정적 롤모델이 각기 더 효과적인 경우가 따로 있다는 점이다. 그리고 이 두 경우는 필자도 자주 소개할 뿐만 아니라 직접 연구도 하고 있는 인간의 두 가지 동기 상태를 의미한다. 이른바 접근과 회피 동기다.

인간의 욕구는 접근과 회피 두 동기로 양분된다. 접근 동기는 이른바 좋은 것을 가지거나 바라는 상태로 가고 싶은 '향상promotion 욕구'를 의미한다. 반면 회피 동기는 싫어하거나 무서워하는 상태로부터 벗어나거나 그 상태를 막아내려고 하는 '예방prevention 욕구'를 뜻한다. 결론부터 말하자면 접근 동기가 주된 상황에서는 긍정적 롤모델이, 회피 동기가 강조되는 상황에서는 부정적 롤모델이 사람의 마음을 더 강하게 움직인다.

프랑스 류미에흐 리옹 2대학Université Lumière Lyon 2의 루시아 보손Lucia Bosone 교수의 연구를 통해 알아보자.[39] 연구진은 사람들에게 다이어트의 중요성을 강조한 글을 읽게 했다. 절반의 사람들은 신체적 에너지 증가 혹은 좋은 기분의 유지와 같이 긍정적 결과를 강조한 다이어트의 중요성에 초점을 맞춘 글을 읽었다. 반면 나머지 사람들은 스트레스 감소 혹은 질병 예방과 같이 부정적 결과를 막아내기 위한 다이어트의 중요성을 강조하는 글을 읽었다.

그 결과, 긍정적 결과에 기초한 접근 동기에 초점이 맞춰진 사람들은 좋은 다이어트 방법을 사용하고 있는 긍정적 롤모델을 봤을 때 다이어트의 의지가 더 강해졌다. 그런데 흥미롭게도 부정적 결과를 회피하기 위한 동기가 강한 상황에 있는 사람들은 좋지 못한 다이어트 방법을 사용해 실패를 경험한 부정적 롤모델을 볼 때 더 강한 다이어트 의지를 보였다. 이건 상당히 의외다. 무엇을 의미하는가. 자신의 동기 상태와 롤모델의 긍정이나 부정 형태가 호환성을 가질 때 건강식을 먹을 의향이 더 강하게 나타난 것이다. 다이어트 방법에서도 이 호환성은 중요하다. 긍정적 목표와 긍정적 롤모델이 매치된 사람들은 과일이나 야채를 가까이 하는 것(긍정적 행동)을 추구하는 경향이 강하게 나타났다. 하지만 부정적 결과를 회피하기 위한 마음으로 부정적 롤모델을 본 사람들은 소금이나 지방의 섭취(부정적 행동)를 하지 않으려는 경향이 강하게 나타났다.

만약 동기 상태와 롤모델이 접근-부정적 롤모델 혹은 회피-긍정적 롤모델과 같이 일종의 미스매치를 보이면 사람들은 어떤 방법이든 강한 의지를 가지고 사용하려는 경향이 약화되는 것으로 나타났다. 이는 이 시대의 리더들에게 무엇을 의미하는가.

'우리 조직에는 좋은 롤모델이 왜 없는가' 라고 푸념하기 전에 평소에 회피 동기를 지나치게 자극하지 않았는가를 한번 되돌아볼 필요가 있다. 회피 동기가 강한 분위기가 지속되면 사람들은 실패자들로부터 '저러지 말아야지' 라는 것만 주로 보게 만들 가능성이 크기 때문이다. 회피 동기를 지나치게 자극하고 만연하게 만든 사람 역시 스스로 만든 함정에 빠질 가능성이 크다. 구성들이 왜 자기가 잘한 것은 보지 않고 못한 것만 보느냐고 푸념하는 리더들이 대부분 그 경우다. 스스로 부정적 롤모델이 더 주목받을 만한 상황을 만들었기 때문이다.

30분이나 Vs. 30분밖에

시간은 참으로 오묘한 측면이 많다. 물이나 공기처럼 우리에게 언제나 있는 것처럼 생각하기에 그 소중함을 평상시에는 거의 느끼지 못한다. 하지만 시간은 그 이상의 독특한 측면을 정말 많이 지니고 있다. 사실 시간에 관한 우리 각자의 관점은 그 이후의 생각과 행동에 꽤나 큰 영향을 미친다. 그리고 그 양상은 이 시대의 리더들에게도 무시할 수 없는 생각거리들을 부여한다. 실제로 객관적으로는 같은 길이의 시간이라 하더라도 그 시간을 심리적으로 어떤 길이로 느끼느냐에 따라서 의미심장한 차이가 만들어지는 경우가 허다하기 때문이다. 재미있는 실험을 하나 예로 들어보자.

사람들에게 어떤 입사 지원자의 인사 서류를 검토하게 한다. 그 서류는 꽤 두툼하고 지원자에 관한 상당한 양의 정보를 포함하고 있다. 그 서류를 검토하는 사람들을 두 그룹으로 나눈다. 사실 그 두 그룹에게는 같은 시간과 정보가 주어진다. 그럼에도 자신에게 주어진 시간을 어떤 길이로 느끼게 만드느냐에 따라 사람들이 입사 지원자를 평가하는 기준과 근거에 있어서는 근본적으로 다른 차이를 만들어 내는 것이 가능하다. 예를 들자면 이렇게 하는 것이다. A 그룹의 평가자들에게는 이렇게 이야기한다. "30분밖에 시간이 없으니 이 지원자의 서류를 면밀하게 검토해 주십시오." B 그룹의 평가자들에게는 이렇게 말한다. "30분의 충분한 시간이 있으니 이 지원자의 서류를 면밀하게 검토해 주십시오." 그렇다면 A와 B 두 그룹 모두에게는 결국 30분이라는 시간이 주어지게 되는 셈이다. 하지만 그 두 그룹 사이에는 지원자에 관한 평가는 물론 일정 시간이 지난 뒤에 그 지원자에 대해 기억하고 있는 정보에 있어서 중요한 차이들이 발견된다.

30분밖에 시간이 없다고 들은 평가자들은 자신에게 주어진 시간이 많지 않다고 생각하기 십상일 것이다. 그 결과 평가자들은 구체적인 정보 위주로 사람을 평가하며 지원자에 대한 기억도 마찬가지의 양상을 보인다. 예를 들어 지원자의 인사 서류에 있는 학점, 영어 시험 점수, 출신 학교나 자격증 등이 좋은 예다. 하지만 30분의 충분한 시간이 있다고 들은 평가자들의 평가 근거와 지원자에 관한 기억은 전혀 달랐다. 이 사람들에게서는 숫자나 구체적인 정보를 근거로 삼거나 더 잘 기억하는 경향이 확연히 감소했다. 대신 보다 질적인 측면에 더 초점을 맞추는 경향이 두드러지게 나타났다. 예를 들어 '이 지원자는 활발하고 진취적인 것 같다' 라든가 '내성적인 것 같지만 자기 주관은 뚜렷한 것으로 보인다.' 등과 같은 식이다. 더욱 놀라운 것은 이러한 차이가 인사 평가의 전문가들에게 있어서도 여전히 관찰된다는 점이다. 무엇 때문에 이런 차이가 만들어지는가?

같은 시간이라 하더라도 그 시간을 부족하다고 느낀 사람들은 구체적인 정보에 매달리려고 한다. 불안하기 때문이다. 불안한 사람은 옳던 그르든 간에 구체적인 무언가에 매력을 느낀다는 것이 대부분 심리학 연구의 결과니 크게 놀랄 일이 아니다. 그런데 시간이 충분하다고 느낀 사람은 불안이 크지 않으니 다소 모호하지만 추상적이거나 질적으로 다른 정보를 더 중요시한다. 이는 무엇을 의미하는가? 우리에게 주어진 시간은 크게 다르지 않다. 하지만 자신의 폴로어들로 하여금 그 시간을 어떻게 보느냐에 따라 리더는 특정한 일을 더 잘하게 만들 수도 혹은 못하게 만들 수도 있다. 폭넓은 사고와 거시적 관점이 요구되는 상황이라면 같은 시간이라도 길게 보게 만들어야 한다. 하지만 구체적인 생각과 행동이 필요하다면 주어진 시간이 길지 않음을 지속적으로 상기시켜야 한다. 인간은 같은 시간이라 하더라도 어떤 길이로 느끼느냐 따라 잘 하고 못하는 일이 따로 있기 때문이다. 이 시대의 리더들에게 의미심장한 이야기가 아닐 수 없다.

THINKING POINT
일기 쓰기

마음의 작동 원리에 대해 '이렇게 하면 좋다' 혹은 더 용감하게 '이렇게 하라'는 식의 행동지침을 알려주는 것은 심리학자로서 꺼리는 일이다. 그러나 한 가지 권하고 싶은 실천 방법이 있다.

몇 백 년 혹은 더 이전에 생각의 원리를 깨달은 사람들이 존재했고 우리는 그들을 현인이나 위인이라 부른다. 그들에겐 일상생활 속에서의 공통점이 있었다. 바로 일기 쓰기다.

날마다 자신이 겪은 일이나 생각, 느낌을 사실대로 적은 기록이 일기이지만 일기가 가진 힘은 여기서 그치지 않는다.

일기를 꾸준히 쓰면 자기 생각을 보다 잘 정리할 수 있으며 자연스럽게 글쓰기 능력이 향상된다. 또한 자기반성의 시간을 가질 수 있고 이는 다시금 자신의 내면을 성숙시킬 기회로 연결된다. 항상 들어온 말이라 식상할 수 있다. 그렇다면 접근과 회피의 두 동기를 이해하고 중요성을 받아들이는 순간 그 의미가 훨씬 분명해진다.

일기는 사적 공간이다. 과거의 일들을 허심탄회하게 적어 내려갈 수 있는 거의 유일한 공간이다. 외부 시선을 걱정하지 않아도 된다. 사적인 공간에서 있는 그대로의 나를 시시콜콜하게 기록할 수 있다. 자잘하게 쪼개진 사실들이 내 의식에 업로드 된다. 그 사실들의 숫자만큼 다양한 미래의 일들에 대한 목표와 계획이 만들어지고, 그 계획들을 실행하기 위한 여러 가지 생각들이 꼬리를 물고 나온다. 많은 사람이 이미 이런 경험을 한두 번 이상 했을 것이다. 혼자 있는 방에서 별다른 생각 없이 무언가를 끄적거리다가 자신도 모르게 천일야화 처럼 계속해서 써내려가고 있는 자신을. 문득 정신을 차려보면 '벌써 이렇게 시간이 흘렀나' 하고 짐짓 놀라게 되는 일도 있다. 이미 계획의 오류라는 현상을 통해서 무언가를 써내려간다는 것이 우리에게 얼마나 큰 이점이 있는지 살펴보기도 했다.

일기에 지난 일과 그 일을 완성하기 위한 계획을 소상히 적다보면 불현듯 '이 일은 무엇을 위한 것일까?'란 의문이 드는 순간이 온다. 일상 속에서는 갖기 힘든 의문이다. 평상시에는 왜 이런 생각이 잘 나지 않을까?

출근길에는 다음 행동이 직장에서의 일이고, 점심때가 다가오면 다음 일은 점심 메뉴를 고르는 것이고, 점심이 끝나면 다음 행동은 오후 업무이다. 퇴근이 가까워오면 집에 갈 준비를 한다. 집에 와서도 마찬가지다. 씻고 난 뒤에는 저녁을 먹어야 하며 이후에는 텔레비전 시청, 다시 양치질 같은 행동이 기다린다. 지금 하고 있는 생각은 다음 행동을 위한 준비이며 그 행동이 끝나기가 무섭게 또 다른 행동을 위한 생각을 해야 한다. 일상에서는 끊임없이 '어떻게 how' 위주로 생각한다. 그렇지 않으면 무언가 중요한 것을 놓치거나 실수를 범하기 쉽다. 그래서 깊이 있는 생각을 하기가 어렵다.

그런데 일기는 모든 하루 일과를 마치고 잠을 자기 직전에 주로 쓴다. 다음에 무엇을 할지 생각할 필요가 없다. 하루라는 시간의 틀에서 유일하게 깊이 생각할 수 있는 기회이다. 인생의 '방향'이 무엇인지를 항상 찾기 원하지만, 그 방향에 대해 숙고할 시간을 갖기란 힘들다. 그래서 일기를 써야 한다.

사람들은 회피동기가 자극되면 '어떻게how'에 관심을 두고, 접근동기가 힘을 내면 '왜why'에 대한 생각을 한다. 그런데 흥미로운 점은 '어떻게'를 주로 고민하다보면 회피동기가 자연스럽게 고개를 내민다. 또한 '왜'를 열심히 생각하다보면 접근동기가 모습을 보인다. 즉, 동기가 사고의 유형을 결정하기도 하지만 특정한 유형의 사고를 하다보면 동기를 갖도록 자극받는 것도 가능하다. 둘 사이는 일방향이 아닌 쌍방향의 관계이기 때문이다.

그렇다면 시시콜콜한 기록과 그에 따른 내일(혹은 미래)의 할 일들을 떠올리다 보면 그에 걸맞게 회피동기가 나오면서 '내일은 OO와 XX를 해야겠네' 하며 다시 한 번 확인한다. 그러다 어느 순간 여유가 생기면 '이 일은 무엇을 위한 것일까?'라는 생각이 들고, 자연스럽게 접근동기가 나오면서 미소를 짓기 시작한다. 그러면서 모든 일에 '의미'를 부여한다. 심리치료 전문가들이 일기를 쓰는 것이 곧 인생의 방향을 찾는 데 있다고 말하는 이유도 여기에 있다.

일기는 살아가면서 나의 접근동기와 회피동기가 허심탄회하게 마주앉아 서로 바라보며 이야기를 나눌 수 있는 거의 유일한 '만남의 광장'이다. 접근동기가 '왜'에 대한 생각과 맞물려 제시하는 미래의 비전은 나로 하여금 무언가를 헤쳐나갈 힘을 갖게 한다. 동시에 회피동기가 '어떻게'라는 세부 실행 계획을 세움으로써 비전을 완성해나간다. 그 과정에서 발생 가능한 실수와 장애물도 하나하나 막아낸다. 그 결과는 대단할 수밖에 없다.

연구자들은 이것이 인간의 동기와 인지를 아우르는 일기의 근본적인 목적이라고 말한다. 무슨 일이든지 이유를 제대로 알고 나면 실행하기가 훨씬 쉬워진다. 일기의 형식에는 아무런 규칙이 없다. 일기 쓰기의 위대한 효과를 누려보기 바란다. 개인에게는 일기라면 조직에게는 일지가 되고 국가에게는 기록물이 된다. 이런 측면에 힘을 쓸 줄 아는 개인과 집단이 현명하지 못한 경우를 거의 본 적이 없다.

PART 3

생각이 인생을 좌우한다

창의성은 동기, 정서, 인지의 결합

누구나
창의적인 사람이 되고 싶다

지금까지 인간의 생각이 지닌 특성과 그에 따른 여러 제한성과 편향들을 살펴보았고, 동기를 이해함으로써 그 해결 방안을 모색했다. 앞선 이야기들의 목적은 인간의 생각이 지닌 작동 원리를 고민하고 이해하는 것이다. 이제 기초체력은 어느 정도 다졌으니 많은 이들이 궁금해 하는 현실적 문제에 도전해보자. 바로 '창의'의 영역이다.

창의는 인간의 동기, 정서, 인지가 서로 유기적으로 연결된 생각의 인과관계를 통해서만 이해가 가능하다. 지금까지 아우른 인간 생각의 작동 원리를 곰곰이 되새겨볼 수 있는 주제이기도 하다. 창의에 관한 전문적이고 세부적인 내용을 다룬 좋은 책들이 이미 시중에 많지만, 지금까지 알아본 인간 생각의 작동 원리를 사전 지식으로 제공하면서 설명하는 경우는 드물다. 이 장에서는 창의에 대한 전문 서적들을 이해하는 데도 많은 도움을 줄 것이다.

창의는 인지심리학자로서 내가 의뢰받는 강연 주제 중 상당히 많은 비중을 차지한다. 그런데 창의가 새롭고 즐거운 무언가를 지향하는 의미인 데 반해 정작 강연장 분위기는 다른 주제를 강연할 때보다 어둡고 지쳐 있다.

강연에 참석한 사람 중 상당수는 기업, 정부기관 혹은 학교에서 창의와 관련된 교육이나 프로그램을 담당한다. 개인적으로 의욕과 비전을 가진 이도 물론 있지만, 대개는 자기에게 주어진 임무로 그 자리에 앉아 있다. 후자에 해당하는 사람들에게는 주어진 임무가 어렵지 않고 가시적인 성과를 내기 용이하면 좋을 것이다. 하지만 내용이 어렵고 시간이 오래 걸리며 구체적인 성과도 쉽게 나타나지 않는다면 정말 끔찍하고 질리는 일일 수밖에 없다. 불행하게도 창의와 관련된 일은 지극히 모호하고 시간을 잡아먹는 일이다. 그리고 단기간에 성과를 내는 것은 더더욱 어렵다. 그런데 이런 현상은 그 사람들의 잘못이 아니다. 사실 심리학자들의 잘못이 더 크다.

일선 학교에서 창의성 교육을 맡고 있는 선생님이나 기업 혹은 정부조직에서 비슷한 일을 하는 이들이 가진 참고자료를 살펴보면 대부분 다음과 같은 내용이 골자를 이룬다. 창의성을 구성하는 핵심 요소에 관한 내용이다.

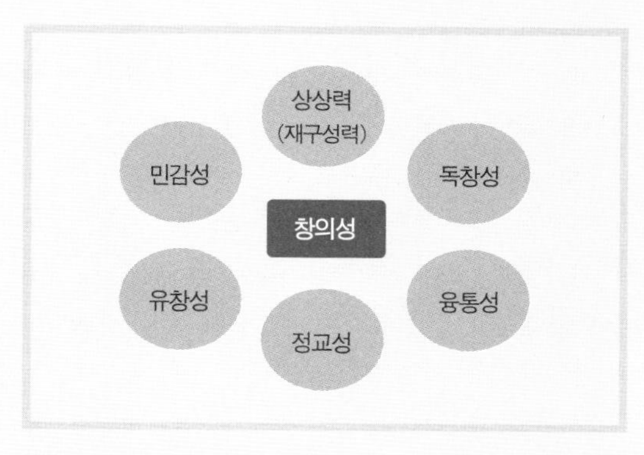

일반적으로 제시되는 창의(성)의 구성 요소.

이런 요소를 중심으로 교육 프로그램이 구성되어 있다. 그런데 현장에 있는 담당자들은 내용이 너무 어렵다고 하소연한다. 창의성을 진정 이런 프로그램을 통해서 기를 수 있는지 자신이 없다고도 한다. 또 어떤 이들은 프로그램이나 놀이를 제대로 운영했는데도 큰 변화가 없다고 고충을 토로한다. 물론 모든 담당자들이 그렇지는 않다. 아주 큰 효과를 보고 있고, 만족스럽다는 반응을 보이는 이들도 있다.

그럼 교사의 수준에 따라 이런 극단적인 차이가 나는 것일까? 그렇지 않다. 왜냐하면 교사의 수준, 교육 환경, 다른 변인까지 동일한 상태에서도 이런 프로그램에 효과를 보이는 아이들이 있는 반면, 별다른 효과를 보지 못하는 아이들도 있기 때문이다. 그렇다면 아이들의 수준에 책임을 돌려야 하나? 그것도 아니다. 아이들 입장에서는 매우 억울할 수밖에 없다. 그럼 더 중요한 이유는 무엇인가? 이에 대한 답을 구하기 위해서는 먼저 창의를 구성하는 위의 요소들에 대해 깊이 생각할 필요가 있다.

민감성, 독창성, 유창성 등과 같은 요소들은 분명 중요한 창의(성)의 구성 요소이다. 하지만 이러한 요소들은 원인이라기보다는 결과에 더 가깝다. 대부분의 변인 중 결과에 가까운 것을 직접 다룬다고 어떤 변화를 일으키기는 어렵다. 원인을 건드려야 한다는 뜻이다. 예를 들어 소화기관이나 내분비계와 같은 몸 안의 어떤 이상 때문에 피부 염증이 생긴 경우, 피부 표면에 아무리 약을 발라도 증상은 호전되지 않는다. 눈에 보이는 것은 피부 염증이지만 치료해야 할 곳은 더 깊은 곳에 있는 내장기관이다.

즉, 결과는 쉽게 관찰되지만 직접 치료할 대상은 아니라는 뜻이다. 창의에서도 마찬가지다. 결과에 해당하는 변인들이 중요하지만 직접 교육할 수 있는 변인은 아니다. 아이들에게 "너는 지금부터 유창해져야 한다.", "독창적인 아이디어를 만들어내렴."이라고 주문한다고 해서 유창해지거나 독창적이 되지 않는다. 이런 방법에는 분명히 한계가 있다.

물론 어떤 아이들에게는 이런 방법들도 분명 효과가 있기 때문에 모두 쓸모가 없는 것은 아니다. 우리가 알고 싶고 또 알아야 하는 것은 왜 이런 아이들은 원인이 아닌 결과를 건드리는 방법에도 효과를 보이고 잘할 수 있는지이다.

효과를 보이는 아이들은 이미 원인 변인에서 준비가 잘된 경우다. 효과를 보이지 않는 아이들은 원인 변인부터 중요한 것들을 차근차근 해결해나가야 한다. 동기의 마지막 결론에 언급한 '일기 쓰기'처럼 그 방법은 인류 보편적이고 간단하면서 잘 알려져 있다. 그 방법들이 왜 중요한지를 모르기 때문에 헤매고 있을 뿐이다.

이는 성인도 마찬가지다. 직장이나 가정에서 창의적인 해결책을 생각하지 못해서 어려움을 겪는 사람이라면 누구나 이 이야기에 귀를 기울여야 한다.

지금부터 하는 이야기는 전혀 새로운 것이 아니다. 앞선 내용을 잘 이해하였다면 어렵지 않게 풀어갈 수 있다. 심리학은 원래 단순해 보이는 기본 원리지만 하나하나씩 깊고 충분한 이해를 이루고, 그것 간의 관계에 대한 통찰을 얻게 되면 매우 큰 현상이나 결과에 대해서도 이해할 수 있는 힘을 준다.

심리학자들의 직무유기

창의에 관한 심리학자들의 직무유기가 생각보다 큰 혼란을 불러일으키고 있다. 이는 물리학과 전자공학 간에, 심리학과 교육학 혹은 심리학과 경영학 간에 존재하는 밀접한 관련성을 통해 설명할 수 있다.

먼저 물리학과 전자공학의 관계를 보자. 물리학자들은 연구실에서 다양한 연구를 한다. 물질, 입자, 전기의 흐름 등 기본 원리들에 대한 기초 연구를 차근차근 진행하여 다양한 물리 영역에 관한 풍부한 지식이 제공된 이른바 '뷔페식당'을 차려준다. 그러면 전자공학자들은 커다란 빈 접시를 들고 식당을 다니면서 '음, 물리학 하는 친구들이 이런 재미있는 요리를 만들었군. 이건 꽤 쓸모가 있겠는데? 오호, 저건 지난번에 생각했던 일에 정말 필요하겠어!'라는 생각을 하며 자신의 접시에 하나씩 담기 시작한다. 이렇게 각각의 접시는 담는 방식에 따라 나중에 라디오가 되고, 텔레비전이 되기도 한다.

원리에 대한 호기심이 가득한 물리학자들이 쌓은 지식을, 목적의식이 강한 전자공학자들이 응용하고 구성해 인류에게 필요한 구체적인 무언가를 완성해나간다. 그래서 물리학자가 기본적인 것을 해놓지 않으면, 전자공학자는 어려움을 겪게 된다. 물리학자가 무언가를 해놓아도 전자공학자에게 필요한 내용이 아니면 빛을 보지 못한다.

역사적으로 보면, 심리학과 교육학 혹은 경영학과의 관계도 비슷하다. 심리학자들은 '나중에 이것을 어디에 쓸까?'라는 고민보다는 인간 마음의 작동 원리에 대한 호기심과 '일단 밝혀보자!'라는 열정으로 무언가를 열심히 알아낸다. 그 지식을 교육학자와 경영학자 등 다양한 분야의 연구자들이 '세상'에 적용한다.

어떤 경우에는 "이봐, 심리학자들. 이건 좀 이상한데? 실제 세상과 잘 맞지 않아!"라고 일침을 가한다. 그런 피드백은 심리학자들에게 전달되고 이론의 수정이나 추가적인 연구로 이어진다. 그러므로 물리학자와 마찬가지로 심리학자가 무언가 해놓지 않았는데 교육학이나 경영학에서 그것의 필요를 먼저 느끼면 문제가 발생한다.

인간의 창의에 관한 내용이 바로 여기에 해당한다. 심리학자들의 창의에 관한 연구가 느린 속도로 진행되었기 때문에 세상과 직접 닿아 있는 다른 분야의 연구자들에겐 그 필요성이 너무나 커진 것이다. 즉, 원리를 담당하는 심리학자들이 아직 그 공간을 메워 주지 못하고 있는 상태이다.

다행히 늦게나마 창의라는 문제를 본격적으로 연구하기 시작한 심리학자들이 어느 정도의 연구 성과를 쌓아놓았다. 이제 그 이야기를 종합하려 한다. 그리고 그 결론은 굉장히 가까운 곳에 있다. 우리가 몰라서 못했던 것은 하나도 없다. 오히려 너무나 일상적이어서 좋은 것인 줄은 알지만, 그것이 '왜' 그리고 '얼마나' 중요한지를 간과하고 지내왔을 뿐이다. 이제 하나씩 알아보자. 새롭지 않은 방법들에 대한 새로운 시각을 얻기 위해.

01

은유와 추상에서 나오는 창의 코드

창의성은 무엇인가?

인지심리학자로서 다양한 계층으로부터 거의 매주 한 번 이상 받는 질문이 있다. 바로 창의성에 관한 것이다.[40]

"우리 회사가 어떻게 하면 창의적인 사람을 더 많이 뽑을 수 있을까요?"

"창의적인 아이디어를 만들어내고 싶어요."

"우리(혹은 내가 지도하고 있는) 아이들을 어떻게 하면 창의적인 사람으로 만들 수 있을까요?"

창의성에 관한 질문은 경영, 교육, 직장생활 등 그 분야가 다양하기 이를 데 없다. 게다가 그 질문의 의도 역시 각양각색이다. 좋은 사람을 뽑아야겠는데 그 말을 멋있게 하려고 '창의적 인재'라고 부르기도 한다. 공부 잘하는 것을 창의적이라고 막연히 생각하는 이도 있고, 그 둘은 정반대의 방향이라고 주장하는 이도 있다. 한 마디로 질문, 의도, 생각 모두가 제각각이다. 분명한 것은 단 하나뿐이다. 정말 많은 사람들이 창의성에 관해 궁금해한다는 점이다. 그리고 심리학자 중에서도 특히 인지심리학자에게 많은 질문을 던지고 있다.

하지만 대부분의 인지심리학 연구자는 이러한 질문에 대답하는 것을 상당히 어려워한다. 심리학이라는 학문 분야가 전통적으로 대상 개념을 구성 요소로 나눠 그와 관련된 마음의 과정들을 최대한 구체적으로 기술하고, 이에 기초하여 정의하려는 경향이 있기 때문이다.

예를 들어 국어사전에서 정서情緖의 의미를 찾아보면 '사람의 마음에 일어나는 여러 가지 감정' 또는 '감정을 불러일으키는 기분이나 분위기' 정도로 설명되어 있다. 하지만 심리학자에게 정서란 이보다도 훨씬 더 구체적인 구성 요소로 이루어져 있어야 한다. '생리적 각성, 표현 행동, 의식적 경험을 수반하는 유기체의 반응으로 경험(기분, 느낌), 표현 행동(표정, 신체표현), 대상에 대한 행동 경향성을 포함하는 일련의 과정과 결과' 정도는 되어야 '아, 정서에 대한 개념을 잘 설명하고 있구나'라고 느낀다.

이것은 심리학이 가진 엄청난 강점이면서 동시에 심리학의 연구에 포함되어야 할 대상을 축소하는 단점을 초래했다. 왜냐하면 구체적인 정의가 가능한 대상과 개념들만 주로 연구하는 경향을 보이기 때문이다. 그런 이유로 간과된 대표적인 사례 가운데 하나가 바로 창의성이다. 창의성은 심리학적 정의 자체가 매우 어렵다.

창의성에 대한 일반적인 정의부터 살펴보자.

'창의성은 한 개인으로 하여금 특정 맥락에서 새롭고 동시에 적절한 사고 혹은 행동을 하게끔 하는 기본적 인지 처리, 핵심적 분야 지식, 그리고 환경적, 개인적, 동기적 요소들이 결합한 결과이다.'[41]

정의부터 매우 어렵다. 나는 종종 강연 중, 농담 반 진담 반으로 '이러한 정의는 일종의 십전대보탕'이라며 청중의 웃음을 유도한다. 우리는 흔히 좋은 것을 모조리 다 집어넣은 약을 비꼬아서 십전대보탕이라고 부른다. 창의성의 정의도 마찬가지다. 좋은 말은 모조리 집어넣었다. 이런 정의는 하나마나이다. 어렵고 복잡한 정의는 그 복잡성 때문에 사람마다 각기 다른 해석을 가능하게 하며 이는 당연히 상당한 혼란을 불러온다.

창의성과 관련된 일을 하는 많은 사람들이 겪는 어려움이 여기에서 비롯된다. 창의성은 한 마디로 무형의 개념과 그에 따른 다양한 해석과 방법이 혼재된 막막함이다. 오죽하면 위와 같이 정의를 만든 당사자이자 저명한 인지심리학자인 토머스 워드Thomas B. Ward마저 학술대회나 세미나에서 종종 이렇게 농담을 할 정도이다.

"현재로서는 이렇게 정의 내릴 수밖에 없는 현실입니다."

그렇다면 창의성을 조금 다른 각도에서 생각해보자. 손쉬운 방법은 역으로 어떤 경우에 창의적이지 못하다고 하는지를 따져보는 것이다. '창의적'이라는 말과 대립되는 말에는 어떤 것이 있을까? '식상함', '천편일률', '고정관념', '틀에 박힌', '일상적인', '안주하는' 등 여러 가지 말을 쉽게 떠올릴 수 있다. 이러한 말들은 크게 두 가지로 나누어볼 수 있다. 첫째는 '색다르고 비상식적인 것을 생각해내지 못함'이다. 둘째는 그 첫째 때문에 필연적으로 '기존의 상식적이거나 평범한 것에서 벗어나지 못함'이다.

인지심리학자들은 이 두 가지 측면에 대해 인간이 어떠한 심리적 처리 과정을 보이는가를 집중적으로 연구해왔다. 왜 사람들은 이 두 측면에서 벗어나지 못하고, 어떻게 하면 이를 극복할 수 있는지를.

창의적 사고의 원동력, 유추

창의적이라 함은 기본적으로 무언가 '색다르고 비상식적인 것'을 포함하고 있어야 한다. 이는 무슨 뜻일까? 현재 주어진 어떤 문제를 해결하기 위한 아이디어는 이 문제가 속해 있는 영역이 아닌 다른 영역으로부터 왔음을 의미한다. 너무 어려운 이야기일까?

화학 분야에서 창의적인 사람으로 손꼽히는 아우구스트 케쿨레 August Kekule가 있다. 유명한 일화로, 그는 꿈을 통해 벤젠의 분자모형이 고리 모양임을 착안하였다. 그는 오랫동안 벤젠이라는 물질의 본질을 밝혀내기 위해 연구에 몰두하던 중이었다. 연구에 연구를 거듭하며 피곤함에 지친 그는 여느 날처럼 깊은 잠에 빠

아우구스트 케쿨레.

져 있었다. 그러던 중 뱀이 자기 꼬리를 무는 꿈을 꾸었다. 뱀의 사슬에서 힌트를 얻어 벤젠의 구조가 기존의 직선 형태에서 탈피해 고리 모양임을 생각해냈다. 이는 지금까지도 화학 역사상 창의적인 발견 중 하나로 평가되고 있다. 왜냐하면 직선 형태가 아닌 고리 모양의 분자 구조식은 순환하는 형태이고, 자연스럽게 처음이 곧 끝이고 끝이 곧 처음이 된다. 이는 벤젠이라는 물질의 핵심이었던 것이다. 바로 그날이 케쿨레에 의해서 인류가 벤젠의 비밀을 풀어낸 날이다.

당시 같은 고민을 하던 화학자들이 아마 케쿨레와 같은 꿈을 꾸었다고 해도 문제 해결로 연결될 수는 없었을 것이다. 그럼 왜 케쿨레만 이를 벤젠의 모형에 적용할 수 있었던 것일까? 우리는 일반적으로 누군가의 위대하고 창의적인 업적에만 열광하고 이야기하기 쉽다. 창의적 발견을 진정으로 이해하려면 창의(성)를 발휘하는 순간에 그 사람에게 어떤 일이 일어났는지를 보다 자세하고 꼼꼼히 살펴보아야 한다.

나는 학부모에게 이런 조언을 자주 한다. "위인전을 사주실 때는 부모님께서 미리 잘 읽어보세요." 꽤 많은 위인전은 그들이 달성한 위대한 업적을 자랑하는 데만 열중한다. 중요한 건 결과를 만들어내기 위해 어떤 과정을 거쳤는가에 있다. 그럼에도 기껏해야 '불굴의 의지'와 '끊임없는 열정'에 대한 이야기가 고작인 위인전이 너무도 많다. 이런 책을 읽으면서 아이들은 오히려 자괴감을 느끼지 않을까?

"아, 나는 아무리 해도 이런 사람처럼 되기는 어렵겠구나!"

내 경험이기도 하다. 에디슨이 첫 페이지에서 알을 품고, 두 번째

페이지에서 객차에 불을 낸 뒤 갑자기 '온갖 역경을 이겨내고' 전구와 같은 신기한 발명품을 만들어내는 노인 에디슨으로 등장한다.

우리는 그들의 삶에서 일상적이고 소소한 차이가 조금씩 쌓여 어떻게 그런 큰 결과를 만들어냈는지 알고 싶다. 아이러니하게도 창의적인 사람에 관한 이야기를 읽으면서 우리는 더욱 창의성과 거리감을 느끼게 된다. 이를 두고 창의성 연구의 대가 중 한 사람인 마거릿 보든Margaret A. Boden은 우리가 창의적이라고 칭송하는 과거의 많은 업적을 이른바 '역사적 창의성Historical-Creativity'이라고 부른다. 어떻게 창의적이게 되었는지 완전히 이해할 수 없다는 점을 강조한 말이다. 그래서 그녀는 누군가 창조적이고 새로운 것을 생각해내는 바로 그 순간을 놓치지 말고 들여다봄으로써 메커니즘을 이해해야 한다고 주장한다. 그리고 이것을 '개인적 혹은 심리적 창의성Personal or Psychological-Creativity'이라고 이름 붙였다. 즉 우리는 'H-창의성'이 아닌 'P-창의성'을 보아야 한다는 것이다.[42]

이제 다시 케쿨레의 벤젠 이야기로 돌아가보자. 그의 일화에서 볼 수 있듯이 대부분의 위대하고 창의적인 발견들은 서로 관련 없어 보이는 둘 혹은 그 이상의 것들을 관련짓는 심적 과정을 포함한다. 심리학에서는 이를 유추analogy라고 한다. '현재 주어진 문제를 해결하기 위해 기존의 지식 중에 가장 관련 있어 보이는 것을 찾아 그 문제에 적용함으로써 문제를 해결하는' 모든 종류의 정신 과정을 유추라고 한다. 이러한 유추는 고등 정신 과정에 속하며, 유추를 잘하는 사람을 인재로 꼽는다.

그런데 유추는 어떤 건 상당히 쉽고, 어떤 건 지극히 어렵다. 어떤 유추가 쉬울까? 예를 들어보자. 서울에 있는 어떤 주부가 한 마트에서 늘 장을 봤다고 가정해보자. 그런데 그 주부가 사정이 생겨 제주도로 이사를 하였고, 이삿짐 정리가 끝난 후 마트에 장을 보러 갔다. 이 주부는 과연 장을 볼 수 있을까? 구체적으로 묻자면, 그곳에서 무엇을 해야 할지, 그리고 어떻게 해야 할지를 판단할 수 있을까? "당연한 것 아닌가? 그걸 무슨 질문이라고?"라고 반문할 것이다. 지극히 쉬운 일이기 때문이다. 하지만 우리의 생각은 꽤 복잡한 일련의 과정이 적절하게 일어나야만 가능하다. 너무나도 쉽게 일어난 일 같지만 엄청난 인지 기능이 작동한 결과이다.

주부는 물리적, 공간적, 시간적 차원에서 제주도의 그 마트에 처음 가 본 것이다. 그런데 자신이 무엇을 해야 하고 어떻게 해야 하는지를 쉽게 결정하고 또 행동할 수 있었다면 현재의 내게 주어진 상황에 가장 적절하다고 판단되는 지식을 꺼낼 수 있었고, 그 지식을 현재 상황에 적용할 수 있었기 때문이다. 그래서 무엇을 생각하고 어떻게 행동하는지에 관한 복잡한 사항들이 쉽게 해결될 수 있었다.

그렇다면 하나만 더 깊게 들어가보자. 그 상황에서 내가 가지고 있던 기존 지식 중 어떤 것이 가장 적절한지를 어떻게 판단할 수 있었을까? 이와 관련해서 레이저로 종양을 제거하는 문제를 다시 떠올려보자. 종양 문제를 해결하는 데 아주 유용한 힌트가 된 요새 공격 이야기를 바로 직전에 듣고도 사람들은 왜 문제 해결에 응용하지 못했을까? 서로 다른 영역의 이야기이기 때문이다. 다른 영역이므로, 표면적으로 유사하지 않으면 관련이 있다는 발상을 하기가 어렵다. "요새 이야기가 관련이 있으니 한 번 사용해보는 건 어때?"라는 조언이 있은 후에야 많은 사람이 그 문제를 해결했다. 다른 영역의 이야기를 적용해 문제를 해결한 것이다. 이런 점은 우리가 지식이 없어서 문제를 해결 못하는 경우보다는 머릿속에 존재하는 기존 지식을 꺼내지 못해 해결을 못하는 경우가 더 많음을 의미한다.

주부가 생전 처음 가본 제주도 마트에서 기존 지식을 잘 꺼내어 무엇을 어떻게 할지를 쉽게 판단할 수 있었던 것은 기존에 자주 들렀던 서울의 마트와 제주도의 마트 사이에 존재하는 지각적이고 표면적인 유사성 때문이다. 한 마디로 무엇이 적절한 지식이고 정보인지를 판단하기가 쉽고, 기억 속에서 꺼내기도 쉽다는 것이다.

현재 주어진 문제와 문제 해결에 최적인 기존 지식 사이에 표면적인 유사성이 떨어지면 기존 지식을 꺼내기가 쉽지 않다. 거리가 멀수록 그러하다. 어려운 유추일수록 그 거리는 더 멀리 있다. 그래서 소수의 사람만이 현재의 문제 해결에 다른 영역의 지식을 이용하려고 시도한다. 케쿨레와 같은 사람이 적을 수밖에 없다. 기업, 정부, 국가 등 그 주체가 누구이든지 업적이 위대할수록 이런 경향은 강하다.

어린 시절의 은유 연습, 성인기에 발휘되는 유추

'각기 다른 것을 연결해보는' 유추의 결과는 매우 엄청나고 위대하다. 실제 우리의 일상생활에서도 '떨어진 것 이어붙이기'는 생각보다 빈번하게 일어나고 있다. 바로 은유metaphor이다. 먼저 은유에 대한 개념부터 이해해보자.

은유란 비유법의 하나로, 행동, 개념, 물체 등을 그와 유사한 성질을 지닌 다른 말로 대체하는 것이다. 대상을 우회적으로 암시하기 때문에 상대에게 대상을 낯설게 하여 강렬한 인상을 전달한다. 물론 상투적인 표현을 반복하면 이 같은 특징이 줄어든다. 떨어져 있는 다른 무언가로 표현하기 때문에 정서적으로 강한 힘을 지닌다. 그러나 반복적인 은유는 하나의 용어처럼 정착되어 의미 전달은 쉬워지나 정서적 충격은 약화된다.

예를 들어 '눈은 마음의 창이다'를 처음 들어본 사람은 그 뜻을 이해하기 위해 자신의 지식체계 내에 각기 다른 영역으로 저장된 '눈', '마음', '창'이라는 개념을 하나로 연결하는 시도를 한다. 뇌과학 용어로 표현하면 세포 간의 시냅스가 형성된다. 그 표현을 듣기 전까지는 한 번도 연결을 시도해보지 않았던 단어들이다. 은유적 표현을 듣고 이해하려는 순간 세 개념 사이에는 새로운 길이 열리게 된다. 아직 낯선 표현이라 반듯한 아스팔트는 아니어도 최소한 따라 걸을 수 있는 오솔길 정도는 놓이게 되는 셈이다. 이렇게 뇌 속에 새로 만들어지는 길이 많을수록 우리는 멀리 떨어져 있는 것을 서로 연결할 수 있는 기초가 잘 다져진다. 도로가 잘 발달한 국가처럼 우리 뇌도 그렇게 만들 수 있다. 그러므로 은유란 인간이 가진 아주 중요한 생각의 산물이자 전달 방식이다.

주어진 문제가 있고, 그 문제와 본질적으로는 연결되지만 표면적으로는 달라 필요할 때 '꺼내 쓰기' 어려운 게 기존 지식이다. 은유는 둘 사이를 연결해보려는 '어려운 유추'와 똑 닮은 양상이다. 즉, 은유를 경험하고 사용하며 만들어낸다는 것은 어려운 유추를 잘하기 위한 기초체력을 기르는 것과 같다.

창의적 발명이나 아이디어로 인류 역사에 기록된 인물들은 어김없이 어린 시절에 이러한 은유에 대한 경험이 풍부하다. 많은 연구를 통해서도 밝혀지고 있다. 수많은 시를 읽거나 추상적이고 어려운 관념을 그림으로 자유롭게 표현하는 등 어린 시절의 다양한 은유 연습은 성인기에 엄청난 힘을 발휘한다. 관련 없는 둘 이상의 것을 잇는 모든 사고와 행동이 바로 은유이다. 은유를 연습할 수 있는 최적이자 유일한 시기가 아동기이다. 성인이 되면 타인의 시선과 사회의 즉각적 요구 때문에 이런 시도를 할 수 있는 시간과 여유가 허락되지 않는다. 부모와 교사는 아이들이 어릴 때 은유 연습을 자유롭게 할 수 있는 환경을 제공할 필요가 있다. 그런데 현실에서는 아이들이 은유 연습을 시도하면 '바보 같은 짓', '우스꽝스러운 행동'으로 치부되기 일쑤다.

성인도 은유를 경험할 기회는 충분하다. 그런데 대부분 은유를 경험하고 느끼는 것을 별로 좋아하지 않는다. 시간이 오래 걸리기 때문이다. 서로 멀리 떨어져 있는 것들을 이어 붙여야 하므로 인지적으로도 힘이 든다. 인지적 구두쇠인 우리가 좋아할 리 없다.

은유를 많이 사용하는 문학 장르가 바로 시詩이다. 우리는 시를 읽는 것을 어려워한다. 은유는 인지적 자원을 엄청나게 소모시키기 때문이다. 시는 단어 수가 훨씬 더 많은 소설책보다 읽는 시간이 더 걸리기도 한다. 대부분의 독자는 최근 몇 년 동안 소설 한두 권쯤은 읽었겠지만, 시집을 읽은 사람은 그리 많지 않을 것이다.

앞에서 생각이 육체노동에 버금가는 에너지를 소모시킨다고 얘기한 바 있다. 그리고 에너지 소비량은 생각의 깊이가 깊을수록 증가한다. 실제로 셰익스피어 같은 대문호의 문학작품에는 매우 수준 높은 은유들이 무수히 사용된다. 그의 작품을 읽고 있는 사람들의 뇌를 관찰한 연구에서 연구진도 놀랄 만큼 뇌 활동량이 엄청났다고 한다. 뇌가 엄청난 에너지를 쓰고 있다는 이야기이다. 그래서 나는 종종 강연에서 이런 농담을 하곤 한다.

"다이어트 한다고 비싼 돈 들이지 마시고 시를 읽어보세요."

그리고 가끔 재미있는 연구 조사를 상상하기도 한다.

'남이 만들어놓은 은유를 읽으면서도 그렇게 많은 에너지를 소비하는데, 내가 은유를 만들어내려면 얼마나 많은 에너지를 쓸까? 그래서인가, 시인 중에 비만인 사람을 본 적이 없네? 이거 재미있는 연결이 되겠는걸?'

학술적으로 확인된 바는 없지만 관련 연구자들과 대화를 해보면 다들 '일리가 있다'고 입을 모은다. 요컨대 그만큼 은유는 깊은 사고를 필요로 한다.

물론 은유가 시에만 있는 것은 아니다. 멀리 떨어져 있는 뭔가로 지금 이 순간을 표현하거나 이어 붙이는 모든 것은 모두 은유이다. 오페라는 음악의 선율과 리듬으로 등장인물의 성격을 묘사하고, 발레는 동작으로 같은 목적을 지향한다. 이외에도 우리가 어렸을 때 가지고 놀던 장난감 중 두 개의 원형 다이얼로 그림을 그리는 것도 은유에 해당한다. 한쪽 다이얼을 돌리면 곡선을, 다른 한쪽 다이얼을 돌리면 수직선을 그리기 때문에 간단한 동물이나 꽃을 그리기도 쉽지가 않았다. 그림판 밑에 있는 막대를 움직여 지금까지 그렸던 실패작들을 몇 번이고 지워야 하는 그 행위도 '서로 멀리 떨어진 무언가로 다른 무언가를 해야 한다'는 측면에서 은유에 해당된다. 그리고 그때마다 우리 뇌에서는 기존에 전혀 가보지 않은 길들이 만들어지고, 그 길을 걷는 왕성한 활동들이 일어난다.

우리가 인문학 도서를 읽어야 하는 이유도 여기에 있다. 글에는 다양한 은유의 측면을 지니고 있다. 책을 읽으면서 그 책의 '글자'들이 이야기하는 '장면'과 '소리'들을 스스로 머릿속에서 만들어내야만 한다. 친절하게 장면과 소리가 바로 제공되는 텔레비전을 보면 이런 문제가 바로 해결되지만 굳이 어려운 방법을 선택하는 것이다. 텔레비전을 볼 때는 그냥 받아들이기만 하면 그만이다. 내가 만들어낼 필요도 이유도 없다. 그래서 '상상'하기는 최소화되고, 그 상상을 위해 내 머릿속에 있는 기존의 여러 가지 지식이나 정보를 끌어다 쓸 필요성도 줄어든다. 이런 '끌어다 쓰기'가 줄면 줄수록 우리는 뇌 속에 있는 소수의 세포만 사용하게 된다.

인지심리학자들은 책을 읽어야 하는 이유가 지식의 축적에 있다고 말하지 않는다. 바로 '지식의 재구성'에 독서의 목적이 있다. 재구성이란 무엇인가? 바로 파편화되어 여기저기 널려 있는 개별적인 지식을 하나의 의미 있는 덩어리로 묶는 것을 말한다. 인간의 사고에서 가장 중요한 것 중 하나이다. 이렇게 묶는 작업에 나의 인지적 자원과 물리적 시간을 투자하는 데 거리낌이 없어야 한다. 그렇게 하려면 책 중간마다 포진하여 '멀리 떨어져 있는 것들을 묶는' 은유라는 접착제를 계속 사용하고 경험해야 한다. 독서가 아니더라도 은유가 존재하는 다른 활동 역시 충분히 경험하는 게 좋다.

사전과 사교육에는 없는 '은유'

시와는 반대로 은유가 들어가면 곤란한 책도 있다. 가장 대표적인 것이 사전이다. 사전에 은유적 표현이 들어가면 매우 이상해질 수밖에 없다. 예를 들어 사전에서 '학교'의 정의를 은유적 표현을 일부 사용해, '내 마음의 꿈과 희망이 자라는 곳'이라고 해보자. 이상하지 않는가? 어떤 개념이나 대상에 대한 '구체적인' 정의를 내려야 하는 사전은 당연히 은유와는 상극일 수밖에 없다.

우리 주위에는 이러한 사전과 비슷한 목적을 지닌 책들이 참으로 많다. 대부분의 사전은 물론이고 참고서 역시 마찬가지다. 왜냐하면 읽고 난 후 '무언가를 알았다는 느낌'을 구체적이고 신속하게 주는 것을 목적으로 하기 때문이다. 그렇다면 구체성과 신속성을 특징으로 하는 대부분은 은유가 없을 가능성이 매우 높다. 사교육이 그러하다. 사교육이 무조건 나쁜 것은 아니지만, 사교육 현장에서는 아이와 부모에게 '아, 이곳에서는 무언가 배우고 있구나!'라는 느낌을 최대한 빨리 갖게 해주어야 한다. 그래서 다양한 지식을 휴리스틱의 형태로 아주 깔끔하게 정리해서 알려준다. 그런데 정리는 누구의 몫인가? 당연히 공부하는 사람이 해야 할 일이다.

'정리는 공부하는 사람 각자의 몫'이라는 얘기는 내가 오래전부터 방송이나 강연에서 강조해온 것이다. '자습'이 없는 공부는 의미가 없다. 최근에 자주 들을 수 있는 말 중 하나가 자기주도 학습이다. 황당하게도 이것 역시 학원에서 휴리스틱화해서 가르치고, 이것을 배우려는 사람들이 있다. 자습하는 방법마저도 '구체적이고 빠르게' 배우겠다는 것이다.

정리한다는 게 무엇일까? 연결고리를 만드는 것이다. 지금까지 자신이 배웠던 개별적이고 파편화된 정보들을 연결고리를 만들어 하나의 덩어리로 만드는 것이다. '연결'이라는 의미에서 자습과 그에 따른 정리는 아주 가까운 것들을 기본적으로 이어보는 최소한의 은유 생산 작업이다. 이것마저 스스로 하지 않는다면 그 결과는 불을 보듯 뻔하다.

은유는 정서를 만든다

은유의 생산과 경험이 우리에게 주는 힘은, 유추를 위한 기초체력 양성 외에도 중요한 한 가지가 더 있다. 바로 정서이다. 정서는 '결정' 하는 힘을 만들어준다. 정서는 '결정'이란 행동이 일어나기 바로 직전에 작용한다. 우리는 결정을 내리기 전까지 A를 선택하려다가, 정작 결정은 B로 하는 경우를 종종 경험한다. 생각의 긴 과정이 결정과 그에 따른 행동과는 서로 맞지 않는 경우이다. 그런 자신을 보면서 '내가 왜 이러지?'라는 자괴감을 느낀다. 생각과 결정-행동이 다른 경우가 반복되면서 무력감마저 온다. 소비자 행동을 연구하는 심리학, 경제학, 경영학 등 학문 영역은 물론이고 기업도 지금까지 제대로 풀지 못하는 골칫덩어리 중 하나가 사람들의 '태도와 행동 간에 존재하는 불일치'이다. 소비자에게 태도(결정 직전까지의 생각)를 물으면 A와 B 중, A에 대해 더 긍정적으로 나타난다. 그런데 결정의 순간에는 B를 선택하여 관계자를 허탈하게 하는 경우가 허다하다.

결정한다는 건 생각보다 쉽지 않다. 수많은 여론조사 기관이나 언론사에서 직장인을 대상으로 가장 싫어하는 상사를 물어보면 언제나 '결정을 내리지 못하는' 우유부단한 상사가 1, 2위를 다툰다.[43] 상사라고 왜 결정을 빠르고 정확하게 내리고 싶지 않겠는가? 결정을 내린다는 것은 참으로 어려운 일이다. 일상에서도 결정을 내리기 어려운 경우가 하루에도 몇 번씩 있다. '점심때 뭘 먹지?', '오늘은 누굴 만날까?', '주말에는 무엇을 할까?', '어떤 영화를 볼까?' 등. 망설임이나 주저하는 느낌 자체가 결정이 어렵다는 것을 반증하는 셈이다.

재미있는 것은 결정을 내리는 순간에 우리가 주저하는 이유가 정보나 이성적이고 논리적인 사고 능력이 부족해서라기보다 오히려 정서적인 측면이 약해서인 경우가 더 많다. 우리말에 '장고長考 끝에 악수

惡手 둔다'는 말이 있다. 수많은 선택의 상황에서 그 결과를 보고 자주 절감하는 말이다.

쇼핑할 때 자주 경험하는 사례를 하나 들어보자. 무엇을 살까 고민하며 백화점에서 몇 시간씩 돌아다니다 마침내 물건을 구매했는데 오히려 집에 와서 후회하는 경우가 많다.[44] 그런데 속칭 '꽂혔다'는 느낌이 든 물건은 구매 후에도 후회가 없다. 판단을 내리기까지 걸린 시간은 훨씬 짧아도 스스로 만족하기 때문이다.

무엇이 이런 차이를 만드는 것일까? 당연히 감정이고 정서이다. 이성과 논리가 아무리 뛰어나도 정서가 반응하지 않는 것에 대해서는 주저하기 마련이다. 선택 후에도 후회가 남는다. 하지만 논리적인 설명은 못 해도 정서상 끌리는 것에는 스스로를 만족시키고 후회도 덜 한다. 여기서 우리는 중요한 의미를 찾을 수 있다. 이성과 논리가 언제나 정서보다 우수하다는 고정관념은 틀렸다.

그런데 지난 20세기, '이성과 논리'의 중요성과 우수성을 지나치게 역설하다 보니 감정은 마치 천덕꾸러기처럼 푸대접을 받았다. 인간의 잘못된 실수나 행동의 원인을 대부분 감정 탓으로 돌렸다. 일상생활의 대화만 들어봐도 그 예는 쉽게 찾을 수 있다.

"그렇게 감정적으로 처리하니 일을 그르치지!"

"너, 나한테 무슨 감정 있니?"

이처럼 우리는 감정이라는 죄 없는 단어를 부정적인 맥락에서 열심히 사용해왔다. 21세기 전후로 심리학자들의 연구 결과를 보면 이것이 큰 착각이었음이 분명해진다. 지금까지 우리는 정서의 힘에 대해 무지하고 무시해왔다. 정서의 중요한 힘은 바로 '결정이 정서의 힘으로 이뤄진다'는 점이다.'[45] 뇌에서 정서를 담당하는 영역만 손상을 입은 사람의 증상을 살펴보면 정확히 알 수 있다. 이들은 건강을 회복하고 일상으로 돌아가도 어려움을 경험한다. 이성과 논리를 담당하는 뇌 영역은 정상이기 때문에 삼단논법문제, 수학문제, 퍼즐문제 등은 예전처럼 잘 푼다. 반면 아주 사소한 일을 결정하는 데 오히려 어려움을 겪는다. 점심에 어떤 음식을 먹을지, 금요일 밤에는 어떤 친구를 만날지 등 일상적 결정부터 내년에는 어떤 사업을 추진할지 혹은 기획안 중 어떤 것을 선정할지와 같은 업무 관련 중요한 결정까지 도무지 결정을 내리기가 어려워진다.

결정을 내릴 때는 어떤 느낌이 동반되어야 한다. 그런데 그 느낌이라는 것이 전혀 도와주지 않으니 막막하고 주저할 수밖에 없다. 우리도 가끔 이렇게 망설일 때가 있다. '점심에 돈가스와 순두부 중 무엇을 먹을까?' 이런 결정을 하기가 좀처럼 쉽지 않은 날이 있다. 이러한 망설임은 그 과정을 심리학적으로 들여다보면 이유가 있다. 쉽게 설명하자면 다음과 같다.

어떤 것을 먹을지 결정하는 순간, 마음에서 일어나는 일은 '돈가스를 먹고 난 30분 후에 내가 더 좋은 상태일지, 아니면 순두부를 먹고 난 뒤에 더 좋은 상태일지'에 대한 나의 정신적 시뮬레이션(예측)이다. 즉, 시뮬레이션을 통해 미래에 가장 좋은 정서 상태가 예측되는 대상을 선택한다. 이러한 시뮬레이션이 쉽지 않은 날도 있고, 쉽지 않은 대상도 있다. 그럴 때 우리는 쉽게 결정을 내리지 못한다. 그래서 배가 고픈데도 점심 메뉴를 결정하지 못하는 날이라면 그날 자신의 '정서적 감수성'이 많이 떨어진 날이라고 생각하면 된다.

우리는 접근과 회피에 기반을 둔 동기에 의해 정서가 만들어진다는 것을 이미 살펴보았다. 그래서 동기와 정서, 이를 더욱 북돋는 은유의 경험은 하나의 결집체로서, 사고 능력 촉진과 더불어 결정을 내릴 수 있는 원동력으로 작용한다. 그럼에도 우리는 이성과 논리가 사고력의 전부인 것처럼 생각하면서 살아왔다. 큰 착각이 아닐 수 없다.

은유와 추상적 사고의 힘

은유는 추상적이다. 은유의 목적 자체가 구체적인 것을 벗어나 추상적인 것을 지향한다. 그런데 이 '추상적'인 것과 그에 대한 우리의 생각이 결과적으로 엄청난 힘을 발휘한다. 사람들은 이런 점을 잘 모른다. 심지어 '추상'의 힘을 과소평가하는 데 그치지 않고 부정적 의미로도 자주 사용한다. 추상화라면 지레 겁부터 먹는다. 일상생활에서도 상대방을 쏘아붙일 때 이렇게 말하곤 한다.

"그렇게 추상적으로 이야기하면 어떻게 합니까? 구체적인 아이디어를 내놓으세요!"

왜 이렇게 '추상'이라는 말을 부정적으로 사용할까? 바로 추상이 갖는 '모호함' 때문이다. 추상적인 것은 그것이 말이든, 그림이든, 아이디어든 일단 평균 이상의 모호함을 갖고 있다. 사람들은 모호함을

(이 책의 시작부터 계속 언급되는 바이지만) 끔찍이도 싫어한다. 그런데 추상적인 생각은 창의성의 가장 핵심임에도 사람들은 모호함에 대한 혐오로 구체성을 추구하면서 그 결과 창의성을 희생시킨다.

모호하지 않고 구체성이 필요한 경우나 상황도 존재한다. 최종적으로 창의적인 결과를 만들어내는 과정에서도 구체적인 사고가 필요하거나 더 중요한 단계도 존재한다. 문제는 우리가 상황과 대상을 막론하고 구체적인 것과 그것을 가능하게 하는 구체적 생각에만 열중한다는 점이다. 여기에서는 은유가 추상적 사고의 힘을 기르기 위한 원동력으로서 중요하다는 것 정도만 기억에 담아두자. 추상적 사고 자체가 갖는 엄청난 힘에 대해서는 뒷부분에서 구체적으로 살펴볼 것이다.

배양기가 우리에게 주는 선물, 통찰

앞서 창의성을 정의 내리면서 창의적이지 못하다는 것은 첫째 '무언가 색다르고 비상식적인 것을 생각해내지 못함'이고, 둘째 그 첫째 때문에 필연적으로 '기존의 상식적이거나 평범한 것에서 벗어나지 못함'이라고 설명했다.

우리는 왜 기존의 것에서 벗어나지 못할까? 여기에는 최소한 두 가지 근본적인 이유가 있다. 첫째는 인간이 인지적 구두쇠이기 때문이다. 기존의 틀에서 벗어날 때 해야 하는 추가적인 생각을 위한 노력 자체를 싫어한다.

둘째는 인간의 또 다른 본성 가운데 하나인 '현상 유지 편향status quo bias' 때문이다. 이는 무언가 변화로 인한 불이익은 변화 없이 초래되는 불이익보다 심리적 타격이 더 크다는 암묵적 사고방식을 뜻한다. 인간이 가진 기본 경향성으로 인해 우리는 원래 창의적이지 않을 준비와 동기가 충분하다. 이를 우리는 고착과 편향이라고 부르며 이로부터 탈피하는 것은 창의적인 사고의 선결 요건이다. 그렇다면 고착과 편향으로부터의 탈피는 어떻게 이루어질까?

재미있게도 연구자들은 공통적으로 실제 물리적인 탈피 자체를 이야기한다. 즉, 문제로부터 공간적, 시간적으로 떠나 다른 일과 상황을 경험해보라고 한다. 이러한 떠남을 배양기 혹은 잠복기incubation라고 말한다. 이는 우리 인생에서 종종 경험하는 현상이다. 실생활에서 통찰insight이 필요한 어려운 문제들이 일정한 잠복기 이후에 저절로 해결되기도 한다. 살아오면서 누구나 몇 번씩은 '아하!'라는 느낌과 함께 무릎을 치는 경험을 해보았을 것이다.

잠복기는 왜 필요한가? 우리는 물리적, 시간적으로 문제에서 떨어져 있는 동안 기존의 관점에서 벗어나 다양한 생각들을 해볼 기회를 갖는다. 그래서 더욱 다양한 유추나 은유의 재료들을 머릿속에 떠올릴 수 있다. 거창한 이야기가 아니다. 여권, 수첩, 열쇠 등 집안에서 찾으려고 애를 쓰지만 나오지 않는 물건들이 있을 때, 찾는 것을 포기하고 산책을 하다보면 '아, 거기를 한번 찾아봐야겠다!'라는 생각이 불현듯 떠오른다. 이런 일상적인 경험도 정확히 여기에 포함되는 예이다. 하지만 안타깝게도 우리는 자신과 타인에게 잠복기를 허용하는 것에 인색하다. 우리 문화 자체가 잠복기를 가지는 것에 관대하지 않고, 정신없이 빠르게 변화하는 현대 사회에 뒤처지지 않기 위해 빠른 사고를 유지해야 한다는 강박관념 또한 강하다.

여행은 잠복기를 가질 수 있는 좋은 수단 중 하나이다. 또 인생을 배울 수 있고, 자기 객관화를 가능하게 하며, 궁극적으로 자기계발을 위한 가장 중요한 투자이기도 하다. 이는 인지심리학과 배양기의 측면에서 보면 더 자연스럽게 이해가 된다.

우리는 주어진 문제에서 통찰을 찾지 못할 때, 그 문제에 몰입은 하지만 막막함을 느낀다. 여행은 문제로부터 시간과 공간적으로 완벽하게 나를 떨어뜨릴 기회가 된다. 게다가 문제와 관련해 이리저리 얽혀 있는 수많은 (사람과 사람 혹은 사람과 일의) 관계로부터도 벗어날 수 있다. 이러한 벗어남은 여행 과정에서의 단순한 '기분 전환'이 아니라 '발상의 전환', '인식의 전환'을 만들어낸다. 이 전환이라는 것은 지금 내가 골머리를 앓고 있는 문제가 포함된 영역이 아닌, 다른 영역과 관련된 내 안의 기존 지식을 꺼내는 힘을 의미한다. 그것을 굳이 통찰이라고 어렵게 부르는 것뿐이다.

아직 그 인과관계를 명확히 밝히는 연구는 많지 않다. 하지만 미국과 유럽에서 교수의 연구 업적과 재학생의 학업 성취도가 높은 학교 순위와 그 학교의 산책로 녹지 면적과 체육 시설 순위는 서로 높은 상관관계를 보인다. 상식적으로 연관될 수밖에 없는 연구 시설이나 강의실 환경 지수만큼 강한 연관성을 나타낸다. 산책로와 체육 시설은 단순히 건강을 위한 것이 아니다. 배양기를 제공하는 더없이 좋은 공간으로 작용한다. 이런 의미에서 학교의 시설 확충을 계획할 때 물리적 건물 면적이나 주차 공간의 확장만을 고려하는 실수를 범해서는 안 된다. 배양기를 제공하는 공간도 연구와 학업을 위한 투자로서 반드시 미래의 청사진에 포함되어야 한다. 기업과 정부기관도 여기에서 예외는 아니다.

우리는 비창의적 혹은 창의적이다

무엇이 우리를 '더' 창의적으로 만드는가는 매우 어려운 질문처럼 느껴진다. 그러나 무엇이 우리를 '덜' 창의적으로 만드는지를 생각해 보면 전자에 대한 해답을 의외로 쉽게 찾을 수 있다. 우리는 빠르고 쉽게 판단을 내리는 사람들에게 사회적, 교육적으로 보상하려는 경향이 매우 강하다. 게다가 인간이라는 존재 자체는 적은 수의 대안만을 고려하고, 이를 통해 문제를 해결하려는 본성을 지닌 인지적 구두쇠이다. 이런 구두쇠 기질로 일상적이고 반복적인 지식만을 사용하려 하며, 우리는 이를 고정관념이라고 부른다. 이러한 것으로부터 탈피하려면 시간적, 물리적으로 배양기가 필요하다. 마음의 작용으로 은유의 경험이 축적되어 이에 기초한 유추의 과정이 반드시 뒤따라야 한다. 그러나 이러한 과정들은 대부분 느리고 어려우며 실수를 만들어낸다. 한 마디로 효율성이 떨어진다. 창의적인 사람들이 답답해

보이는 이유도 바로 여기에 있다. 그럼 '효율성'은 바로 창의성의 가장 큰 적이라는 결론에 도달할 수 있다. 효율성은 빠름을 지향하기 때문이다.

효율성은 결과에 대한 것이지 그 결과에 도달하기 위한 사고에서 효율성을 찾아서는 곤란하다. 효율성을 취하고자 한다면 창의적인 것을 기대하지 말아야 한다. 은유가 개입된 사고나 의사소통 과정은 물리적, 시간적으로 비효율적이며 구체적인 성과나 향상은 쉽사리 나오지 않는다.

창의적이기를 원한다면 단순히 창의적인 사람을 본받자는 수동적인 생각보다는 내 인생에서 창의적인 순간이 언제, 어떻게 이루어졌는지 이해하는 데서부터 출발해보자. 이것이 창의적인 사람으로 성장할 수 있는 중요한 방법이다.

02

창의적 아이디어는 어떻게 생성되는가?

창의적 생각은 없는 게 아니라 '꺼내지 못하는 것'

우리는 창의성에 대해 심각한 오해를 하고 있다. 바로 창의력이라는 또 다른 표현 때문이다. 일반적으로 학자들은 창의성은 창의적 성격을, 창의력은 창의적 (인지) 능력을 의미하는 것으로 구분한다. '창의력 있는 인재'라는 표현은 어떤 대단한 능력을 지닌 사람을 의미하는 것처럼 들린다. 기억력, 추리 능력, 연산 능력과 같은 전통적 개념의 사고 능력과 비슷하다. 마치 IQ로 대변되는 지능지수의 한 측면을 의미하는 느낌이다.

그래서 나는 창의성이라는 말을 다소 고집스럽게 사용한다. 그런데 창의성이라는 말 또한 여전히 결과적이다. 창의성을 구성하는 개방성, 융통성, 자율성, 상상력과 같은 다양한 성격 측면들은 결과로 봐야 한다. '좀 더 개방적으로 되자'거나 '더 융통성 있게 생각해야지'라고 아무리 자신에게 강조해도 크게 효과가 없다. 결과 변인에 손을 대봐야 별 소용이 없기 때문이다.

창의적인 사람의 특성으로 어떤 학자는 유창성, 융통성, 독창성, 정교성, 민감성이라고 말하고, 어떤 학자는 확산적 사고divergent thinking와 같은 능력이 핵심이라고 말하기도 한다. 그런데 이 또한 대부분 '결과'에 해당하는 내용이다. 창의적인 사람이 결과적으로 지니는 능력이지, 이 능력을 직접 교육이나 자기 훈련의 대상으로 삼는 것은 어려울 뿐만 아니라 효과도 떨어진다.

수많은 자기계발서에서 '독창적인 것을 생각해내기 위해서는 풍부하게 생각하고, 새로운 조합을 만들고, 상황의 이면을 보라'고 이야기한다. 좋은 말이다. 하지만 누군들 몰라서 실천하지 않겠는가? 그렇게 하고 싶어도 평소에 잘 되지 않는 게 문제이다. 반복적으로 자기계발서를 읽어도 큰 효과가 없다. 읽는 순간이나 직후에는 변화에 대한 자신감이 생기지만 결국 인생의 큰 변화를 만들어내지 못하는 경우가 대부분이다. 그 이유 또한 결과를 이야기하기 때문이다.

그럼 어떻게 해야 하는가? 결과와 과정을 구분하고 각 단계에 무엇이 필요한지, 그 무엇인가를 가능하게 하는 생각의 종류를 알아야 한다. 우리는 그 생각의 종류들이 필요한 순간에 잘 조합된 최종 결과를 창의적이라고 말한다. 결과에 열광하지 말고 좀 더 자세히 살펴봐야 한다. 이를 위해서 결론에 해당하는 성격보다는 습관과 동기라는 개념을 통해 창의성을 생각해보자.

앞에서 인간의 생각이 지닌 기본 성향 중 '꺼내지 못하는 습성'에 대해 이야기했는데 그때 언급한 예를 다시 되짚어보자.

'종양을 제거하는 레이저' 문제를 받은 사람 중 10%만이 문제를 해결한다. 그런데 '요새를 공격하는 장군' 이야기를 들은 사람들은 30% 정도가 그 문제를 해결한다. 여전히 남은 70%의 사람도 문제를 해결하게 하려면 한 문장만 더 들려주면 된다. "장군의 요새 공격 이야기를 잘 활용하면 종양-레이저 문제를 해결하는 데 도움이 될걸?" 그럼 문제가 명확해진다. 문제를 창의적으로 해결하는 데 있어서 가장 중요한 첫걸음은 관련 있고 적절한 기존 지식을 얼마나 잘 꺼내는가이다.

창의적 아이디어를 '꺼내는' 습관과 환경

우리는 세상에 엄청난 변화나 발전을 안겨준 혁신 제품이 그 개발 과정에서는 매우 간단하고 사소해 보이는 작은 발상의 전환에서 시작됐다는 이야기를 심심치 않게 듣는다. 디지털카메라도 좋은 예다.

1970년대, 필름 회사로 잘 알려진 코닥Kodak에서 있었던 일이다. 당시 이 회사의 연구진은 더 값싼 필름을 만들려고 연구 중이었다. 결코 새롭고 혁신적인 카메라를 개발하려던 것은 아니었다. 필름을 구체적으로 말하면 '빛에 노출되면 표면에 변화가 일어나 영상이 포착되는 화학물질'이다. 이러한 정의에 의하면 고민의 초점은 화학물질이라는 분야 내에 한정된다. 당연히 필름을 대체하는 더 저렴한 화학 물질은 찾기가 어려웠을 것이다.

그런데 어떤 연구원이 조금은 엉뚱하지만 추상적인 생각을 해보았다. 필름을 더 추상적인 수준에서 정의해본 것이다.

"결국, 필름이라는 것도 무언가를 담는 것 아닐까?"

모호하고 추상적이며 별 도움이 될 것 같지 않은 말장난처럼 보인다. 하지만 이제는 문제와 대상을 보는 관점이 확연히 달라진다. 그 정의에 포함된 '담는 것'에 포함될 수 있는 것이 훨씬 더 많아지기 때문이다. 그래서 기존의 필름 외에도 훨씬 더 다양한 분야에 존재하는 '담는 것'을 얼마든지 떠올려볼 수 있다. 이런 문제의식으로부터 탄생한 것이 바로 최초의 디지털카메라이다. 무언가를 담는 것으로 카세트테이프를 설정한 것이다. 지금 생각해도 기발한 아이디어가 아닐 수 없다. 작은 발상의 전환으로 만들어진 디지털카메라는 이후 촬영 장비의 일대 혁신으로 이어졌다.

최초의 디지털카메라.
필름에 대한 추상적 정의를 통해
다른 분야의 기존 지식과 성공적으로
접목한 좋은 예이다.

그럼에도 우리는 해결하고자 하는 문제나 현상에 대한 묘사가 구체적일 때 더 매료된다. 구체적인 묘사와 생각은 유추의 활동 영역을 좁힐 수밖에 없는 데도 불구하고 말이다. 구체적인 묘사와 생각은 현재 주어진 문제와 관련 있어 보이는 분야로만 시야를 좁혀버린다.

'추상적' 이라 함은 여러 측면을 내포하지만 해당 분야에 필요한 구체적 전문 용어를 사용하지 않고 일반 용어를 사용함을 말한다. 이 점이 중요하다. 묘사와 설명에 추상적이고 일반 용어를 사용하면 전문성이 없어 보이며, 모호하게 들린다. 하지만 우리 사고의 질적 향상을 위한 결정적인 메커니즘을 지니고 있다. 아래 그림을 보자.

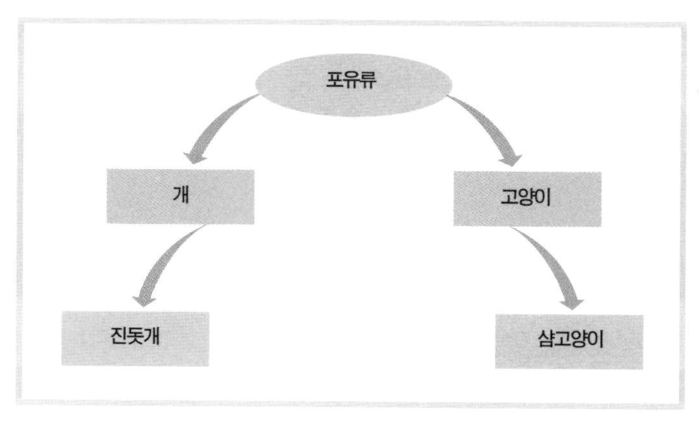

추상에서 구체화되는 과정의 예.

이 그림을 보면 위에서 아래로 내려갈수록 더 구체적인 개념이 나온다. 가장 구체적인 수준(진돗개와 샴고양이)에 이르면 이 둘은 다른 범주에 속한다. 그래서 서로에게 상관없어 보이는 개념이 된다. 그런데 포유류라는 추상적인 곳으로 생각을 이동시키면 진돗개와 샴은 같은 종류의 하위 개념으로 묶인다. 더 유사하게 느낄 수 있을 여지가 만들어진다. 어떤 문제를 해결하기 위해 기존 지식을 꺼낼 때 서로 유사한 것으로 취급되므로 인출 단계에서 여전히 후보로서 가능성이 있다. 필름을 구체적인 '화학물질'로 규정하는 것이 아니라 '그릇'이라는 추상적 개념으로 규정하면 생각의 지평이 넓어진다. 결국 필름과 카세트테이프도 유사한 대안으로 생각될 수 있다.

이제 추상적 사고의 핵심 기능이 무엇인지 손에 잡힐 듯 분명해진다. 바로 인출을 위해서이다. 기존 지식의 인출, 언뜻 상관없어 보이는 다른 분야의 기존 지식에서도 꺼낼 수 있는 것이 창의적 아이디어의 생성으로 이어진다. 추상적 용어는 관점을 넓게 만들기 때문에 기존 지식의 더 광범위한 인출을 돕는다. 우리는 이미 어떤 문제를 창의적으로 해결하지 못하는 이유가 관련된 지식을 자신의 기억 내에서 적절하게 꺼내어 활용하지 못하기 때문이라는 점을 살펴보았다.

그래서 창의적 아이디어를 위해서는 거창한 말보다는 우리 생활에서 쉽게 인식할 수 있는 말로 바꾸어 생각할 수 있어야 한다. 그래야 '창의적 결과'를 만들어내는 원인에 더 가까워질 수 있고 기존 지식을 잘 꺼내지 못하는 습성을 상당 부분 개선할 수 있다.

우리 생활에서 그런 상황과 요소를 스스로 직접 찾아야 한다. 특정한 책을 읽거나 유명 학원의 혁신 프로그램을 이수한다고 해서 해결되지 않는다. 그보다는 책을 읽고, 그림을 그리고, 글을 쓰고, 음악을 듣거나 연주하고 혹은 여행을 다니면서 추상적 사고의 결과인 모호한 말과 생각을 즐길 수 있는 여유를 가진다. 배양기를 통해 내실화하는 성장 과정을 거치는 수밖에 없다. 이는 성인이 되어서도 여전히 필요한 우리 인생의 일부분임에 틀림없다.

아이디어 생성의 에너지, 접근동기

추상적으로 사고하기 위해 습관과 환경 외에 동기적 요소 또한 무시할 수 없다. 동기는 무언가를 하게 하는 에너지이며 방향이다. 창의적인 아이디어를 만들어내는 것 역시 마찬가지다. 동기는 창의적 성격을 이루어내는 습관들과 잘 맞아야만 하는 매우 중요한 요소이다.

이를 위해 동기의 두 방향인 접근과 회피로 잠시 돌아가보자. 접근동기는 무언가 좋은 것에 가까워지려는 동기를 의미하며, 회피동기는 무언가 싫은 것에서 멀어지려는 동기이다. 두 가지 동기 모두 정말 중요하다. 그리고 이 동기의 형태가 상황과 해야 할 일들의 성격과 맞아떨어져야 한다. 접근동기로 해야 할 일은 접근동기로, 회피동기로 해야 할 일은 회피동기로 해야 과정도 힘들지 않고 그 결과도 좋다.

우리 일상에서 창의성과 관련된 예를 한번 찾아보자. 가장 흔한 경우가 장난치고 싶을 때이다. 친구들과 수다를 떨면서 재미있는 장난을 치려고 할 때는 머릿속에서 온갖 기상천외한 아이디어가 나온다. 다만 실행 가능성이 문제가 될 뿐이다. 여기에서는 장난을 위한 상상에만 초점을 맞춰보자. 장난이란 즐거움을 지향한다. 전형적인 접근동기가 지향하는 긍정적 정서이다. 재미, 즐거움, 기쁨과 같은 접근동기의 긍정적 정서를 목표로 하는 상황에서는 평범한 일상에서도 기발한 아이디어가 쏟아진다. 인간은 무언가 좋은 것을 기대하거나 가지기 위해 상상할 때는 여러 가지 아이디어가 샘솟는다. 무언가를 예방하거나 피하고자 생각을 짜내려고 하면 기존의 구체적인 틀에서 벗어나기가 어려워진다. 그래서 아이디어를 생각해낼 때는 접근동기의 역할이 상대적으로 더 중요하다. 추상적 사고와 접근동기가 결합하면 창의적 아이디어 생성이 수월해진다.

아이디어를 만들어내는 시작 단계에서는 추상적 사고와 접근동기의 역할이 결정적임에도 우리는 자주 이런 사실을 간과한다. 뭐든 빠르게 흘러가는 현대 사회에서는 구체적인 실행 방법에 대한 관심이 높아지고 경쟁과 불안이 가속화되는 최근의 사회 흐름에서 최악의 결과를 피하고자 하는 회피동기가 강해지기 때문이다.

창의와 혁신을 위한 공손함

창의적 아이디어를 만들어내는 대화와 정밀한 일을 실수 없이 하기 위한 대화는 어떻게 다를까? 그 메커니즘을 알아내기 위해 심리학자들은 많은 연구를 해 오고 있다. 창의적 아이디어를 위해서는 추상적인 대화가 필요하다는 것은 이미 잘 알려져 있는 사실이다. 왜 그런지 그 인과관계는 명확하다. 추상적이라 함은 포괄적임을 의미하고, 포괄적이라면 다른 대안을 살펴보기에 더 유리한 관점이기 때문이다.

그 반대가 바로 실수 없이 꼼꼼하게 일하는 것이다. 일의 세부적인 측면에 집중을 해야 하니 같은 말이라도 명확하고 구체적으로 할 필요가 있음 역시 당연하다. 그러니 추상적인 말과 구체적인 표현은 각각 새로운 아이디어를 생산하거나 이미 나온 아이디어를 정밀하게 실행할 때 각각 필요하다.

추상적이거나 구체적인 대화를 만들어내는 과정을 아주 재미있게 살펴본 연구가 있다. 이 연구의 변수는 '예의와 공손함' 이다. 전혀 상관없을 것 같은 이 변수가 과연 추상적이고 구체적인 대화와 어떤 관련이 있을까?

이스라엘 텔아비브 대학의 엘레나 스테판 교수Elena Stephan 교수와 미국 뉴욕대학NYU의 야곱 트로페Yaacov Trope 교수가 바로 그 주인공이다.[46] 사람들에게 어떤 내용이나 현상을 들려주거나 보여준 뒤 그것을 A그룹 사람들에게는 되도록 추상적으로, B그룹 사람들에게는 최대한 구체적으로 설명해 달라고 요구했다. 그리고 두 그룹의 사람들이 설명한 내용을 제3의 그룹에 평가해 달라고 했다. 그 결과는 매우 흥미로웠다. 되도록 구체적으로 설명을 시도한 사람들에 비해 추상적으로 설명을 하려고 애쓴 사람들의 내용이 훨씬 더 예의 바르고 공손하다고 평가받은 것이다. 그렇다면 그 반대도 가능할까? 다시 말해 이번엔 공손함에 신경을 써서 같은 내용을 설명하라고 요청했다. 놀랍게도 그 결과 역시 일맥상통했다. 예의 바르고 공손한 설명을 요청받은 사람들이 그렇지 않은 사람들에 비해 훨씬 더 추상적이고 포괄적인 표현을 잘 하더라는 것이다.

왜 이런 일이 일어나는 것일까? 사람들은 추상적 표현과 구체적 표현을 할 때 매우 중요한 변인變因상 차이가 있다고 무의식적으로 가정하기 때문이라고 연구자들은 설명한다. 바로 시간이다. 추상적 표현은 사람들로 하여금 상대적으로 긴 시간상에 있는 생각과 행동을 의미한다. 반면 구체적 표현은 시간적으로 더 짧다고 느낄 때 하는 것이다. 그래서 스테판 교수는 같은 내용이라도 내일 혹은 1년 후 어떤 사람에게 말한다고 가정하고 설명을 해보라고 요청했다. 그 결과, 1년 후 누군가에게 설명한다고 가정했을 때 사람들은 훨씬 더 예의 바르고 추상적인 표현을 많이 한다는 것이다. 실로 놀라운 결과가 아닐 수 없다. 그리고 이는 무엇을 의미하는가?

우리는 창의, 즉 발상의 전환은 자유롭게 생각을 확산시키고 진행해야 가능하다는 걸 잘 알고 있다. 하지만 여기서 중요한 오해가 하나 있다. 그 자유로움이 무례함과 동일시되는 것이다. 그래서 창의적인 사람은 버릇없다는 오해가 만연한 것이다. 하지만 이러한 실험 결과들은 분명히 말해 주고 있다. 예의와 배려가 강조돼야 추상적 사고가 가능해지며 그로 인한 창의적 사고가 더 촉진된다고 말이다. 무례한 대화는 필연적으로 구체적인 단어를 말하게 하며 따라서 창의를 위해서는 걸림돌이 된다.

우리는 그동안 예의 바름과 쓸데없는 격식을 혼동해왔다. 이를 구분해 격식은 없어 자유롭지만 공손함과 배려는 유지되는 상황을 만들어낸다면 어떨까? 그럴 때 바로 창의와 혁신을 위한 발상의 전환이

가능해진다. 이는 추상적이고 포괄적인 대화를 통해 발상의 전환을 할 수 있는 최적의 상황이기도 하다.

조직을 이타적으로 만들어야 하는 이유

이타성은 의외의 곳에서 그 근원적인 힘을 발휘한다. 그것은 바로 창의와 혁신이다. 통찰력 있는 심리학자들은 이타성이 조직을 창의적으로 만들기 위한 핵심 역량이라고 한 목소리로 이야기한다. 정말 일까? 사실이다. 예를 들어보자. 위스콘신 대학 경영대의 행동과학자인 에반 폴만Evan Polman 교수는 이점을 재미있게 보여주는 실험 연구로 유명하다.[47] 폴만 교수 연구진은 사람들에게 발상의 전환이나 창의적인 아이디어가 필요한 몇 가지 일을 시켜봤다. 예를 들어 옥탑에 갇혔을 때 탈출하는 문제라던가 지구상에 존재하지 않는 생명체(에이리언)를 만들어 내는 것 등이다. 사람들은 열심히 하지만 생각처럼 쉽게 문제를 해결하지 못한다. 그런데 어떤 사람들에게는 자신과 여러모로 다른 타인들을 위해 그 문제를 해결한다고 생각하게 한 뒤 같은 일을 시켜봤다.

결과는 놀라왔다. 타인을 위한 사람들이 자기 자신을 위해 문제를 해결하려고 한 사람들보다 훨씬 더 발상의 전환을 잘 함은 물론이고 창의적인 아이디어를 많이 생산해 냈다. 즉 '나를 위한 일이 아니라 남을 위한 일' 을 할 때 사람들이 더 창의적으로 생각할 수 있었던 것이다. 그 이유는 바로 일상과 고착으로부터의 탈피에 있다. 발상의 전환은 창의적으로 문제를 해결하는 데 결정적인 요소다. 그리고 이는 문제를 익숙한 방식이나 기존의 관점으로 보는 것으로부터 벗어나는 것을 다른 무엇보다도 필요로 한다. 그러니 타인을 위한 관점을 가져 보는 것은 익숙한 나로부터 벗어날 수 있게 해 주면서 동시에 문제에 대한 관점을 바꾸는 것에도 결정적인 도움을 준다. 실제로 많은 기업에서 나오는 혁신은 나 혹은 내 부서가 아닌 타인 혹은 타부서를 위한 아이디어를 수용해 출발하는 경우가 허다하다. 일을 잘 이해하고 있으면서도 현재 주어진 이해관계나 고정관념의 속박으로부터 벗어나는 것이 훨씬 자연스럽게 가능하기 때문이다.

이것이 바로 이타성의 힘이다. 사자나 늑대와 같이 개체 수가 적으면서도 오랜 진화의 역사를 거쳐 살아남은 종들의 힘들도 바로 여기에 있다. 급변하는 자연 환경에 적응하고 재빠르게 움직이는 사냥감들을 잡으려면 단순한 개인적 능력만으로는 한계가 분명하다. 성공적으로 생존한 동물들은 대부분 이타적인 조직 문화를 가지고 있는데 이러한 이타성이 창조적인 발상과 대처를 가능하게 하기 때문이다.

게다가 한국과 같은 문화에서는 이타성과 창의적 능력과의 관련성이 더욱 높다. 코넬 대학의 잭 곤칼로Jack Goncalo 교수 연구진은 한국과 같이 관계를 중요시하는 문화에서는 '새로운 것을 만들라' 고 대놓고 개인의 창의성을 강요하는 지시보다 '무언가 사람들이 요긴하게 쓸 만한 것을 만들라' 고 하는 지시가 훨씬 더 창조적인 것을 만들어 낼 수 있는 가능성을 높인다는 것을 잘 관찰해 왔다.[48] 이는 무엇을 의미하는가? 상생과 갈등의 수용이 필요한 우리 문화에서는 서로를 위한 생각을 해 줄 수 있게끔 해 주는 리더의 지혜가 무엇보다도 필요하다는 것이다. 하나만 예를 들어보자. 태안반도 기름 유출 사건이 일어났을 때 우리나라의 수많은 국민들이 그곳에 가서 보여준 모습에는 노력만 있었던 것이 아니다. 별별 기발한 아이디어들을 만들어 내지 않았는가? 남을 위한 마음을 가질 때 창조와 혁신은 가속화된다는 것을 잊지 말자. 그러니 상생과 혁신은 가장 밀접한 동의어다.

03

창의적 아이디어의 실행과 완성

아이디어 실행과 언어의 상관관계

창의성을 이루는 요인 중에 '정교성'이라는 것이 있다. 이는 일련의 과정을 거쳐 생성된 어떤 독창적 아이디어를 보다 세련되고 치밀한 것으로 다듬어 발전시키는 과정이나 성향 혹은 능력을 의미한다. 이러한 정교성은 외부 현상이나 자신이 생각해낸 아이디어에 대한 구체적이고 세부적인 파악 능력과 부족한 부분을 채워 넣는 과정까지 포함한다. 그러므로 이 요인은 비교적 초반부에 해당하는 창의적인 아이디어의 생성 과정보다는 최종적인 결과물을 구현하는 후반부와 관련이 있다.

이를 위해 교육 현장에서는 구체적인 언어나 그림을 통해 생각을 표현하는 과정이나 그림을 보고 마지막에 어떤 장면이 들어가면 좋을지 판단하기, 아니면 여러 개의 그림을 구성해서 하나의 이야기로 만들어보는 것 등 주로 실행과 관련된 다양한 기법들을 적용하고 있다. 창의적인 아이디어를 아무리 성공적으로 생성해내더라도 이를 최종적인 결과물로 구현하지 못한다면 아무 소용이 없다. 무책임한 생각의 남발로 그치게 된다. 문제의 묘사나 정의 수준에서 벗어나 생성된 아이디어를 실행해나가야 한다. 이를 위해서는 구체적인 과정을 가능한 한 '순서대로' 진행해야 한다.

예를 들어 에디슨은 백열등을 개발하기 위해 1만 5,000번이나 실험을 했다. 하지만 사람들은 에디슨이 그 과정에서 정확히 무엇을 했는가에 대해서는 별로 관심이 없다. 에디슨은 백열등을 개발하는 과정 자체에 대해 심층적이고 단계적으로 분석한 결과, 전류가 필라멘트를 통과하는 순간 빛이 발생한다는 점을 발견하였다. 문제의 핵심은 필라멘트가 곧 타버려서 빛을 낼 수 없게 된다는 것이었다. 몇 년간에 걸친 연구 끝에 에디슨과 그의 연구팀은 필라멘트가 너무 뜨거워질 경우 전류를 끊어버리는 조정기를 고안했다. 이 때문에 당시의 전구는 지속해서 깜박였다.

이후 에디슨은 더 나은 전구 개발을 시도하기 전에 전력을 집까지 전달하는 시스템을 개발하기 시작했다. 일반적으로 원거리에 전력을 공급하기 위해서는 매우 높은 전압이 필요하다. 그래서 에디슨은 문제의 범위를 '상대적으로 높은 전압에서도 필라멘트가 타지 않고 작동하는 전등 찾기'로 좁혔다. 이러한 변화는 (높은 전압에서도 전구가 작동

하기 위해) 전구의 저항을 증가시키는 것을 필요로 했으며, 이는 다시금 필라멘트의 길이를 길게 해야 한다는 생각으로 연결되었다. 궁극적으로 탄소 필라멘트가 성공적인 전구로서 자리 잡게 되었다.

당시 전구를 개발하기 위해 노력 중이던 대부분의 다른 발명가들은 전구 자체에만 초점을 맞추고 있었다. 하지만 에디슨은 전구뿐만 아니라 전기를 분배하는 시스템 모두를 고려했다. 후자에 대한 고민은 자연스럽게 전구에 대한 추가적인 제약 조건을 적용할 수 있게끔 하였다. 이러한 추가적인 제약 요인로 인해 에디슨은 새로운 해결책을 착안할 수 있었다. 이 사례의 핵심은 여기에 있다.

혁신을 원하는 개인과 조직은 관심의 대상인 장비나 장치 그 자체뿐만 아니라 그것이 작동하게 될 보다 넓은 체계까지 판단과 고민의 영역에 포함시켜야 한다. 왜냐하면 더 큰 체계가 추가적인 제한점을 부각해 (역설적이게도) 문제를 더 쉽게 만들고, 해결책에 더 정교하게 다가갈 수 있도록 도와주기 때문이다.[49]

전국모의고사 상위 0.1%의 비밀

나의 지도교수였던 아트로부터 들은 이야기 중 지금도 두고두고 생각나는 말이 있다.

“세상에는 두 종류의 지식이 있다. 첫 번째는 내가 알고 있다는 느낌은 있는데 설명할 수 없는 지식이다. 두 번째는 내가 알고 있다는 느낌뿐만 아니라 남들에게 설명할 수도 있는 지식이다. 두 번째 지식만이 진짜 지식이며 내가 쓸 수 있는 지식이다."

창의적인 아이디어가 정말 쓸 수 있는 것이 되려면 이른바 설명하기 방식을 통해 할 수 있는 것과 할 수 없는 것, 현실적인 것과 비현실적인 것, 필요한 것과 필요 없는 것이 확연히 구분되어야 한다. 그리고 이러한 구분을 할 수 있기 위해서는 메타인지의 역할이 중요하다.

2011년부터 연재한 네이버 캐스트 '오늘의 심리학' 코너에서도 메타인지에 관한 내용에 대해 자세히 설명한 바 있다. 다양한 댓글이 올라왔는데 그 중 이전에 메타인지에 대해 들어본 적은 있지만 이제야 제대로 알게 되었다는 내용이 꽤 많았다. 메타인지가 우리 생각의 시스템에서 매우 중요함에도 지금까지 그 의미를 제대로 알 기회가 많지 않았음을 알 수 있었다.

많은 강연과 글쓰기를 통해 일반 대중에게 메타인지를 정확하게 이해시키기 위해 애써왔으나, 메타인지에 대해 다듬고 정리한 내용이 매우 적다는 사실에 스스로 놀라기도 했다. 메타인지를 통한 인식은 무엇보다 중요하다.

얼마 전, 〈0.1%의 비밀〉이라는 프로그램이 방송된 적 있었다. 이 프로그램은 전국모의고사 전국 석차가 0.1% 안에 들어가는 800명의 학생과 평범한 학생 700명을 비교함으로써 두 그룹 간에 어떠한 차이가 있는지를 알아보고자 하였다. 그런데 당시 제작진과 자문을 맡고 있던 나의 공통된 고민이 하나 있었다. 여러모로 사전조사를 했지만 0.1%에 속하는 친구들과 일반 학생 사이에 큰 차이가 발견되지 않은 것이다. IQ도 특별히 높지 않고, 부모의 경제력이나 학력에도 큰 차이가 없었다. 그렇다면 도대체 무엇이 이 엄청난 차이를 만들어내는 것일까? 고민 중 문득 이런 생각이 뇌리를 스쳤다. '아, 메타인지!' 곧 이 친구들을 대상으로 우리는 색다른 실험을 해보았다.

변호사, 여행, 초인종 등 서로 연관성이 없는 단어 25개를 하나당 3초씩 모두 75초 동안 보여주었다. 그러고는 얼마나 기억할 수 있는지를 검사하였다. 여기에서 중요한 건 검사를 받기 전 '자신이 얼마나 기억해낼 수 있는가'를 먼저 밝힌 후 단어를 기억해내는 것이었다.

결과는 흥미로웠다. 0.1%의 학생들은 자신의 판단과 실제 기억해낸 숫자가 크게 다르지 않았다. 반면 평범한 학생들은 이 둘 간의 차이가 훨씬 더 컸다. 더욱 재미있는 사실은 기억해낸 단어의 수에는 두 그룹 간의 차이가 크지 않았다는 점이다. 기억력 자체에는 큰 차이가 없지만, 자신의 기억력을 객관적으로 바라보는 측면에서는 0.1%의 학생들이 더 정확했던 것이다. 이 차이는 바로 메타인지 능력에서 비롯된다.

앞에서 '과테말라에서 일곱 번째로 큰 도시의 이름을 아시나요?'에 대해 설명할 때 나온 사례가 바로 메타인지와 관련된 것이다. 컴퓨터와 달리 자신의 뇌 전체를 스캔하지 않고도 자신이 모른다는 사실을 빨리 판단하는 능력이 바로 메타인지가 하는 일이다.

메타인지는 자신의 인지적 활동에 대한 지식과 조절을 의미한다. 내가 무엇을 알고 모르는지에 대해, 아는 것에서부터 자신이 모르는 부분을 보완하기 위한 계획과 그 계획의 실행 과정을 평가하는 것에 이르는 전반을 포함한다.[50] 이 능력이 뛰어난 사람은 자신의 사고 과정 전반에 대한 이해와 평가를 할 수 있어 어떤 것을 수행하거나 배우는 과정에서 구체적으로 어떤 활동과 능력이 필요한지 파악하고 전략을 세워 적절히 사용할 수 있다.

여기에는 지식과 조절, 두 가지 구성 요소가 필요한데 이를 좀 더 구체적으로 살펴보자.

첫째는 '메타인지적 지식metacognitive knowledge'이다. 이는 무언가를 배우거나 실행할 때 내가 아는 것과 모르는 것을 정확히 파악할 수 있는 능력이다. 예를 들어 수학시험 공부를 하면서 순열조합은 잘 알고 있는데 이항정리 부분은 잘 모른다는 것을 파악할 수 있다면 메타인지적 지식을 가지고 있는 것이다. 이 지식이 부족한 경우 우리는 실생활에서 잘 알고 있는 부분을 계속 들여다보면서 시간을 허비할 가능성이 크다.

둘째는 '메타인지적 기술metacognitive skill'이다. 이는 메타인지적 지식에 기초하여 발휘된다. 예를 들어 이항정리 부분을 잘 모른다는 것을 알 경우, 이 부분을 집중적으로 계속해서 볼지, 아니면 여러 차례에 걸쳐 들여다볼지 등 전략을 사용하는 능력을 의미한다.

이러한 메타인지 능력은 어떻게 향상될 수 있을까? 가장 관심 가는 질문이면서도 쉽게 대답하기 어려운 부분이다. 단정적으로 말하기에는 너무나 다양한 방법과 변수가 존재한다. 여기에서 간접적이면서도 의미심장한 방법 하나를 알아보기 위해 다시 0.1%의 비밀로 돌아가보자.

0.1%에 속하는 친구에게는 다양한 친구들이 다양한 질문거리를 가져온다. 그럼 대부분은 열심히 설명해준다. 이 친구들은 일상적으로 '설명'이라는 행위를 자주, 많이 하고 있음을 알 수 있다. 심지어 자신의 공부방에 보드를 달아놓고 중요한 부분을 공부한 후, 부모님에게 그 내용을 설명하는 '선생님 놀이'를 하는 여학생도 있었다. 그렇다면 이 '설명'이라는 것은 도대체 무엇일까?

지도교수 아트가 말한 두 종류의 지식 중, 스스로 설명할 수 없는 첫 번째 지식은 왜 지식이 아닐까? 실제 우리가 알고 있는 것이 아니기 때문이다. 다만 자주 경험해서 친숙하므로 내가 잘 알고 있다고 착각하고 있을 가능성이 크다. 우리는 실생활에서 자주 이런 경험을 한다.

가족이 휴갓길에 올랐다. 그런데 가는 길에 자동차가 고장이 나서 멈춰 섰다. 남편이 차에서 내려 자동차 보닛bonnet을 자신 있게 열어본다. 그러나 할 수 있는 것은 별로 없다. 멍하니 쳐다볼 뿐이다. 보다 못한 부인이 핀잔을 준다. "고치지도 못할 것을 뭣 하러 열어봐?" 남편은 보닛을 열어보기 전에는 왠지 문제점을 발견하고 해결책을 찾을 수 있을 것 같은 기분이 들었다. 왜? 차 내부를 이해해본 적은 한 번도 없었지만, 그 차는 매일 보았으므로 '친숙'하기 때문이다.

양변기, 냉장고, 세탁기 등 우리 주위의 무수히 많은 친숙한 물건이나 장치에 대해서 잘 아느냐고 물어보면 대부분 사람은 '그렇다'고 대답한다. 하지만 그 작동 원리를 설명해보라고 되물으면 난감한 표정을 짓는다. 누구나 학창시절에 '자, 이만하면 충분하다'고 생각했지만, 막상 시험을 볼 때는 눈앞이 캄캄해지거나 머리가 갑자기 텅 빈

것 같은 경험을 했을 것이다. 모두 첫 번째 종류의 지식만 가졌기 때문이다.

이는 '우리나라 수도' 이름과 '과테말라에서 일곱 번째로 큰 도시'의 이름을 아는지 모르는지에 관한 판단 속도와도 연결된다. 전자의 질문에 대답하기 위해 나는 무엇에 의존하는가? 역시 친숙성이다. '우리나라'와 '수도'는 모두 친숙한 대상이다. 그래서 '안다'는 대답을 빠르게 할 수 있다. 반면 '과테말라'라는 나라는 친숙하지 않으며, '세 번째로 큰 도시'와 같은 질문도 (제일 큰 도시와 같은 질문에 비해) 평소 자주 받는 질문이 아니다. 두 측면 모두 전혀 친숙하지 않다. 그러므로 '모른다'는 대답을 빠르게 할 수 있는 것이다.

아주 친숙하거나 전혀 친숙하지 않으면 나의 메타인지는 매우 수월해질 수 있다. '친숙한데 실제로는 잘 모르고 있는' 내용이나 반대로 '친숙하지 않은데 실제로는 잘 알고 있는' 내용에 대한 우리의 초기 판단은 오류를 만들어낼 가능성이 매우 높다. 친숙함이 우리로 하여금 알고 있다는, 그래서 할 수 있다는 착각을 하게 만든다.

설명할 수 없으면 아는 것이 아니다

미국 카네기 멜론대학 심리학과 린 레더Lynne M. Reder 교수는 매우 흥미로운 연구 결과를 발표한 적 있다.[51] 이 연구에 참가한 사람들은 먼저 '23×15'와 '47+18'과 같은 여러 개의 사칙연산 과제를 풀었다. 그다음 참가자들은 다음과 같은 지시문을 받았다.

"자, 지금까지는 연습이었습니다. 지금부터는 본격적으로 문제를 풀어봅시다. 그런데 문제마다 풀기 전에 A와 B 중, 하나의 옵션을 재빨리(통상 1~3초의 짧은 시간) 선택하고 문제를 풀어야 합니다. 옵션 A를 선택하면 빨리 답을 구해야 하고 정답을 맞히면 50포인트를 받습니다. 하지만 옵션 B를 선택하면 여유 있게 답을 구할 수 있고 정답일 경우 5포인트를 받습니다."

이런 전제조건을 준다면 어떻게 해야 할까? 상식적으로 문제가 쉽다고 판단한 경우에는 옵션 A를 선택한 뒤 문제를 풀고, 어렵다고 판단하면 옵션 B를 선택하여 문제를 풀 것이다. 예를 들어 47+18이 나오면 옵션 A를, 23×15가 제시되면 옵션 B를 선택하는 것이 적절한 선택 방식이다.

그런데 여기에는 함정이 하나 숨어 있었다. 사전에 연습할 때, '47+18'을 주기적으로 제시하였다. 그리고 이 문제를 다시 옵션을 선택하게 하여 문제를 풀 때도 제시하였다. 결과는 매우 재미있었다. 사람들은 '19×35'와 같이 사전 연습 시행에서 본 적이 없는 문제는 당연히 옵션 B를 선택하고 문제를 풀었다. 그런데 '47×18'과 같은 문제에 옵션 A를 선택하는 사람들이 늘어난 것이다. 시간이 더 필요한 문제임에도 그렇게 했다. 왜냐하면 47과 18이라는 두 숫자를 사전에 자주 보았기 때문이다. 그런데 그 숫자는 더하기 형태의 문제를 통해서 친숙해진 것일 뿐 곱하기 형태로 제시되면 전혀 다른 문제임을 간과했다. 우리는 이렇게 메타인지의 판단 착오로 인한 오류를 종종

범한다.

그럼 '설명'은 어떤 과정을 포함하는가? 핵심은 내가 설명하고자 하는 그 대상에 대한 본질적 이해에 있다. 즉, 이해가 수반되지 않으면 설명은 불가능하다. 그리고 설명을 하면서 내가 이해하지 못한 부분을 스스로 확인할 수 있다. 그러므로 스터디 그룹에서 최대의 수혜자는 열심히 발표 준비를 해서 다른 사람에게 설명해주는 사람이다. 결코 설명을 듣는 사람이 아니다.

또한 설명하려면 '아, 이건 이래서 그런 거구나'라는 느낌이 들 정도까지 이해해야 하며, 그런 느낌은 기억에도 오래 남는다. 그다음으로 눈이 아닌 입이 필요하다. 주위에 다른 사람이 없다면 나 자신에게라도 설명을 해봐야 한다. 내가 실제로 모르고 있는 것들이 일목요연하게 발견되며 무엇을 해야 할지도 자연스럽게 정리된다. 이러한 과정을 통해서 매우 유용하지만 때로는 우리 자신을 기만할 수도 있는, 메타인지라는 눈을 정확하게 만들 수 있다. 메타인지는 그야말로 '느낌'을 결정하는 장치이기 때문이다. 그래서 뭔가를 실제로 하기 전에는, 메타인지가 어떤 것을 얼마만큼 할 수 있는지에 대해 정확한 판단을 내릴 수 있어야 한다. 말하는 입과 글 쓰는 손을 통해서.

창의적 아이디어를 실행할 때는 메타인지를 통해 오류에 빠지지 않는 것이 중요하다. 그럼에도 메타인지가 가끔 우리로 하여금 판단 실수를 범하게 한다. 창의적 아이디어가 떠올랐을 때 흡족한 마음에 뭔가 대단한 일을 할 수 있을 것만 같은 자신감이 불쑥 생긴다. 이때 메타인지가 우리를 속일 가능성이 커진다. 이때 설명은 이를 무너뜨릴 좋은 무기가 된다. 우리가 무언가를 설명하기 위해서는 그 현상이나 문제 자체만을 묘사해서는 불가능하다. 어떤 대상을 제대로 설명하기 위해서는 그 대상 이전의 일은 '왜냐하면'에 들어가야 하고, 그 대상 이후에 일어나는 일은 '그렇기 때문에'라는 말을 통해 연결돼야 한다. 계속되는 원인과 결과의 인과관계를 풀어나가야 한다. 에디슨 역시 이러한 설명의 위력을 알고 있었기 때문에 항상 자신의 연구진과 설명을 주고받았다. 그 결과가 바로 현재의 전구 형태를 띠게 된 것이며 이는 결코 전구에만 집중한 결과가 아니다.

대부분의 조직은 창의적 아이디어가 필요할 때는 브레인스토밍과 같은 방법을 동원하여 토론과 회의에 아낌없이 시간과 비용을 투자한다. 하지만 실행 단계에 와서는 아이디어가 정해졌다는 만족감에 각자의 일에 몰두하기 바쁘다. 정작 대화나 설명이 필요한 단계는 실행 단계부터이다.

안타깝게도 꽤 많은 조직이 반대 방향으로 움직인다. 아이디어 회의라고 이름 붙여진 다양한 만남에서는 남들의 눈을 의식하며, 실행 가능 여부를 필요 이상으로 고려하여 매우 제한된 아이디어를 생성해낸다. 자기 생각을 가감 없이 얘기할 수 있다는 '브레인스토밍'이란 이름을 붙이지만 그건 회의의 명칭일 뿐이다. 용기를 내서 말한 아이디어에 대해 다른 참석자의 '피식'하는 짧은 웃음소리가 주는 불안감이나 상처를 누구나 잘 알고 있다. '분위기 파악'하는 능력이 유난히 강조되는 한국 문화에서 브레인스토밍이라는 회의 형태는 그 이름에서 주는 위안 이상을 우리에게 주지 못한다.

그런 회의에서 채택된, 기존의 것에서 크게 벗어나지 않는 아이디어를 가지고 이제 사람들은 각자 자신의 방으로 돌아가 그 아이디어를 위해 입을 닫고 각자 일을 시작한다. 당연히 일은 꽤 빠르게 진행된다. 이미 실행 가능한 아이디어를 채택했기 때문이다. 마지막 순간 최종 결과가 나와서야 창의적이거나 혁신적인 것이 별로 없음을 깨닫는다. 이제 반대로 접근해보자. 아이디어를 만들 때는 서로가 떨어질 필요가 있다. 문제뿐만 아니라 사람으로부터도 배양기를 가질 필요가 있다. 결국 같은 문제를 고민하는 사람들이기 때문이다.

질문의 힘

많은 사람들이 이런 질문을 한다. 어떻게 하면 자식이나 직원을 성장시킬 수 있는가에 대해서 팁을 달라고 말이다. 물론 이 세상에 거창한 조언들은 참으로 많다. 덕으로 대하라. 비전을 부여하라 혹은 내적 동기를 자극해주라 등 말이다.

이런 말을 많이 들어봤을 것이다. '좋은 질문이 최고의 공부다.' 전 세계에서 가장 열심히 공부하고 일하는 우리나라 사람들이 성장의 한계에 직면했을 때 국내외 석학과 전문가들에게 거의 언제나 지적받고 있는 측면이다. 질문이 없다는 것이다. 그리고 좋은 질문을 만들어 내고 거기에 대답하는 상호작용이 없다는 것이다. 맞는 말이다. 우리는 지시와 복종, 근면과 몰입은 있어도 질문과 대답은 거의 없다.

좋은 질문과 거기에 대한 고민이 있어야 성장할 수 있다.

그렇다면 어떤 질문이 좋은 질문인가? 여기서부터 머리가 복잡해진다. 좋은 질문에 관한 여러 가지 말들이 많지만 그 역시 좋은 질문이라기보다는 좋은 질문으로 인해 가질 수 있는 긍정적 결과들을 열거한 것에 가깝기 때문이다.

그렇다면 어떻게 질문해야 할까? 모든 것을 만족시킬 수는 없지만 인지심리학자들의 연구들을 둘러보면 다음과 같은 재미있는 조언이 가능하다. 좋은 질문이란 '질문을 통해서 같은 내용이지만 다른 분량으로 대답하도록 요구하는 것' 이다. 예를 들어보자. 부하 직원이 며칠 밤을 새우고 준비한 기획안이 내 앞에 있다고 생각해보자. 대학교수인 필자에게는 대학원생들의 연구계획서가 이런 기획안에 해당한다. 한 학기에도 많은 대학원생들이 수십 페이지에 달하는 연구계획서를 제출한다. 이 두꺼운 계획서를 검토한 필자는 대학원생에게 대뜸 이렇게 질문한다. "자네가 작성한 연구계획을 정확히 5분 분량으로 설명해 봐." 그러면 그 대학원생은 대략적인 내용 위주로 5분에 맞게 설명해 본다. 가능할 수도 있고, 필자의 성에 차지 않을 수 있다. 그 결과에 개의치 않고 이제 필자는 다시 이렇게 질문한다. "이번에는 그 내용을 단 한 줄로 요약해 봐." 대학원생은 당황하지만 시도해 본다. 그러면 어떤 변화가 일어나는가? 일단 구체적이고 전문적인 용어는 쓰지 못한다. 그 수많은 내용을 아우르자니 이제 추상적이면서 포괄적인 표현이 나와야 한다. 심지어는 대답하는 사람이 머쓱하게 웃을 정도의 문학적 표현이 나오기도 한다.

이제 필자는 짓궂게 다시 이렇게 주문한다. “그럼 다시 10분 분량으로 설명해 보게.” 이러면 재미있는 변화가 일어난다. 아까 그 한 줄짜리 제목이 큰 줄기가 되어 더 많은 분량과 전문용어가 나온다. 그러면서도 자기만의 구성이 자리를 잡기 시작한다. 그리고 무엇이 누락되어 있는가도 오히려 더 잘 보이게 된다. 같은 내용을 전혀 다른 분량으로 설명하게 만드는 질문이 지니는 힘이다.

자신의 지식과 계획을 추상적이고 포괄적으로 함축하게 만드는 ‘한 줄로 요약하라’ 와 큰 줄기에 무엇이 빠져 있는가를 되돌아보게 만드는 ‘다시 늘려 설명하라’ 가 반복되는 과정에서 우리는 스스로 더욱 견고하면서도 설득력 있는 무언가를 만들 수 있다.

좋은 질문을 하라는 세상의 주문들과 명언을 너무 어렵게 생각하지 마라. 좋은 질문은 그 질문에 대답하는 사람으로 하여금 재구성하고 큰 뼈대를 만들어 줌과 동시에 무엇이 빠져 있는가를 정밀하게 확인하게 만들어 주는 질문이 아니겠는가? 같은 내용을 전혀 다른 시간의 길이로 설명하는 과정을 통해 가능하다.

회피동기로 나무를 봐야 할 때

창의적 아이디어를 만들기 위해서는 접근동기가 힘을 발휘해야 하지만 회피동기 또한 창의적인 아이디어에 필요하지 않을까? 당연하다. 창의적인 아이디어를 본격적으로 실행하는 단계에서는 구체적이고 부분적인 것들을 파악해야 한다. 이때 필요한 것이 숲이 아닌 나무를 보게 하는 회피동기이다.

앞서 소개한 네이본Navon 과제를 다시 살펴보자. 기억을 돕기 위해 잠깐 설명하면, '전체 형태가 어떤 글자인지, 작은 부분이 어떤 글자인지'를 질문 받고 가능한 한 빠르게 대답하는 실험이다.

여기에서 우리는 회피동기가 숲을 보게 하지는 않아도 개별 나무로 나누어보는 능력은 향상시키는 것을 알 수 있었다. 접근동기가 자극된 사람은 추상적이고 대략적인 윤곽에 해당하는 것을 잘 파악하고, 회피동기가 자극된 사람은 세부 속성 파악을 더 잘한다는 결과를 얻었다. 그리고 일상생활에서도 마찬가지의 양상을 쉽게 발견할 수 있다.

회피동기는 추상적이고 일반 언어로 표현된 아이디어를 구체적이고 특정적인 언어로 다시 표현할 수 있게 해준다. 디지털카메라에서 일반 언어를 통해 무언가를 담을 수 있다는 점에서 필름과 다르지 않았던 '카세트테이프'가 다시 특정적(즉, 카메라)인 언어로 돌아와 '렌즈'와의 연결을 위해 구체적으로 무엇이 다른가를 생각해보게 한다. 그리하여 하나의 장치로 구현된다.

요약하면 창의적 아이디어의 '생성' 단계와는 달리 '실행' 단계에서는 다른 사고방식과 동기가 필요하다. 영역 특정적인 언어로 되돌아와 다른 방식의 묘사와 기술이 '단계'별로 구체적으로 이루어져야 하며, 되풀이되는 설명 속에서 구현 가능한 것과 불가능한 것들이 파악되어야 한다. 이제부터는 '실패하지 말아야지'라든가 '이 좋은 아이디어를 망치지 말아야지'와 같은 회피동기가 필요한 시기이다. 이러한 것들이 생성과 실행 단계에서 훌륭히 이루어진다면 그 결과는 반드시 창의적일 것이다. 하지만 여기에는 또 하나의 변수가 있다. 바로 환경과 맥락이다.

창의와 조삼모사

조삼모사朝三暮四. 우리 모두 잘 알고 있는 고사성어다. 중국 송나라 저공狙公의 고사로 먹이를 아침에 3개, 저녁에 4개씩 주겠다는 말에는 원숭이들이 적다고 화를 내더니 아침에 4개, 저녁에 3개씩 주겠다는 말에는 좋아하였다는 데서 유래한다. 눈앞에 보이는 이득에만 집착하여 근시안적 태도를 보이는 어리석음을 일컫는다. 그런데 참으로 재미있게도 인간에게 있어서는 조삼모사가 필요하다. 결론부터 말하자면 창의와 혁신을 위해서는 조삼모사의 순서가 훨씬 더 좋다는 것이다.

상식적으로 인센티브와 같은 보상을 강하게 제시하면 동기가 부여돼 일을 함에 있어서 집중력이 배가되고 안정성stability이 생긴다. 하지만 그 반대로 유연함은 떨어지게 마련이다. 그래서 발상의 전환(유연함)이 필요한 창의적 일을 할 때는 보상에 대한 기대가 오히려 독이 되는 경우가 허다하다. 그렇다면 인센티브와 같은 보상은 언제나 유연성을 갉아먹기만 할까? 예일 대학 심리학과의 Marvin Chun(한국

명 천명우) 교수와 그의 제자인 제레미 센Jeremy Shen 박사는 이 점을 잘 보여주는 연구를 진행해 왔다.[52] 결론부터 말하자면 보상이 지속적(변화 없이)으로 높은 수준에서 이뤄지면 사람들은 일을 함에 있어서 안정감을 가장 중요한 것으로 생각하고 추구한다. 실제로 사람들은 한 가지 일을 오래하거나 집중을 요하는 일에서 최적의 수행을 보였다. 하지만 보상을 점진적으로 높이면 (더 정확하게는 그럴 것이라고 생각하게 만들면) 사람들은 안정성보다는 유연함을 더 강하게 보인다. 한 가지 일을 하다가 다른 종류의 일을 하도록 했을 때 그 일에 보다 더 쉽고 빠르게 적응한다는 것이다.

독일 레겐스부르크Regensburg 대학의 심리학자인 커스틴 프로버Kerstin Fröber와 제신 드리스바흐Gesine Dreisbach 교수는 이 점을 더욱 자세히 알아보는 연구들을 진행했다.[53] 이들은 기대되는 보상의 각기 다른 크기가 어떤 순서로 다가오느냐에 따라 전혀 다른 행동들과 전략들을 자극한다는 것을 밝혀냈다. 점점 보상이 커질 것이라는 기대를 만들면 일을 전환함으로써 훨씬 더 큰 이익을 창출할 수 있을 것이라는 기대가 높아진다. 그리고 일의 전환에 따른 기회비용에 관한 거부감은 최소화된다. 결국 유연함flexibility이 극대화된다는 것이다. 창의와 혁신이 필요한 일에 적합할 것이다.

반면 같은 크기의 보상을 지속적으로 유지하면 사람들은 일의 종류를 전환하는 비용을 더 크게 느끼고 따라서 같은 일을 반복하는 것에 더 강한 충동을 느낀다. 정교함과 집중을 요하는 세밀한 일에 필요할 것이다. 더욱 놀라운 결과가 있다. 이렇게 보상의 크기에 변화가 없을 때는 보상을 점진적으로 감소할 때보다도 그 유연함을 더 떨어뜨리더라는 것이다. 보상에 변화가 없는 조직이 왜 보수적으로 가는가를 설명하는 듯하다. 가장 중요한 점은 이런 모든 조건에서 사용된 인센티브의 총량은 같다는 것이다. 합치면 어떤 경우에도 7이 되는 조삼모사에서처럼 말이다.

왜 그럴까? 연구자들의 추정을 종합해 보면 결국 자발성에 그 해답이 있다. 현재나 미래에나 인센티브에 변화가 없다. 그럼 미래에도 현재 잘하고 있는 일을 반복해서 잘하면 그만이다. 하지만 현재는 인센티브가 적어도 미래로 갈수록 점점 더 커질 것이다. 그렇다면 지금 하는 일로부터 자발적으로 변화를 만들어 내 더 큰 인센티브에 걸맞은 무언가를 새롭게 창출해야 한다. 즉 보상 크기의 순서는 어떻게 만들어지는가에 따라 '자발성' 이라는 것에 엄청난 영향을 미친다는 것이다. 인센티브를 위한 같은 자원이라도 어떻게 사용되는가에 따라 전혀 다른 일에 전혀 다른 역량을 자극한다는 최근의 연구 결과들은 폴로어들에게 줄 수 있는 것이 별로 없다는 요즘의 리더들에게는 중요한 사실이 아닐 수 없다.

04

창의성을 발견하는 안목이 더 중요하다

창의적인 사람은 골칫덩어리?

한 개인이 아무리 창의적이어도 그를 둘러싼 주변 사람이나 분위기가 이를 지지해주지 않는다면, 창의적인 아이디어의 발현이나 창의적인 결과물의 생산은 쉽지 않다. 환경이라는 요인 역시 한 사람이 창의적으로 될 수 있는가 없는가에 만만치 않은 영향력을 미친다. 한 개인을 제외한 모든 변인은 환경 요인이다.

창의적인 사람들도 여러 가지 편견이나 부정적 시각에서 자유롭지 않다. 이 때문에 창의적 발현에 어려움을 겪는 경우를 우리 주변에서 자주 볼 수 있다. 특히 나이가 어릴수록 일반적인 사회적 시선은 그의 행동이나 사고에 대해 부정적인 게 사실이다. 게다가 상당수 학생은 창의적 능력이 높음에도 사회적 규범의 잣대로 창의적 결과를 과소평가 받는다. 심지어 창의적 결과를 위해 특별히 쏟은 노력마저 독단적이고 개인적이라고 폄하된다.[54]

물론 우리나라만 그런 것은 아니다. 1994년에 출판된 미국 갤럽의 조사 결과에 따르면 미국인들 역시 '첨단지식을 주도하는 창의적 사람들'에 대해 '자기 일에만 몰두하며 타인의 일이나 사회적 책임 등에 무관심한 사람'이라는 이미지를 갖고 있었다.[55] 또한 1960년대의 미국 교사들은 높은 창의성을 가지고 있는 학생보다 높은 지능을 가지고 있는 학생들을 더 선호하는 경향이 강하게 나타났다.[56] 이러한 경향성은 최근까지도 서구권 국가에서 이어지고 있다.[57]

그렇다면 지금까지 왜 이러한 갈등과 마찰이 끈질기게 일어나고 있는 것일까? 여러 가지 답이 가능하겠지만, 먼저 창의가 지니는 다양한 측면 중 능력이라는 요인에만 중점을 두기 때문이다. 실제로 많은 부모는 내 아이가 창의적인 능력을 길러 경쟁력 있는 인물로 자라기를 바란다. 이는 기존의 선행학습 위주의 사교육이 갖고 있는 목적과 크게 다르지 않다. 창의를 매우 협소한 의미로 바라보는 관점일 뿐만 아니라 개인 위주의 비생산적인 경쟁 심화라는 국가적 문제와도 결부된다. 당연히 지양되어야 할 가치관이다.

경쟁과 능력의 관점으로 재단하는 것은 결국 모든 것을 상대 비교에 초점을 맞추게 한다. 비교는 기존의 것에 비해 어느 정도의 세밀함이나 우위를 가졌는지에만 집착하게 한다. 이는 이전에 없는 뭔가를 창조해내는 혁신과는 거리가 멀다. 창의적인 사람 못지않게 창의성

이 발휘될 수 있는 환경과 창의적인 것을 알아보는 '안목'을 지닌 사람이 많아져야 한다.[58]

창의적인 사람보다 더 중요한 것

창의성에 관한 강연과 연구로 유명한 성균관대 최인수 교수가 강연에서 자주 인용하는 내용이 있다.

산드로 보티첼리(Sandro Botticelli, 1445-1510)의 〈비너스의 탄생〉

지금은 너무나 유명한 화가 산드로 보티첼리의 〈비너스의 탄생〉은 누구나 한 번쯤은 본 기억이 있을 것이다. 그런데 이 그림이 무려 400년 동안 와인 저장고에 방치된 사실을 아는 사람은 많지 않다. 이 그림은 그려지고 난 후 아주 오랫동안 제대로 된 평가를 받지 못했다.

15세기 당시 이탈리아의 최고 화가는 라파엘로라고 모두 한목소리로 이야기하고 있었다. 게다가 그의 화풍은 요즘 쉽게 찾아볼 수 있는 프랜차이즈 식의 사교육 형태까지 만들어냈다. 이른바 '라파엘로 따라 하기'가 대유행을 하던 시기였다. 이러한 화풍을 따르지 않았던(그래서 창조적이었던) 보티첼리의 그림은 주류로부터 거의 인정을 받지 못했다.

그런데 수백 년 후, 러스킨John Ruskin이라는 영국의 저명한 비평가가 보티첼리의 작품이 지닌 엄청난 예술적 가치를 발견했다. 그리고 그동안의 무지와 방치에 대한 분노와 함께 그를 찬양하는 글을 발표하기에 이르렀다. 이후 그의 글을 읽은 많은 사람들은 보티첼리의 그림에 엄청난 관심을 가졌다. 그 결과 현재 그의 그림은 르네상스 근원지인 피렌체 우피치 미술관에서도 가장 좋은 자리에 전시되어 있다.

그럼 한 번 생각해보자. 현재 우리가 보티첼리의 창의적인 그림을 마음껏 감상할 수 있게 된 것은 그림을 그린 보티첼리 때문인가, 아니면 그의 그림의 진가를 알아본 러스킨 덕분인가? 물론 두 사람 모두의 노력이 있었기에 가능했음은 두말할 나위가 없다. 그런데도 우리는 후자의 안목과 노력에는 별 관심을 기울이지 않는 경향이 심하다. 우리 주위에는 이와 비슷한 경우가 너무나 많이 있다.

대부분의 사람이 매일 사용하는 컴퓨터의 윈도우Windows라는 운영체제가 또 다른 좋은 예이다. 80년대까지 컴퓨터는 검은 바탕에 커서가 깜빡이는 도스DOS 운영체제가 사용되었다. 쉽게 사용할 엄두가 나지 않을 정도로 거리감이 있었다. 이후 윈도우 시스템이 개발되면서부터 컴퓨터는 누구나 쉽고 빠르게 사용할 수 있게 되었다. 고맙기 그지없는 일이다.

그런데 이렇게 좋은 것을 누가 만들었을까? 빌 게이츠? 스티브 잡스? 모두 정답이 아니다. 윈도우와 같은 GUIGraphic User Interface를 최초로 고안한 사람들은 복사기로 유명한 제록스 사社의 연구소 중 하나인 팔로알토 리서치센터PARC: Palo Alto Research Center 연구원들이었다. 이들은 제록스 내부의 연구 업무를 위해 현재의 윈도우 운영체제의 모태에 해당하는 것을 이미 70년대 후반부터 직접 만들어 사용하고 있었다. 하지만 제록스의 경영자들은 이 엄청나면서도 획기적인 운영체제가 지닌 잠재력을 전혀 인식하지 못했다.

그러던 어느 날, 애플 컴퓨터의 몇몇 사람들이 PARC를 들렀고 그 방문자 중에 스티브 잡스도 있었다. 잡스는 이 시스템이 지닌 엄청난 사용자 편의성과 시장에서의 잠재성을 단박에 알아보았다. 이 기술을 이용하여 애플은 성장의 날개를 달게 된다. 이후 스티브 잡스는 이렇게 말했다.

"제록스 사람들은 자신들이 무엇을 가졌는지 모르고 있었다. 만일 그들이 PARC에서 개발한 시스템을 바탕으로 컴퓨터 시장에 도전할 비전을 가졌다면 제록스는 오늘날 컴퓨터 산업 전체를 지배했을 것이다. 그리고 그 성공을 통해 마이크로소프트나 IBM보다 열 배는 더 큰 기업으로 성장할 수 있었을 것이다."

잡스의 말에 컴퓨터 업계의 또 다른 거목, 빌 게이츠도 전적으로 동의했다. 스티브 잡스는 이후 PARC의 연구원을 대거 애플로 스카우트

도스 운영체제에서 윈도우처럼 누구나 쉽고 빠르게 컴퓨터를 사용할 수 있게 만들어준 혁신적인 운영체제의 최초 개발자는 제록스 연구원이었다.

하여 자신의 기업이 성장하는 데 일조하게 했다.

여기에서 다시 한 번 같은 질문으로 돌아가보자. 우리가 윈도우라는 혁신적인 운영체제를 사용할 수 있었던 것은 누구 덕분인가? PARC의 연구원들인가? 아니면 스티브 잡스인가? 당연히 그들 모두의 덕분이다. 하지만 우리는 전자의 역할에만 열광하고 후자의 엄청난 영향력에는 별 관심을 두지 않는다. 다시 한 번 강조하지만 후자의 관점과 발굴이 지니는 힘을 잊지 말아야 한다. 창의를 위한 환경 분야 전문가인 성균관대 최인수 교수에게 들은 이야기 중 항상 나의 기억에 남아있는 것이 바로 이 말이다.

"창의성은 결코 천재 개인만의 몫이 아니다."

우리는 창의적인 것을 알아볼 수 있는가?

우리는 왜 창의적인 환경을 만들지 못하고, 창의적인 사람을 알아보지 못할까? 그 원인 중 하나는 바로 우리 자신에게 있다. 대부분의 사람이 자신은 창의적이지 못하고, 창의적인 업적은 극소수의 천재들에 의해 이루어진다고 한정 짓는다.

또한 어떤 이들은 나이 탓을 하며 자신보다 젊은 사람들이 창의적이면 그만이라고 생각하기도 한다. 한편으로는 자포자기의 심정이고 한편으로는 안타까운 생각이다. 실제로 성공으로 연결된 성과를 보면 창의적인 사람보다는 오히려 창의적인 것을 알아본 사람에게서 더 자주 목격할 수 있기 때문이다. 큰돈을 버는 경우도 창의적인 것을 만들어낸 사람보다 오히려 알아본 사람에게서 더 많이 찾아볼 수 있다.

그래서 '창의적인 나'도 중요하지만 '창의적인 사람을 둘러싸고 있는 환경으로서의 나' 역시 중요하다. 환경과 주변으로서의 나 역시 창의적인 무언가의 주변인물이 아니라 주인공이기 때문이다. 이를 위해서 우리 모두 창의적인 사람을 인정하고 여유 있게 기다려주며 그에 걸맞은 개방적 사고를 갖는 것이 필요하다. 부모, 교육자, 직장의 상사, 선배, 그리고 동료로서 각자가 먼저 개방적이고 유연해야 하며 추상적 사고를 즐길 수 있어야 한다. 이런 '의무'가 있어야만 창의적인 무언가를 무심결에 지나치지 않고 알아볼 수 있으며 그것을 만들어낸 사람과 함께 발전할 수 있다.

THINKING POINT
똑똑해지기

‘창의적? 좋지. 하지만 그건 나중 일이고 일단 다른 게 더 중요해!’

사람들에게서 가끔 이런 의식을 발견하게 된다. 또한 많은 부모들이 이렇게 이야기한다.

“내 아이가 창의적으로 되는 것까지는 바라지 않습니다. 다만 똑똑하게 공부를 잘했으면 좋겠습니다.”

많은 기업에서도 마찬가지다.

“물론 창조적인 인재가 필요하고 중요하다는 걸 잘 압니다. 하지만 일단은 일을 열심히 하는 의욕적인 사람만 뽑을 수 있어도 좋겠습니다. 그런 사람들도 구하기가 어렵거든요.”

심지어 이런 예도 있다. ‘창의적 인재 육성’, ‘창조적 인재 선발’ 같은 주제를 내건 초빙 강연에 갔을 때이다. 담당자가 조심스럽게 부탁한다.

“공부 잘하는 법을 좀 부탁해도 될까요?”

“직무 능력 향상을 위한 구체적인 방법도 좀 말씀해주시겠습니까?”

이 말은 ‘내 아이가 키가 크는 것까지는 바라지 않는다. 다만 발이 컸으면 좋겠다’ 라는 말과 같은 뜻이다. 키가 작은데 어떻게 발이 크겠는가? 그 둘 사이에는 매우 높은 상관관계가 있다. 그런데도 이런 말을 곧잘 듣는 이유는 무엇일까? 우리가 무의식적으로 창의적인 것과 공부나 일을 잘하는 것은 서로 다른 차원이라고 생각하는 경향이 있어서다. 그러므로 창의적이지 못해도 지적인 능력이 좋을 수 있다는 착각을 한다. 이는 매우 잘못된 생각이다.

똑같은 창의적 결과를 내더라도 성격이 매우 특이하면 사람들로부터 '그 사람 창의적이다'라는 말을 듣는다. 그런데 무난한 성격의 소유자라면 '창의적'이라는 말 대신 '대단한 능력의 소유자'라는 표현을 더 자주 사용한다. 그래서 우리는 에디슨, 스티브 잡스, 아인슈타인 등 '창의적'이라고 불리는 사람들의 일상적 성격은 매우 독특하고, 심지어 기이한 측면이 있을 것으로 짐작한다.

정말 그럴까? 절대 그렇지 않다. 그들의 삶에 관해 정확하게 말해줄 수 있는 지인의 이야기나 기록을 보면 그들 역시 '유머러스하다', '소박하다', '검소하다' 등 우리의 모습과 크게 다르지 않다. '창의적이다'와 '똑똑하다'를 구분하려는 마음을 버리지 않으면 보이지 않는 측면이다.

도대체 왜 창의적인 생각과 똑똑한 생각을 다르게 여길까? 이런 성향은 창의적인 사람의 결과적 특징만 보기 때문이다. 창의적인 사람의 특징이나 그들이 만들어낸 결과물은 대부분 아래의 몇 가지 공통점이 있다.

- 독창적이다. 따라서 매우 신기하다.
- 기존의 규범이나 관습으로부터 크게 벗어나 있다.
- 때로 기이하게 보이거나 들리기까지 한다.
- 일반적인 사람들은 생각해내지 못하는 결과들이다.
- 평범함을 거부한다.

이렇게 보면 창의적인 사람이나 창의적 결과들은 보편적이고 평균적인 기준에서 벗어나 있다. 뭔가 이상하거나 심지어 비정상으로 보인다. 그래서 학부모나 기업의 높은 분들이 "창의적이면 공부에 방해되지 않을까요?" 혹은 "창의적인 직원은 회사의 협력 관계를 해칠 수도 있지 않을까요?"라는 우려를 한다.

그러나 지금까지 살펴본 내용을 종합해보면 자연스럽게 '창의적인 것이 곧 똑똑한 것'이고 창의적이어야 공부나 일도 잘할 수 있음을 알 수 있다. 앞으로는 창의적인 사람이 만들어낸 결과가 아닌 원인으로서의 과정을 눈여겨보자. 그럼 우리는 어떤 때 가장 '덜' 창의적이 될까? 한 번 요약해보자.

- 불안한 인간은 사고의 폭을 좁히고 변화를 싫어한다. 따라서 고착되기 쉽다.
- 인지적 구두쇠인 인간은 다양한 대안을 고려하는 것 자체를 싫어한다.
- 주어진 문제를 해결하기 위해 다른 영역과 관련된 기존 지식을 적용하는 유추 능력이 부족하다.
- 문제로부터 한 걸음 떨어져 보는 배양기를 통해 다른 시각과 발상의 전환을 도모하지 않는다.
- 구체적인 사고에 몰입되어 추상적 사고를 하지 못한다.
- 주어진 문제 해결을 위한 기존 지식을 잘 찾아내지 못한다.
- 아이디어 생성 단계에서 회피동기로 인해 대안 탐색의 폭을 지나치게 좁힌다.
- 아이디어 실행 단계에서 메타인지의 판단 착오로 '할 수 있는 것과 할 수 없는 것'을 제대로 파악하지 못한다.

똑똑함과 창의성은 같다

이제 한 번 생각해보자. 위에서 열거한 내용이 단지 창의적이지 못한 누군가를 설명할 뿐일까? 당연히 아니다. 위의 단점을 지닌 사람들은 똑똑하지 못한 사람이다. 학교에서 공부를 잘할 수가 없고, 회사에서도 일을 잘하기 어렵다. 그런데 왜 우리는 창의적인 사람은 사회의 보편적 틀에 적응하지 못하거거나 학교를 중퇴한 이단아일 것이라고 착각하곤 할까? 사실, 이런 종류의 편견은 사람들 사이에서 쉽게 찾아볼 수 있다. 어떤 현상을 보든 자기가 미리 '그 결과는 이것 때문일 거야'라고 생각하기 때문이다.

그 좋은 예가 정신 장애에 대한 일반인의 착각이다. 이른바 다중인격이라고 알려진 해리성 정체감 장애가 있는 사람들은 스릴러나 공포물에 해당하는 소설과 영화에서 엽기적인 살인마로 등장하곤 한다.[59] 〈지킬박사와 하이드〉와 같은 고전뿐만 아니라 〈프라이멀 피어〉와 같은 비교적 최근 영화까지 그런 경향을 보인다. 그러나 일반인의 범죄율이 정신 장애인의 범죄율보다 17배나 더 높다. 정신 장애인 중에서도 해리성 정체감 장애에 속한 사람들은 살인 등 강력 범죄의 비율이 하위권에 속한다. 이 사람들은 가해자보다는 피해자가 지녀야 할 성격을 더 강하게 지니고 있다.

일반적으로 해리성 정체감 장애를 앓고 있는 사람의 남녀 성비는 1:9로 나타난다. 절대적으로 여성이 많다. 이러한 점도 강력 범죄의 비율이 낮은 이유와 무관치 않다. 그럼에도 우리는 정신 장애인은 곧 범죄인이라며 무서워하고, 사회에서 격리하는 것이 좋다고 생각한다. 더 큰 비극을 만들 수 있는 이런 착각을 하는 이유는 무엇일까? 평범하게 살아가는 정신 장애인을 보면 우리는 별다른 생각 없이 지나친다. 그런데 그들 중 몇몇이 범죄를 저지른다. 우리는 일반인 범죄자를 보면서 그 범죄의 원인에 대해 어려운 가정환경이나 저소득 혹은 우발적인 감정의 폭발 등 몇 가지를 추정한다. 정신 장애인에게는 이런 추정 대신 오로지 그들의 정신 장애에 원인을 돌린다.

우리는 창의적인 사람들에게도 똑같은 판단 오류를 해오고 있다. 국가와 사회가 발전하려면 지금부터라도 이렇게 생각을 바꾸어야 한다. '똑똑함과 창의성은 같은 것이다.'

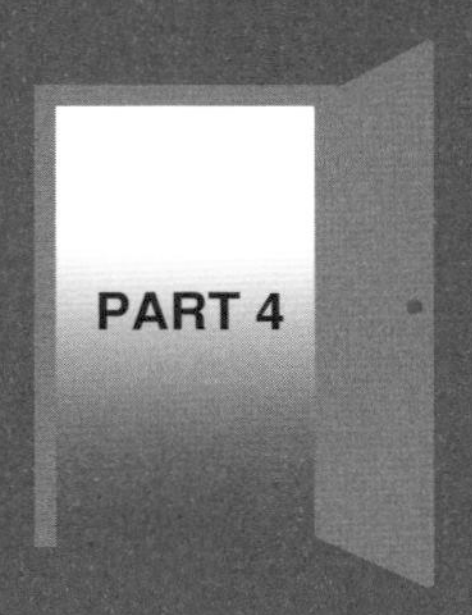

행복의 비밀을 풀다

생각으로 행복을 '만드는' 방법

행복에 가까워지는 길

나는 이제 겨우 40대 중반의 나이다. 지금까지 걸어온 길보다 앞으로 걸어가야 할 길이 더 많이 남아 있다. 그래서 아직 인생에 대해 논하기에는 연륜이 부족하다. 이렇게 짧은 인생 경험에도 심리학자라는 이유만으로 판단, 동기, 창의성 등 거대한 개념들에 관해 이런저런 얘기들을 늘어놓았다.

이제 인간의 생각과 관련해 마지막 이야기는 바로 행복이다. 책의 마지막 부분에 행복을 배치한 이유는 다음과 같다.

첫째, 정말 중요하기 때문이다.

둘째, 행복은 결코 단순한 개념이 아니다. 정말 복잡하고 여러 가지 길이 있다. 좀 더 지혜롭고 면밀하게 이해해야만 한다. 그런데도 우리는 행복이라는 하나의 범주에 이 모두를 담고 있다. 복잡하고 여러 측면이 있는 대상을 하나의 이름으로 부르면? 당연히 혼란이 생긴다. 이 책에서 지금까지 살펴본 대부분의 내용이 이런 혼란과 그 이유에 관한 것이다. 행복은 그 중에서도 가장 복잡해서 더더욱 어려운 개념이다.

셋째, 오랫동안 생각에 대해 연구해온 대학자大學者들이 황혼기에 접어들었을 때 공통적으로 도달한 결론 또한 흥미롭게도 행복이다. 인간 생각의 작동 원리와 행복은 아주 깊은 관계가 있다. 우리가 그 점을 생각하지 않고 살아왔을 뿐이다.

이제 시작하려는 내용은 나의 안목이나 경험이 아닌 심리학 대가들의 오랜 연구를 통한 깨달음이다. 참으로 큰 주제이긴 하지만 지금까지 이 책에서 언급한 수많은 내용이 정교하게 연결된다. 우리 삶의 궁극적 목표인 행복에 이르는 인간 생각의 작동 원리를 이해함으로써 우리 모두 행복에 더 가까워질 수 있다.

방향 전환한 심리학

그동안 심리학이 출범한 뒤 오랫동안 역점을 둔 부분 중 하나가 바로 정신 병리이다. 인간이 겪고 있는 다양한 정신적 고통과 병적 증상들을 진단하고 구분하며 각각의 종류에 맞는 개선 및 치료 기법을 개발하는 것이다. 심리학에 주어진 가장 중요한 임무 중 하나였다. 대표적인 결과로 정신장애에 대한 진단 및 통계 편람인 'DSMDiagnostic and Statistical Manual of Mental Disorders'이 있다. 여러 차례 개정 과정을 거쳐 오늘에 이른 DSM은 발달 초기 단계에 진단되는 지적 장애, 야뇨증에서부터 망상, 알코올중독, 정신분열, 수면 장애, 성격 장애 등 수많은 정신증, 신경증, 인격 장애를 진단하고 구분하는 기준으로 사용된다. 오랫동안 심리학자들의 주 관심사는 정신 병리에 관한 것이었다.

펜실베이니아대학 심리학과 마틴 셀리그만Martin Seligman 교수는 저명인사의 강연 동영상 제공으로 유명한 'TED' 강연에서 에피소드 하나를 공개했다.[60] 그가 미국심리학회APA: American Psychological Association 회장으로 재임하던 시절 CNN과 인터뷰를 한 적이 있었다. 기자가 그에게 현재의 심리학에 대해 단 한 단어로 말해달라고 하자 그는 "Good."이라고 말했다. 그럼 두 단어로 말해달라고 하자 그는 "Not good."이라고 했다. 그렇다면 세 단어로 말하면 어떻겠느냐는 질문에 그는 뭐라고 대답했을까? 그의 대답은 "Not good enough."였다. 그는 왜 이런 엉뚱한 대답을 했을까? 하나씩 그 의미를 알아보자.

셀리그만 교수의 첫 번째 대답은 지금까지의 심리학이 이룬 업적에 관한 것이었다. 그 증거가 DSM이다. 우리는 이미 수많은 정신 병리의 증상과 진단을 위한 체계를 갖추고 있다. 두 번째 대답은 정신 장애에 대해서 오랫동안의 집중과 노력을 기울였기에 일반 사람들이 어떻게 하면 더 행복해지거나 삶의 질이 나아질 수 있는가에 대해서는 그다지 관심을 기울이지 않았다는 점을 지적한 것이다. 세 번째 대답은 앞으로 심리학이 새롭게 해야 할 일이 많음을 얘기하기 위한 것이다. 그렇다면 그 새로운 방향으로의 전환은 무엇인가? 바로 긍정심리학이다.

1990년대 초반 이후부터 긍정심리학이라는 말을 심심치 않게 들을 수 있었다. 이는 심리학이 이른바 질환 모형(정신 장애에 주로 초점을 맞추는)에만 초점을 맞췄던 것에서 벗어나 우리의 인생을 보다 즐겁고 의미 있게 하는 요인이 무엇인가에 심리학적으로 접근하려는 노력이다. 긍정심리학의 대표적 학자로 셀리그만과 더불어 칙센트 미하이 Mihaly Csikszentmihalyi, 댄 길버트Dan Gilbert, 그리고 낸시 에트콥 Nancy Etcoff이 있다.

이들이 우리에게 이야기하는 바는 무엇일까? 자신을 진정으로 즐겁게 하는 것들을 우리는 자주 그리고 심각하게 간과한다는 사실이다. 그리하여 행복의 원인을 엉뚱한 곳에서 찾는다. 우리가 흔히 하는 오해와 중요시해야 할 점은 무엇인지 지금부터 짚어보자.

01

돈으로 살 수 있는 행복의 양은?

돈은 불행을 막아줄 뿐

행복과 연관된 가장 중요한 키워드는 돈이다. 심리학자들이 내린 결론은 간단하지만 단호하다. 돈으로 살 수 있는 행복의 양은 매우 미미하다는 것. 다시 말해서 부자가 보통 사람들보다 더 행복할 가능성은 크지 않다. 다만 가난은 행복하지 못할 가능성을 크게 만든다. 돈이 없으면 불행해질 수 있지만, 돈이 많다고 해서 행복을 보장받지는 못한다.

그렇다면 돈은 무엇일까? 돈 자체는 행복 촉진제보다는 불안 완화제의 성격이 더 강하다. 지갑 속에 넉넉하게 현금을 넣어둔 날은 마땅히 쓸 일이 없어도 (실제로 쓰지 않으면서도) 집을 나설 때 왠지 안심이 된다. 바꾸어 말하면 이것이 바로 돈으로 행복을 살 수 없는 분명한 이유다. 돈으로는 사람의 마음을 살 수 없으며 내 머리가 좋아지지도 않는다. 이는 돈을 '제대로' 써야만 가능한 일이다.

하버드대학 경영대학원 마이클 노튼Michael Norton 교수와 갤럽의 조사, 그리고 프린스턴대학의 2010년 연구 등 다양한 결과를 종합해 보면 돈과 행복의 관계를 매우 재미있게 알아볼 수 있다. 연구 결과에 의하면 돈의 정확한 액수는 조금씩 다르지만, 가계소득 수준이 0에서 대략 6만 달러를 향해 늘어날수록 행복감이 상승하는 것으로 나타난다. 그런데 6만 달러를 넘어서는 지점부터는 행복감이 전혀 상승하지 않는다. 따라서 이 지점을 넘어서부터는 돈과 행복 사이의 상관관계가 사라진다. 미국인들에게 돈으로 행복을 살 수 있는 한계 값이 6만 달러라는 것이다. 6만 달러에 미치지 못하는 돈을 벌고 있으면 많은 불편과 결핍 때문에 행복하지 못할 가능성이 크다. 하지만 10만 달러, 아니 100만 달러와 같이 큰돈이 있더라도 행복을 더 크게 가질 수는 없다.

이를 두고 심리학자들이 내린 결론은 돈으로 살 수 있는 행복의 양은 매우 미미하며 제한적이라는 것이다. 심지어 많은 경우 돈은 무언가를 제대로 할 수 없게까지 만든다. 돈을 어떻게 쓰는가와 어떻게 바라봐야 하는지가 중요한 이유다. 인간 생각의 작동 원리를 바탕으로 돈을 제대로 이해해야만 최대의 행복에 이를 수 있다.

돈은 왜 종종 역효과를 낼까?

1940년대에 매우 흥미로운 실험을 많이 한 카를 둔커Karl Duncker라는 심리학자가 있다. 그는 사람들에게 매우 어려운 문제를 주고 이를 풀지 못하는 사람들의 양상을 관찰하는 것에 주관심이 있었다. 앞서 소개된 '레이저로 종양을 제거'하는 문제도 바로 둔커가 고안해낸 것이다.

그런데 어려운 문제란 무엇일까? '362×639'는? 분명히 이 문제는 '24+31' 보다 더 어려운 문제이다. 답이 더 복잡하므로 당연히 시간도 더 오래 걸린다. 하지만 둔커가 말하는 '어려움' 은 그런 차원이 아니다. 레이저-종양 문제처럼 답은 정말 간단한데 그것을 생각해내기가 어려운 경우를 의미한다. 우리가 살면서 부딪히는 어려운 문제들 대부분이 바로 여기에 해당한다. 이제 둔커가 만들어낸 또 다른 유명한 문제에 한 번 도전해보자. 심리학사에서 유명한 실험 중 하나이다. 일명 양초candle실험이다. 〈그림 1〉과 같은 상황을 주고 사람들에게 다음과 같이 질문한다.

A. 문제 상황 "양초를 벽에 고정하시오. 촛농이 떨어지면 안 됩니다. 테이블 위에 있는 물건들을 사용하셔도 좋습니다."

사람들은 어떻게 이 문제를 해결할까? 빨리 해결할 수 있을까? 실상은 그렇지 못하다. 사람들은 이 문제를 매우 어려워한다. 성냥불로

〈그림 1〉

양초의 옆을 녹여 벽에 붙여보려 하지만 잘될 리가 없다. 압정으로 고정하려 해도 압정의 길이가 양초의 굵기보다 짧으므로 당연히 불가능하다. 해결책은 무엇일까?

B. **해결 상황** 〈그림 2〉처럼 압정을 담은 상자를 사용해 문제를 해결할 수 있다.

이 방법을 짧은 시간 내에 생각해낸 독자가 과연 몇 명이나 있을까? 실제로 실험을 해보면 10분 이내에 아래 그림과 같이 해결하는 사람들이 그리 많지 않다. 왜 이 간단한 해결책을 빨리 생각해내지 못하는 것일까? 우리는 비슷한 경우를 이미 '두 줄 잇기 과제'에서도 살펴보았다. 마찬가지 이유로 이 양초 문제를 해결하지 못하는 것도 결국 고정관념에서 벗어나지 못하기 때문이다. 일반적으로 상자를

〈그림 2〉

그저 압정을 담아놓는 용도로만 생각하고 촛불의 받침대로 사용하는 발상의 전환을 하지 못한다.

그런데 재미있는 현상이 있다. 바로 돈이라는 보상을 걸면 어떻게 되느냐는 것이다. 1960년대에 그룩스베르크Glucksberg라는 심리학자가 이 양초 문제를 좀 더 재미있는 방식으로 변형하여 실험을 했다.[61] 그는 실험에서 사람들에게 양초 문제를 빨리 풀어 상위권(25%)에 속하면 5달러를 주겠다고 말한다. 일종의 동기부여를 한 셈이다. 1960년대에 5달러는 적은 돈이 아니며 현재 가치로 환산하면 몇 만 원의 돈이다. 그런데 놀라운 점은 돈으로 동기부여가 된 사람들이 오히려 문제를 더 늦게 해결한다는 사실이다. 이러한 결과는 이후 수많은 실험 연구나 실제 조사에서 반복적으로 입증되었다. 우리를 당황하게 하는 결과가 아닐 수 없다.

수많은 기업과 기관에서는 무언가 뛰어나고, 빠르게 해결한 사람에게 금전적 인센티브나 보너스라는 보상을 주겠다고 약속한다. 돈이 동기를 유발하여 주어진 문제를 해결하고자 하는 정신 과정을 촉진할 것이라고 믿기 때문이다. 그런데 왜 창의적이거나 발상의 전환이 필요한 '어려운' 일에는 오히려 더 역효과를 내는 것일까?

우리가 돈의 의미를 좀 더 지혜롭게 이해할 필요가 있음을 잘 말해준다. 다음의 그림을 보자.

〈그림 3〉

C. **고정관념을 미리 해결해준 상황** 〈그림 3〉과 같은 상황에서 사람들에게 똑같이 질문한다.

"양초를 벽에 고정하시오. 촛농이 떨어지면 안 됩니다. 테이블 위에 있는 물건들을 사용하셔도 좋습니다."

이럴 때 사람들은 문제를 〈그림 1〉 상황에서보다 더 빠르게 해결한다. 왜냐하면 압정들이 상자 밖으로 나와 있기 때문에 상자가 무엇을 담는 용도라는 고정관념을 이미 깨뜨린 상황이기 때문이다. '어려운' 문제가 아니라 '쉬운' 문제가 된다. 그런데 이런 상황에서는 금전적인 보상이 사람들로 하여금 더욱 빠르게 문제를 해결하게 한다. 이제야 보상이 순기능을 발휘한다.

이는 돈이 사람들의 시야를 좁게 하고 그 좁은 시야로도 해결할 수 있는 구체적이고 쉬운 문제를 해결할 때만 유용한 도구임을 의미한다. 좁은 시야라는 것은 고려할 대안의 수를 적게 가지고 있음을 뜻한다. 우리가 살아가면서 직면하게 되는 여러 가지 '어려운' 문제들이 돈으로 해결되지 않는 이유가 바로 여기에 있다. 그럼에도 수많은 국가, 기업, 기관은 돈을 더 많이 주면 일을 보다 잘 수행하리라 기대한다. 물론 다소 수월하고 구체적인 문제를 해결하는 데는 도움이 된다. 하지만 어렵고 중요한 일에는 오히려 악영향을 미친다.

어렵고 중요한 일을 달리 말하면 창의적인 일에 가깝다. 왜 유독 돈은 창의적인 일에 악영향을 미칠까? 먼저 돈이 무엇인지 이해해보자. 돈이 있으면 무엇이든 살 수 있다. 배고픔을 해결할 음식을 사고 추위를 막아줄 안식처를 살 수 있다. 소중한 사람과 여행을 갈 수도 있고 책을 구매할 수도 있다. 멋진 자동차를 사서 꿈같은 드라이브를 즐길 수도 있다. 물질 자체로 보자면 한낱 종이에 불과하지만 그 물질로 '할 수 있는 일'의 종류는 무궁무진하다.

그러므로 돈으로 '무언가 좋지 않은 것으로부터 회피'할 수도 있으며 '좋아하는 또 다른 무언가'에 더 가까이 다가갈 수도 있다. 즉, 돈은 수많은 목적을 위한 매개물일 뿐이다. 그런데 그 목적이 사라지게 되면 어떻게 되는가? 그렇다면 이제 남은 것은 돈밖에 없다. '이유'가 사라지게 된다. 심리학자들은 접근과 회피라는 동기의 두 메커니즘을 밝혀내기 위해 이미 오래전부터 이를 내적內的 동기와 외적外的 동기로 구분하여 설명해왔다. 너무나도 유명한 이야기지만 여기서도 잠시 되새겨보자.

한 노인이 조용한 마을에 홀로 살고 있었는데, 이 노인은 특히 조용하게 혼자 있는 시간을 좋아했다. 그런데 언제부터인가 그 노인의 집 앞 공터가 시끄러워졌다. 아이들이 모여들어 공터에서 정신없이 뛰어놀고 있었다. 견딜 수가 없었던 노인은 화를 내보기도 하고 소리도 질러봤지만, 아이들은 잠깐 눈치를 보기만 할 뿐 노인이 등만 돌리면 이내 다시 모이곤 했다.

곰곰이 생각에 잠긴 노인은 한 가지 묘수를 생각해냈고 다음 날 공터로 갔다. 그러고는 아이들에게 "너희가 앞으로 이 공터에서 놀 때마다 1달러씩 주마!"라고 이야기했다. 어리둥절한 아이들은 잠시 머뭇거렸지만 실제로 그 노인에게서 1달러씩 받게 되자 더욱 신나게 놀았다. 당연하다. 노는 것도 신나고 즐거운데 그 놀이의 대가로 1달러라는 적지 않은 돈까지 받게 되었으니 말이다. 게다가 그 소식을 듣고 더 많은 아이가 그 공터로 몰려들었다. 일주일 동안 꽤 많은 아이가 새로 놀러 오게 되었다.

그 후 한 주가 지나서 노인은 아이들에게 이렇게 말했다.

"이젠 돈이 좀 부족해졌구나. 얘들아, 이젠 앞으로 50센트씩 주도록 하마."

그러자 상당수 아이가 불만 섞인 표정을 지었다. 돈이 절반으로 깎였으니 그럴 만도 하다. 그래도 다른 아이들은 "뭐, 그래도 여전히 50센트가 생기잖아."라며 놀이를 계속했다. 그런데 일주일이 지나자 이제 노인은 돈을 더 깎기 시작했다.

"얘들아, 이젠 돈이 정말 얼마 남지 않았구나. 이제는 5센트씩만 줄게."

이제 대부분의 아이들이 화를 내기 시작했다. "할아버지! 저희가 단돈 5센트 받으려고 저 멀리서 여기까지 오는 줄 아세요? 그 돈으로는 아무것도 살 수 없다고요! 여기 아니면 뛰어놀 곳이 없을까봐?"

잔뜩 심통이 난 아이들은 다시는 그 공터에 놀러 오지 않게 되었다. 드디어 그 노인은 조용한 공터를 되찾을 수 있었다.

내적 동기와 외적 동기를 설명할 때 심리학자들이 자주 예로 드는 이야기이다. 내적 동기는 행동 자체에서 즐거움을 느껴 발생하는 강하고 능동적인 동기를 말한다. 외적 동기는 행동 자체가 아니라 그 행동에 따르는 보상을 목표로 하여 발생되는 약하고 수동적인 동기이다.

처음 공터에서 놀고 있던 아이들은 내적 동기를 지니고 있었다. 노는 것 자체를 즐겼다. 그런데 노인이 주는 돈을 받기 위해 공터에 오면서 어느 순간 보상이 없어진 놀이는 즐겁지 않게 된다. 더는 그 공터에서 놀이를 할 이유가 없어졌다고 착각한다. 그래서 교육 현장이나 가정에서는 아이가 좋아하는 일에는 외적 동기에 해당하는 용돈이나 상을 무리하게 주지 말라고 조언한다. 또한 나쁜 버릇이나 행동을 바로잡기 위해 약간의 보상을 줄 때는 그 보상을 점점 줄여 나쁜 버릇과 행동을 같이 줄여나가는 방법이 사용된다.

흔히 접해본 내용일 것이다. 그런데 우리가 주목해야 할 점은 돈이 수많은 접근 혹은 회피의 목적을 위한 매개물일 뿐이며 그 목적이 사라지고 돈만 남으면 내 행동의 '이유'까지 사라진다는 사실이다. 공터의 아이들처럼.

'제목 없는 돈'은 불안 완화제

목적이 분명하지 않으면서 예비비로 남겨놓은 돈은 언제 닥칠지 모르는 불행을 피하기 위한 불안 완화제이다. 돈의 목적, 즉 제목이 없고 써야 할 시점이 존재하지 않으므로 미래의 용처를 막연히 추정하면서 끝없이 돈에 집착하게 한다.

우리는 흔히 돈을 벌기 위해 열심히 일하는 것과 열심히 일하다보니 돈이 따라오는 경우의 차이를 경험한다. 성공한 사람들은 대부분 후자에 속한다. 그들은 한결같이 열심히 노력하다보니 돈과 명예가 자연스럽게 따라왔다고 말한다. 이는 일과 행동을 하는 과정에 돈이 개입되지 말아야 함을 의미한다. 그러기 위해서는 일을 하는 분명한 목적과 이유가 있어야 한다. 그래야만 일하는 과정에서 즐거움과 보람을 느낄 수 있다. 그럼에도 과정보다는 결과만을 추구하는 경향이 있다. 일에 대한 소소한 재미나 즐거움은 간과되기 십상이다. 돈은 모든 과정이 마무리되고 최종 결과가 구체화될 때 그 힘을 발휘한다. 마라톤 선수들은 42.195km를 뛸 때 40km 지점까지는 우승이나 입상을 생각하면 안 된다고 말한다. 자칫 '오버페이스'를 할 수 있기 때문이다. 그래서 마라톤을 '자기와의 싸움'이라고 표현하는지도 모른다. 하지만 결승점을 1~2km만 남기고 있다면 순위와 그에 따른 메달의 색깔을 떠올린다. 비로소 그 최종 결과를 위해서 이를 악물고 막판 스퍼트를 내야 한다.

돈으로 얻을 수 있는 것과 돈이 아닌 다른 것으로 얻을 수 있는 것에 대해 명확한 구분과 이해가 있을수록 결과는 좋아진다. 이 점을 실제 우리의 삶과 연결하지 않는 것은 결국 생각의 작동 원리를 거스르는 셈이다. 당연히 결과가 좋을 리 없고 좋지 못한 결과가 쌓이면 행복의 큰 걸림돌이 된다.

02

행복은 관계에서 온다

미래를 위해 현재를 무시하는 어리석음

"나에게 ○○가 생기면 얼마나 행복할까?"

"내가 ○○가 되면 정말 행복할 텐데…."

우리는 종종 이런 망상을 한다. 대부분 '나'로 시작한다. 그런데 내가 주인공일까? 아니다. 그 ○○가 주인공이다. 그것이 물건이든 돈이든 지위든 '나'는 그 ○○ 때문에 행복하다. 그리고 대부분 이 ○○는 사람이 아닌 무생물이다. 그렇게 좋은 ○○를 우리가 가지게 되면 생의 마지막 순간에 행복해야 할 텐데 실제로는 그렇지 않다.

죽음을 앞둔 사람 중 "좀 더 열심히 일할걸!"이라고 후회하는 사람은 거의 없다. 하지만 "○○에게 좀 더 잘할걸…." 혹은 "사람들에게 좀 더 착하게 대했어야 하는데…."라고 후회하는 사람은 많다. 행복의 중요한 원천 중 하나가 사람들과의 관계이기 때문이다. 그런데 우리는 먼 미래의 막연한 행복을 위해서 현재 내 주위에 있는 많은 사람들과의 관계를 소홀히 한다.

나는 유학 시절에 '미래의 내 모습을 위해 공부에만 몰두하자' 라는 각오로 주말은 물론 추수감사절에도 연구실에서 살다시피 했다. 그러자 지도교수인 아트가 내게 이런 말을 했다.

"경일, 이 낯선 미국 땅에서 보내는 몇 년의 시간도 네 인생에서 마땅히 존중받아야 할 시간이야."

살아오면서 내가 들었던 가장 중요한 조언 중 하나이다. 무언가를 열심히 하지 말라는 말이 아니다. 그 무언가를 열심히 하기 위해 소중한 사람들의 가치를 잊는 실수를 범하지 말라는 뜻이다.

"가족이나 친구들과 맥주 한잔하면서 수다 좀 떨어."

가끔 취업이나 고시를 앞둔 학생들을 면담할 때 이렇게 말하면 대부분은 결연한 표정과 말투로 대꾸한다.

"교수님, 지금부터 전 열심히 공부해야 해서 사귀는 사람이랑 헤어지려고 합니다."

10년 전, 아트가 나를 보면서 비슷한 느낌을 받았겠구나 싶다. 평소 친분이 있는 학생이라면 한마디 덧붙인다. "미래의 행복을 위해 '지금의 쾌락을 희생시킬 줄 아는 지혜'와 '현재의 행복을 무시하는 어리석음'을 잘 구분해라." 내가 누군가에게 소중한 존재인 것처럼 대부분의 내 행복도 소중한 그들에게서 온다.

우리는 가끔 이런 얘기를 듣는다. 가족이나 친구를 돌아보지 않고 오직 성공을 향해 달려갔는데 정작 무언가를 이뤘다고 자부하는 순간, 주위에는 자신의 성공을 축하해주거나 함께 기쁨을 나눌 사람이 아무도 없다는 사실을 깨달았다는 이야기. 이런 사례는 텔레비전 드라마에만 나오는 얘기가 아니라 사회적으로 성공했다는 평가를 받는 사람들이 자주 토로하는 하소연이기도 하다.

우리는 모두 자기 인생의 매니저다. 음식점의 매니저가 음식점을 제대로 운영하려면 어떻게 해야 하는가? 음식만 잘 만들면 그만일까? 홀이나 주방의 위생 상태만 똑바로 하면 될까? 손님 관리만 잘하면 만사형통일까? 당연히 아니다. 모든 것을 이른바 '균형' 있게 맞춰가야 한다. 그렇지 않으면 어디선가 구멍이 생기기 마련이다. 인생도 마찬가지다. 구멍이 뻥 뚫린 인생이 되고 만다.

우리는 흔히 '무언가를 위해서는 다른 무언가를 포기하지 않으면 안 된다'라고 알고 있다. 맞는 말이다. 하지만 하나의 무언가가 가족, 연인 혹은 친구이고, 다른 무언가가 성공이라고 생각하면 큰 오산이다. 이 말은 그 자체가 회피동기에 입각한 명제이다. 이 말은 지금 당장 해야 할 일에 관한 명제이며 오늘 긴급하게 해야 할 일을 위해서 오늘 가족을 제대로 챙기지 못하는 것을 감수하라는 뜻이다. 일과 가족은 모두 장기적인 관점에서 볼 대상이며 접근동기에 근거한 비전이 만들어져 있어야 할 대상이다. 장기적인 관점에서 하나를 위해 포기할 수 있는 다른 하나가 아니다. 오늘, 아니 더 나누어서 앞으로의 한두 시간 동안에는 두 마리 토끼를 잡으려고 하면 안 된다. 그런데 인생이라고 하는 긴 여정에서는 두 마리가 아니라 수십 마리의 토끼를 잡으려고 해야 한다.

접근동기와 회피동기가 서로 만나 조화를 이루게 하라. 그래야만 나에게 소중한 존재에 대해 접근동기를 통한 꿈을 만들어낼 수 있고 회피동기에 기초한 실행계획을 세울 수 있다. 이를 위한 방법은 이미 '일기 쓰기'에서 살펴보았다. 내 생활에 대한 기록을 남기는 공간에서 나의 두 동기가 만들어내는 꿈과 실행계획이 각자 역할 분담을 맡게 된다.

관계의 어려움

사람들에게 사회생활에서 무엇이 가장 어렵고 힘든가를 물어보면 대부분 그 원인은 '일' 자체가 아니라 '사람'에 있다. 나와 갈등하고 있는 동료나 상사, 내 말과 뜻을 들어주지 않는 하급자 등 대부분 일 그 자체가 아니라 그 일을 나와 같이 하는 사람들과의 이른바 관계 속에서 가장 큰 고통과 어려움을 느낀다. 심리학자들의 의견도 크게 다르지 않다. 사람이 살아가면서 가장 큰 상처와 고통은 대부분 사람으로부터 받는다.

그래서 리더십의 대부분은 일보다는 사람들 사이의 관계에 거의 대부분 초점을 맞추고 있지 않은가? 그런데 사람과 관련된 어려움을 원천적으로 막는다는 것이 가능할까? 삶의 경험이 조금이라도 있는 사람이라면 이것은 아예 불가능하다는 것을 잘 알고 있다. 그렇다면 타인과의 관계 속에서 무언가 큰 상처나 고통을 받은 사람들을 위해 내가 할 수 있는 것은 무엇인가? 여러 가지 방책이 존재하겠지만 그 중 우리가 간과해왔던, 하지만 정말로 중요한 측면 하나를 생각해 보자.

어떤 사람이 소중한 타인과 이별, 중요한 누군가로부터 질책, 동료와 갈등 등 이른바 관계 속에서 받은 고통으로 아파하고 있다. 이를 심리학에서는 사회적 고통social pain이라고 한다. 우리는 이럴 때 가슴이 아프다고 한다. 사실 가슴이 아니라 뇌가 아파하는 것이겠지만 말이다. 그렇다면 문지방에 발을 찧어서 엄지발가락이 까졌다. 혹은 길을 가다가 넘어져서 무릎에 상처가 심하게 났다. 이는 모두 물리적이며 신체적 고통physical pain이다. 이것도 당연히 매우 아프다. 그런데 우리는 이럴 때 가슴이 아니라 그 상처가 난 부위가 아프다고 말한다. 하지만 이것 역시 그 부위 자체가 아프다기보다는 우리 뇌에서 통증을 해석하고 있는 것이다. 재미있는 점은 사회적 고통과 신체적 고통 모두 뇌에서 반응하는 영역이 대체적으로 동일하다는 것이다.

자, 그렇다면 재미있는 추리를 한 번 해보자. 신체적 고통을 느낄 때 우리는 무엇을 하는가? 진통제를 먹는다. 그리고 그 진통제는 상처 부위 자체를 치료하는 것이 아니라 뇌에서 그 고통을 담당하는 영역을 진정시킨다. 그렇다면 사회적 고통을 느낄 때 우리가 흔히 복용하는 진통제를 먹는다면? 그 고통이 덜 느껴질까? 놀랍게도 그렇다. 그리고 이를 보여주는 연구들이 실제로 상당수 존재한다.

대표적인 예를 하나만 들어보자. 미국 켄터기 주립대학의 나탄 드월 교수 연구진은 이별과 같은 사회적 고통을 경험한 사람들에게 타이레놀과 같은 진통제를 지속적으로 복용케 했다. 그 결과 진통제 복용 집단은 같은 기간 아무 것도 복용하지 않은 집단이나 위약placebo을 복용한 집단보다 3주 후 고통과 관련된 감정을 훨씬 더 낮게 지각하는 것으로 나타났다.[62]

그렇다면 이는 우리에게 무엇을 의미하는가? 타인과의 관계 속에서 받은 상처로 고통받는 동료나 친구들에게 해야 하는 중요한 배려 중 하나가 바로 신체적 안락함을 평소보다 더 신경 써줘야 한다는 것이다. 그러고 난 후에야 그 상처나 어려움을 본격적으로 치유하거나 봉합할 수 있다. 마치 큰 사고로 응급실에 실려 온 환자에게 진통제부터 투여하고 치료를 시작하는 의사처럼 말이다.

관계 속에서 상처 받은 사람들을 교통사고를 당한 사람과 동일하게 한 번 생각해 보자. 그렇게 함으로써 그들의 사회적 고통과 상처를 훨씬 더 쉬우면서도 지혜롭게 보듬어 줄 수 있을 것이다.

03

행복은 느끼는 것

나만의 데이터베이스를 늘려라

우리는 흔히 천재들은 고독하고 자기 일만 아는 괴짜라는 고정관념을 갖고 있다. 물론 그런 천재도 있지만 대부분의 천재는 상당한 장난기를 가지고 있다. 다중지능이론으로도 우리에게 잘 알려진 하버드 대학의 하워드 가드너Howard Gardner 교수는 아인슈타인이 고독한 괴짜로서의 천재가 아니라 농담과 유머를 즐기고 주위 사람들과 즐겁게 지낼 줄 아는 아이 같은 인물이었음을 알려준다. 행복한 사람들은 사회성이 상당하며 대화를 즐긴다. 정서적으로도 메마르지 않고 풍부하다. 논리와 이성적인 모습 엄숙한 모습, 혹은 냉철함만을 중요한 지향점으로 살아간다면 분명 많은 것을 잃을 수밖에 없다.

72세에도 장난스러운 표정을 짓는 천재 물리학자 아인슈타인.
천재성과 더불어 그의 장난스럽고 편안한 모습을 보여준다.

행복은 어떤 경험일까? 우리는 흔히 행복감이라는 말을 쓴다. 여기서 감感이라는 말은 '느낌'이라는 뜻이다. 느낌은 정서이다. 즉, 행복감은 정서의 한 종류이다. 그래서 우리는 '행복을 느낀다'라는 표현을 쓴다. 사람들에게 "당신은 감정이나 정서를 느끼는 것에 문제가 없습니까?"라고 물어보면 대부분은 "그럼요, 왜 감정을 못 느껴요? 별 질문을 다 하시네요."라고 대답한다. 그럼 한 가지를 더 물어본다.

"당신 인생의 궁극적인 목적 혹은 목표는 무엇입니까?"

역시 대부분은 아주 쉽고 빠르게 대답한다.

"행복이요."

당연히 틀린 말은 아니다. 그래서 마지막 질문을 던진다.

"그럼 당신에게 행복이란 무엇입니까?"

이제 사람들은 대답에 어려움을 느낀다. 스스로 수많은 감정과 정서를 잘 느낀다고 생각하고, 가장 좋아하는 정서는 행복이라고 쉽게 대답을 하면서도 행복이라는 정서를 언제 어떻게 느끼고 있는지에 대해 아는 바가 그다지 없다.

궁정심리학자들은 그 이유에 대해 다음과 같이 설명한다.

"사람들은 행복에 대해 이성과 논리를 거쳐 최종 결과에 해당하는 것들을 머리로만 생각해왔기 때문이다. 그래서 삶의 과정에서 어떤 경우 무엇을 얼마큼 가지거나 경험해야 진정으로 기쁘고 행복한지 모른다. 더 나아가 상당 부분 다양한 정서를 경험하는 데 내가 가진 시간이나 재물, 노력을 기꺼이 투자하지 않아서이다."

수많은 심리학자가 기억력, 계산 능력과 같은 단편적인 사고 능력을 보여주는 지능지수보다 더 중요하게 생각하는 능력이 감정과 정서를 아우르는 감성지수라고 말한다. 그 이유도 결국 여기에 있다. 행복은 삼단논법처럼 분명하고 뚜렷하게, 그리고 단번에 도달하는 것이 아니다. 사람마다 각기 다른 판단의 잣대로 각기 다른 길에서 무언가를 느껴가면서 만들어가는 축적과 변화의 과정이다.

그래서 행복은 '언제, 어디서, 무엇을 혹은 누구와 있을 때 행복한가에 대한 나만의 데이터베이스'를 누가 더 많이 그리고 풍부하게 가지고 있느냐의 문제이다. 한마디 덧붙이면, 우리는 무엇으로부터 정서를 가장 많이 느낄까? 바로 사람이다. 그래서 관계와 정서적 행복은 떼려야 뗄 수 없는 관계이다.

여기에 인지심리학자들은 중요한 이야기 하나를 덧붙인다. 행복에서 '기억'의 역할이 결정적이라는 것이다. 왜냐하면 데이터베이스 자체가 나의 기억 덩어리이기 때문이다.

04

행복은 기억이지만,
기억이 아니어야 한다

시간의 지배를 받는 기억

"행복은 분명 기억의 도움을 받아야 한다. 따라서 행복은 기억이다. 하지만 동시에 행복은 기억의 방해와 침략으로부터 보호받아야 한다. 따라서 행복은 기억이 아니어야 한다."

기억은 시간의 지배를 받는다. 도대체 무슨 뜻일까? 이 애매한 표현은 말장난이 아니다. 내 사적인 주장이나 관점도 아니다. 인간의 기억, 판단, 의사결정 등을 오랫동안 연구해온 심리학자라면 누구나 이야기하는 내용이다.

시간, 인간에게 참으로 중요한 개념적 차원이다. 시간이란 개념은 다른 영장류의 인식 세계에서는 거의 찾아볼 수 없으며 인간에게서만 찾아볼 수 있다. 사람이 태어나 가장 늦게 배우는 개념이기도 하다.

어린아이가 어른이나 쓸 수 있을 법한 복잡한 표현도 곧잘 말한다고 생각해보자. 주변 사람들은 '대단하다'며 감탄사를 연발한다. 그런데 이런 아이에게라도 내일, 모레, 그저께와 같은 말을 가르치기는 상당히 어렵다. 무엇을 사달라고 하거나 어디를 가자고 조르는 아이에게 '다음 주'에 해주겠다는 약속을 해도 떼를 쓴다. 아이가 잘 알아듣지 못하기 때문에 부모도 난감해진다. 그래서 "그럼 몇 밤 자야 해요?"라는 볼멘소리에 손가락으로 하나씩 세어가며 그날을 알려주곤 한다. 열 손가락이 모자라면 아이와의 의사소통은 더 힘들어진다.

아이들이 초등학교에 들어갈 나이가 되어도 시간에 대한 개념은 여전히 다른 것에 비해 더디다. 요즘 대부분의 아이는 유치원이나 어린이집에서 교육을 받아 한글을 읽고 쓸 줄 안다. 부모의 극성으로 영어도 어느 정도 말할 수 있다. 그런데 이렇게 영특해 보이는 아이들도 '다음 달' 혹은 '1년 전'과 같은 개념은 어른들이 쓰는 것만큼 분명하지가 않다. 시간은 철저히 상대적인 개념이기 때문이다.

고정된 시간은 아무것도 없다. 오늘은 어제의 미래였고 내일의 과거이다. 그러므로 사과나 책상처럼 이미지를 구체적으로 떠올리기도 어렵고, 사랑이나 증오 같은 추상적 개념과 비교해도 무언가 느껴지는 것이 명확하지 않다. 그럼에도 일상생활에서 정말 많이 사용되는 게 바로 시간과 관련된 말이다. 절대적인 개념보다 상대적인 개념은 늘 '관계성'을 생각해야 하므로 어렵다. 창의적 사고에서 유추가 중요함에도 어려운 이유가 표면적인 측면이 아니라 관계적인 측면에 초점을 맞추어야 하는 것과 일맥상통한다.

'간격으로서의 시간' 역시 상황이나 받아들이는 사람에 따라 지극히 주관적이며 그 느낌이 다르다. '1시간'은 도대체 어떤 간격의 길이일까? 남북 이산가족에게 주어진 1시간의 만남은 아마도 그분들 인생에서 가장 짧게 느껴지는 1시간일 것이다. 하지만 지루하기 짝이 없는 강연을 듣고 있는 1시간은 영원처럼 길게 느껴질 수 있다. 사람마다 모두 다르다. 공연장에서 30분째 입장을 기다리고 있을 때 어떤 이들은 빨리 들여보내 달라고 아우성을 치지만 어떤 이들은 별다른 불만 없이 느긋하게 기다린다. 30분을 보는 관점이 매우 다르기 때문이다.

그래서 시간은 심리학에 자주 등장한다. 심리학에서 가장 중요하게 다루는 것 중 하나가 바로 관점이다. 철저히 상대적인 개념인 시간은 관점에 전적으로 의존한다. 심리학자들은 인간이 시간을 보는 관점에 따라 어떻게 변화하는지에 대해 매우 큰 관심을 둬왔다. 심리학자들은 어떤 사람의 도덕이나 윤리에 대해 '즉각적 만족감 추구에 대한 지연 능력의 정도'라고 본다. 당장 만족을 위해 남의 것을 빼앗는 것이 아니라 내 것 혹은 내 차례가 올 때까지 그 만족감의 추구를 지연시킬 수 있는 능력이다.

시간에 대한 관점은 지연 능력에 영향을 미친다. 30분을 길게 느끼는 사람은 그 지연 능력이 이미 한계에 다다랐을 테고 같은 시간이라도 짧게 느끼는 사람은 여전히 지연할 수 있는 여유가 있다. 접근과 회피동기를 이야기할 때도 시간은 매우 강한 상호작용 요인이었다.

긴 시간을 필요로 하는 일은 접근동기가 도울 수 있으며, 지금 당장 해야 하는 일에는 회피동기가 더 적절하다. 그럼 시간과 기억은 어떻게 상호작용할까.

"200만 원짜리 동남아 여행 상품이 있다. 지금은 할인해서 160만 원이다. 당신은 평소에 동남아 여행을 가고 싶어 했다. 이 상품을 사겠는가?"

대부분의 사람이 구매하겠다고 한다. 그런데 조금 다른 이야기를 해보자. 사람들의 반응이 달라진다.

"200만 원짜리 동남아 여행 상품이 지금 파격 할인하여 70만 원이다. 당신은 평소 동남아 여행을 가고 싶어 했다. 그런데 다른 바쁜 업무가 있어서 갈지 말지를 1주일 동안 고민했다. 그런데 그 업무가 잘 해결되어 오늘 그 상품을 예약하기 위해 여행사에 들렀다. 그런데 할인기간이 지나서 오늘부터 150만 원이라고 한다. 이 상품을 사겠는가?"

대부분의 사람들은 사지 않겠다고 말한다. 이전에 70만 원이었기 때문에 당연히 그럴 수 있다. 그것을 지금 150만 원을 주고 살 수는 없지 않은가? 그런데 한 번 곰곰이 생각해보자. 그 여행 상품이 70만 원이었다는 것은 '과거에 대한 기억'이다. 과거에 대한 기억은 나의 현재 판단에 강한 영향을 미쳐 좋은 추억을 남길 새로운 기회를 놓치게 한다. 만약 그 상품이 70만 원이었다는 과거를 내가 기억하지 못하거나 아예 알지 못했다면? 아마도 나는 그 상품을 구매하고, 행복하게 여행을 떠났을 것이다.

가끔 이런 사람이 있다. 옛날 어린 시절의 추억이 망가지는 것이 싫어서 옛 친구들을 보지 않으려 하는 이들이다. 초등학교 동창회나 남녀공학 중고등학교 동창모임에서 예전에 짝사랑하던 이성 친구를 만난 후, '괜히 봤다'며 후회를 하는 사람도 있다. 이런 이유로 아예 동창회에 나가지 않는다는 이도 종종 만난다.

이들에게 질문을 해보자. 실망감을 안겨준 친구가 사실은 예전부터 알고 있던 사람이 아니라 오늘 처음 만났고, 앞으로 계속 만나야 할 사람이라도 그렇게 야박한 점수를 주었겠는가? 과거의 기억은 현재의 판단에 꽤 자주 훼방꾼 역할을 한다. '아주 좋았던' 누군가가 현재 '괜찮은' 정도로 좋은 상태여도 과거에 '아주 많이' 싫었지만 지금은 그저 그런 정도인 누군가보다 더 안 좋게 취급하는 일이 우리 주위에선 무시할 수 없을 정도로 흔하다.

왜 이런 일이 벌어질까? 바로 '비교'라는 것이 우리 두뇌에서 자동으로 일어나기 때문이다. 우리는 늘 무언가나 누군가를 평가할 때 비교라는 과정을 거쳐 그 평가를 완성하려고 한다. 그런데 이미 말한 바 있듯 비교는 후회와 관련이 있고 만족은 대상 자체로부터 가능하다. 지금 이야기하는 내용과 깊은 연관이 있다.

우리가 어떤 대상을 예전부터 알고 있었다면 현재의 판단을 위해 과거 기억과 비교한다. 그 비교를 통해 현명하지 못한 판단 결과에 이르곤 한다. 비교하려면 현재의 다른 대상과 하는 것이 그나마 낫다. 물론 이 비교도 완전한 만족을 주지는 못한다. 많은 프로 스포츠 선수가 올해의 좋은 기록에도 그들 전성기의 기록과 비교하여 예전만 못하다는 평가를 듣는다. 더욱 불행한 건 그러한 저평가의 당사자 역시 자괴감을 이기지 못해 은퇴를 앞당기거나 슬럼프에 빠진다. 이 책이 주로 개인의 생각을 다루고 있지만 국가와 사회 역시 더 현명해지기 위해선 '과거와의 비교'에 집착하는 판단 기준을 넘어서 대상 자체에 집중하는 풍토가 중요하다.

'경험'과 '기억'은 별개의 문제

어떤 대상이 현재까지 지속적으로 연결되어 있다면 현재 그 대상의 나쁜 상태가 그 대상이 예전에 지녔던 좋은 측면마저도 나쁘게 바꿔 버리는 경우가 흔히 발생한다. 인간의 판단과 의사결정에 관한 연구로 유명한 대니얼 카너먼Daniel Kahneman도 이 사실을 인정한다.

그는 우리 각자에게 두 가지 주체가 있음을 강조한다. 하나는 '경험하는 나(주체)'이고 또 다른 하나는 '기억하는 나(주체)'이다. 전자는 현재 순간을 살아가면서 느끼는 나이며, 후자는 과거 일들을 기억해 내고 그것을 판단에 사용하는 나이다.

의사가 환자를 진료할 때 특정 부위를 누르면서 "여기를 이렇게 누르면 얼마나 아픈가요?"라고 묻는다. 환자는 느끼는 바를 의사에게 말한다. 그런데 의사가 환자에게 "요즘은 좀 어떠신지요?"라고 묻는다면 지금까지의 변화를 잘 기록해둔, 기억하는 내가 대답한다. 이 둘은 매우 다른 존재이며, 가끔 충돌하거나 대립하면서 우리를 혼란에 빠뜨리기도 한다. 카너먼은 인간에게 행복이 혼란스러운 것도 바로 이 때문이라고 설명한다.

그의 연구 결과 하나를 예로 들어보자. 매우 고통스러운 검사를 받는 환자 A와 B가 있다. 두 사람은 고통을 경험한 시간의 양이 조금 다르다.

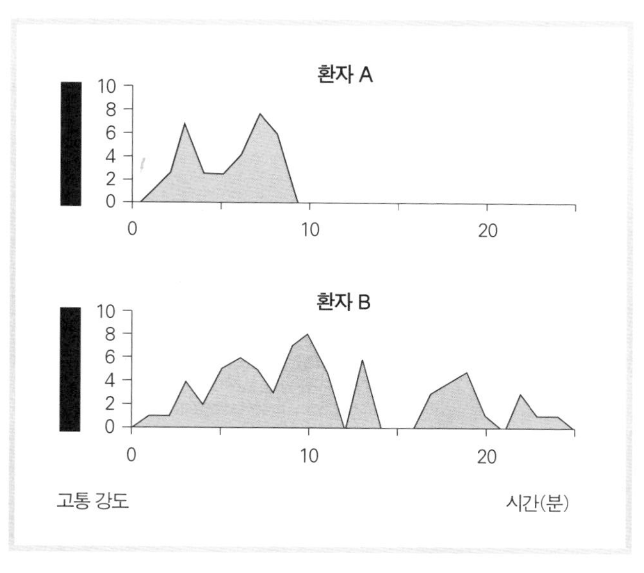

환자 A와 B의 비교.

환자 A는 10분 동안 고통스러운 경험을 하고, 그 이후 10분 동안은 전혀 고통을 받지 않았다. 환자 B는 첫 10분 동안은 환자 A와 거의 유사한 수준의 고통을 받았다. 그 후 10분 동안 다시 고통을 겪었지만 강도는 점점 감소했다. 당연히 고통을 받은 총량은 환자 B가 더 많

다. 그러나 놀랍게도 검사에 대한 기억은 환자 A가 더 나쁘게 기억했다.[63]

바로 경험의 주체와 기억의 주체가 판단하는 것이 다르기 때문이다. 환자 A는 더 적은 양의 고통을 받았음에도 검사가 끝나는 순간, 경험의 주체는 거의 고통을 느끼지 않는다. 하지만 기억의 주체는 고통을 생생히 기억하고 있다. 이 두 주체 간의 차이가 벌어질수록 그 검사에 대해 더 '고통스러웠다'는 해석을 만들어낸다. 인간은 지금 이 순간에 경험하는 것 자체를 기억에 담는 것이 아니라 이 순간의 경험으로부터 무엇을 '해석'해냈는가를 담는다. 그리고 그 해석을 위해 가까운 과거와의 비교를 자동으로 한다. 이것은 인간과 컴퓨터 기억이 어떻게 다른가를 살펴볼 때도 확인된다. 인간의 기억은 내용의 저장이 아니라 이해의 산물이다.

또 다른 사례를 보자. 두 사람 모두 80세에 죽었다. (A) 한 사람은 평생을 매우 행복하게 살다가 어느 날 갑자기 뜻하지 않은 교통사고로 허망하게 목숨을 잃었다. (B) 다른 한 사람은 평생을 불행하게 지내다가 뜻하지 않은 교통사고로 허망하게 목숨을 잃었다. 누가 낫겠는가? 당연히 전자인 A다.

그렇다면 다른 경우를 한 번 생각해보자. 두 사람 모두 80세에 죽었다. (C) 한 사람은 평생을 행복하게 살았고 큰 병치레 없이 80세에 노환으로 편안하게 눈을 감았다. (D) 다른 한 사람은 평생을 불행하게 살았지만 큰 병치레 없이 80세에 노환으로 편안하게 눈을 감았다. 누가 낫겠는가? 당연히 이번에도 전자인 C다.

A부터 D까지 통틀어서 제일 행복한 사람은 C다. 그건 두말할 나위가 없다. 그리고 B는 가장 불행한 사람이다. 그런데 문제는 우리가 A와 D를 놓고 우열을 가리기 어려워한다는 것이다. 대부분 A가 더 비극적이라고 생각한다. A는 인생 대부분을 행복하게 살았고 D는 대부분의 시간을 불행하게 살았다. 행복을 경험한 양의 총합에서는 A가 월등하게 더 높다. 그런데도 우리는 인생의 끝이 나머지 99%의 시간보다 좋지 못했기 때문에 A가 더 비극적이라고 생각한다. 경험하는 주체가 현재 느끼는 것과 기억하는 주체가 느끼는 것 간의 차이가 벌어지면 벌어질수록 우리는 무언가 불길하거나 고통스럽거나 비극적이라는 식의 부정적 평가를 내리기 쉽다.

연애 기간 내내 싸움만 하다 헤어진 연인이나 서로 심하게 미워하다가 이혼한 부부가 헤어질 때, 원만하게 관계가 정리되면 자신들의 연애나 결혼 기간을 상대적으로 더 긍정적으로 회고하는 것도 같은 이치다.

우리가 어떤 선택을 해야 할 상황에 있다면 그 결정권이 경험이 아닌 기억의 주체에 있어야 한다. 끝이 나쁘다고 지나온 과정 전체를 부정해서는 행복할 수 없다. 마무리는 찰나이고 과정은 훨씬 더 긴 시간인데, 대부분의 시간에 대한 나의 지혜로운 평가가 필요하다. 마지막에 잠깐 일어나는 일들 때문에 그 전까지의 모든 시간에 내가 경험하고 느꼈던 것들이 휘둘리지 않는 지혜가 필요하다. 많은 심리학자들은 그 휘둘림의 결과가 바로 허망함이라고 입을 모은다. 인생의 후반부에 들어가면서 참으로 많은 사람들이 허망함과 허탈함으로 괴로워한다. 이러한 느낌은 내 삶의 마무리 단계에서 내가 걸어온 길이 '어떤 의미'를 지녔는지를 알 방법이 없기 때문이다. 그런데 이 의미를 발견하지 못하는 것이 상당 부분 노년기의 짧은 시간, 즉 끝맺음 단계에서 일어나는 몇 개의 사건들 때문에 너무나 쉽게 일어난다. 노년기의 불행은 지금까지 살아온 인생의 행복한 순간을 망각하게 하는 비극을 낳는다. 인생을 얼마나 행복하게 기억하느냐보다 더 중요한 건 얼마나 행복하게 살아가는가에 있음에도 그렇다.

그렇다면 인생의 마지막 부분에서 이런 휘둘림을 당하지 않으려면 어찌해야 할까? 세상의 많은 현인賢人들이 들려주는 이야기들을 심리학적으로 종합해보면 다음과 같은 결론에 이른다. 일단 돈은 아니다. 이미 알아보았듯이 돈의 역할은 어느 지점까지만 영향을 미칠 뿐이다. 바로 관계와 사람이다. 그리고 하나가 더 있다. 바로 관여와 의미이다.

05

행복은 스스로 움직이지 않는다

행복한 삶의 세 가지 측면

긍정심리학에 의하면 행복한 삶은 세 가지 측면을 지니고 있다.

첫째, 즐거운 삶이다. 즐거운 삶은 일종의 기술이고 경험이다. 자주 경험할수록 점점 더 횟수도 기술도 늘어난다. 따라서 행복해질 가능성이 더 커진다. 하지만 우리의 삶은 행복을 위해 단순히 즐겁고 긍정적인 정서 이상의 무엇을 요구한다. 게다가 즐거운 삶은 중요한 제한점이 있다. 즐거움을 경험할 수 있는 능력은 상당 부분 유전적이다. 낙천적인 부모에게서 낙천적인 자식이 출생할 확률이 높고, 즐거움을 잘 느끼지 못하는 사람은 비슷한 성격의 자식을 낳을 확률이 더 높다. 다소 억울한 이야기이다.

또한 즐거움은 곧 '익숙함'이라는 함정에 빠지고 만다. 어떤 대상에 대해 즐거움을 느끼더라도 자주 경험하다보면 즐거움은 점차 감소한다. 첫 키스 혹은 새로운 아이스크림의 달콤함이 계속되지 않는 이유다. 행복한 삶을 위해선 삶의 방식이 더 중요하다.

둘째는 관여하는 삶이다. 관여engagement란 어떤 대상이나 일 혹은 사건에 몰입하는 것을 의미한다. 우리는 무언가에 몰입flow할 때 시간이 멈춤을 느낀다. 너무나 재미있는 게임을 하거나 진심으로 좋아하는 이성과의 첫 데이트에서 보낸 몇 시간은 일상생활에서의 몇 분보다 더 짧게 느껴진다. 바로 몰입하기 때문이다.

이런 몰입을 경험한 사람은 지루함이나 좌절이 아닌 생동감과 활력을 선물로 받는다. 단순히 즐거운 것이 아니라 도전과 기술 향상을 위한 동기를 지니게 된다. 삶은 더욱 좋은 방향으로 나아갈 수 있다. 몰입이론의 출발점인 칙센트 미하이 교수에 의하면 몰입의 경험을 풍부하게, 그리고 다양하게 하는 것이야말로 행복함을 넘어서 훌륭한 삶이 된다. 그렇다면 나를 몰입시키는 것은 무엇인가? 당연히 적성이나 흥미 검사로만 찾을 수 없다. 그것을 찾을 수 있는 사람은 나 자신밖에 없다. 그리고 세상의 많은 것들을 직접 경험해본 이후에만 찾을 수 있다.

대학교 3, 4학년 학생들이 나에게 찾아와 이런 고민을 자주 털어놓는다. 졸업을 앞두고 무엇을 해야 할지 고민으로 잠을 이루지 못하는 시기이다. 한마디로 불안이 엄습해 어찌할 바를 모르는 가련한 청춘들이다. 학생 중 많은 수가 이런 하소연을 한다.

"교수님, 어떤 사람이 저한테 '너는 이것을 하면 정말 잘할 수 있어'라고 알려줬으면 좋겠어요. 그럼 저는 정말 그것을 열심히 할 각오가 되어 있거든요. 그런데 그걸 모르겠어요. 답답하고 막막합니다."

교수로서 가장 안타까운 질문이다. 그 질문에 대한 대답은 스승이 제자에게 해줄 수 있는 것이 아니다. 스스로 찾아서 가져와야 하고 그것을 가져올 때만 비로소 인생과 학문의 선배로서 도와줄 수 있다. 대학university이라는 우주universe에서 몸과 마음으로 부딪혀가면서 찾아내야 한다.[64] 단순히 성공만을 위해서도 아니다. 칙센트 미하이 교수가 말하듯 행복과 그 이상의 무언가를 위해 꼭 필요한 몰입을 위해서이다.

행복한 삶을 만들어주는 또 다른 요소가 있다. 바로 의미 있는 삶이다. 의미 있는 삶은 자신만의 강점을 살려 공동체를 위해 봉사하는 것을 말한다. 봉사를 통해 긍정적인 감정을 얻는 것은 당연하다. 인생의 구비마다 우리는 자신의 삶을 돌아본다. 그리고 남을 위해 살아본 경험이 거의 없음을 느낄 때마다 자신이 이룬 성취에도 아쉬움을 느끼게 된다. 자신만을 위해 산다면 '보람'이라는 느낌을 갖기 어렵다.

버스나 지하철에서 자리를 양보하고 받는 감사의 눈인사, 자원봉사 중 건네받은 시원한 냉수 한 잔 등, 크고 작고를 떠나서 내가 남을 위해 배려한 양과 질을 기억하는 순간 '아, 나도 꽤 괜찮은 사람이구나'라는 느낌을 경험할 수 있다. 이게 행복이 아니고 무엇이란 말인가.

그러므로 자신이 가지고 있는 것이 사람들과 맺은 관계이든, 몰입할 수 있는 분야에 대한 능력이든, 단순히 돈이든 훗날 자기 인생의 의미를 찾게 하는 보람 있는 일을 꾸준히 하는 것이 기본이다. 지혜롭고 삶의 경험이 풍부한 사람들이 입을 모아 우리에게 해주는 조언이다.

행복은 만들어진다

마틴 셀리그만 교수는 관여, 의미, 그리고 행복 만들기를 위한 기술을 지니기 위해 스스로 노력해야만 행복한 삶이 가능하다고 얘기한다.

댄 길버트Dan Gilbert 교수 또한 행복은 만들어지는 것임을 강조한다. 그는 '생성된 행복synthetic happiness'이라는 용어를 사용한다. 이는 '자연스러운 행복natural happiness'과 대비되는 개념이다. 자연스러운 행복은 '내가 바라고 원하던 것을 얻음'으로 인해서 느끼는 행복이다. 우리의 상식과 잘 맞아떨어지는 행복이다. 그런데 생성된 행복은 무엇일까?

그가 강연에서 자주 언급하는 실험이 있다. 참가자에게 모두 6개의 그림을 보여준다. 그리고 6개의 그림을 좋아하는 순서대로 순위를 매기라고 한다. 참가자는 자기만의 순위를 지니게 된다. 이때 연구자가 한 사람 한 사람에게 이렇게 말한다.

"기념품으로 여기 6개의 그림 중 하나를 드리겠습니다. 그런데 그림 여분이 이렇게 2장뿐이네요. 하나를 고르시죠!"

그런데 여기에는 약간의 트릭이 있다. 실험자가 남았다고 말한 2장의 그림은 참가자가 누구든 그 사람의 선호도 순위에서 3위와 4위로 매긴 그림이다. 대부분은 잠시 망설이다가 자신이 3위로 선정한 그림을 선택한다. 자연스러운 현상이다. 조금이라도 자신이 낫다고 판단한 것을 고르는 것이므로.

어느 정도 시간이 흐른 후 실험에 참가한 사람들에게 6장의 그림을 다시 보여준다. 그리고 다시 그림들의 순위를 매겨달라고 한다. 그러면 대부분의 사람들에게서 공통적으로 발견되는 변화가 있다. 자신이 선택한 이전의 3위 그림은 2위, 심지어 어떤 사람에게는 1위가 된다. 그리고 자신이 선택하지 않은 이전의 4위 그림은 이제 5위 혹은 6위로 밀려난다.

신기한 것은 이러한 현상이 순행성 혹은 진행성 기억상실증 anterograde amnesia 환자에게서도 일어난다는 사실이다. 이러한 유형의 기억상실증은 주로 코르사코프Korsakov증후군처럼 지나친 음주 때문에 뇌의 특정 영역에 손상을 입은 환자에게서 자주 발견되는 증상이다. 뇌 손상 이전의 기억은 유지하고 있지만, 그러한 손상이 일어난 이후의 기억은 하지 못한다. 즉, 새로운 기억을 만들어내지 못한다. 이런 환자들에게 같은 실험을 하면 이들은 자신의 선택(1~6의 순위)을 기억하지 못한다. 그런데도 이들은 이전 3위 그림에 더 높은 순위를 주고, 자신이 선택하지 않았던 그림(4위 그림)에 대해서는 더 순위를 낮추는 성향을 보였다. 정상인의 실험 결과와 다르지 않다.

사람들은 무언가를 선택하면서 선택된 그 대상에 대한 (선택 이전에 그 대상에 대해 가지고 있었던) 감정과 인지 모두를 바꿔버린다. 즉, 좋아하는 감정은 만들어지는 것이다. 행복도 크게 다르지 않다.

행복은 결코 저절로 주어지는 게 아니다. 지금까지 이야기에서도 충분히 이 점을 알 수 있다. 복권 1등 당첨자들의 삶에 관한 연구나 하루아침에 졸부가 된 사람을 추적해보면 이 점은 더욱 분명해진다. 그들 중 일정 기간이 지나도 행복하게 사는 사람은 극소수에 불과하다. 행복은 자신이 얼마나 노력하느냐에 따라 느낄 수 있다.

즐거움, 만족, 행복감 등은 대부분 긍정적 정서이다. 그리고 불안, 공포, 긴장감 등과 같은 느낌들은 부정적 정서이다. 뇌에는 감정과 정서를 담당하는 다양한 영역들이 존재한다. 부정적 정서를 담당하는 편도체, 시상하부 등은 대뇌피질보다 더 내부에 있는 구조물이다. 우리의 뇌는 일반적으로 내부와 중심으로 들어갈수록 본능, 즉 타고난 것들과 관련이 있다. 가장 바깥쪽에 있는 대뇌피질을 향할수록 후천적이며 해석이 필요한 내용과 관련이 있다. 일반적으로 부정적 정서를 담당하는 뇌 구조물은 안쪽에, 그리고 긍정적 정서를 담당하는 뇌 구조물은 더 바깥쪽에 분포한다.

이는 무엇을 의미하는가? 긍정적인 정서를 느끼기 위해서는 우리의 후천적인 노력이 필요하다는 것이다. 공포나 불안은 우리가 크게 노력하지 않아도 쉽게 경험할 수 있는 이른바 '주어지는 것'이지만, 행복과 기쁨은 우리가 그 느낌을 향해 많은 노력을 해야만 '가질 수 있는 것'이다. 행복은 자신에 의해서만 가능할 뿐이다. 그럼에도 우리는 노력보다는 상황과 타인이 나를 행복하게 만들어주기를 그저 기다린다.

THINKING POINT
행복을 방해하는 '비교'

"사람들은 자신의 선택을 바꿀 수 있는 기회를 원한다. 아이러니하게도 선택을 바꿀 수 있는 기회를 가진 자가 자신의 선택에 덜 만족한다."

무슨 뜻일까? 우리의 삶은 선택의 연속이다. 크고 작은 선택을 끊임없이 하면서 살아간다. 그런데 선택의 순간 종종 이런 생각을 한다.

"나중에 이 선택을 바꿀 기회가 있다면 좋겠다."

이는 일종의 안전장치를 갖고자 하는 인간의 본성이다. 하지만 이 안전장치가 오히려 우리로 하여금 현재 내가 지닌 것이나 내 주변의 가까운 사람들에 대한 만족과 행복을 방해한다. 이를 입증하기 위해 댄 길버트 교수가 강연에서 자주 보여주는 실험 사례가 있다.

실험 1

사진 수업을 듣는 학생들에게 대학 졸업 전에 추억이 될 만한 사진을 캠퍼스 내에서 찍게 하였다. 각자 자신에게 소중한 추억으로 남을 만한 사람과 풍경을 찍고 담당 교수에게 제출하였다. 담당 교수는 학생들에게 자신이 찍은 사진 중 가장 마음에 드는 2장을 고르게 했다. 교수는 이렇게 얘기한다. "자, 그 중 1장은 과제로 제출해야 하므로 포기해야 합니다." 학생들은 자신이 더 좋아하는 사진 1장을 남기고 다른 1장을 제출한다.

사실 이것 역시 일종의 실험이다. 학생들은 이제 두 그룹으로 나뉜다. A그룹 학생은 이런 말을 듣는다. "4일간의 여유를 드립니다. 그 사이에 선택을 바꿀 수 있습니다." B그룹 학생들에겐 "지금 당장 제출할 1장의 사진을 선택하세요. 지금 내린 선택은 나중에 바꿀 수 없습니다."라고 말했다.

질문의 종류와 상관없이 4일이 지났다. 두 그룹의 학생들에게 자신이 가지기로 선택한 사진에 대한 선호도를 물었다. 그 결과, B그룹의 학생이 자신이 선택한 사진을 훨씬 더 좋아하는 것으로 나타났다. 바꿀 기회가 없었던 사람이 오히려 자신이 선택한 사진을 더 좋아한 것이다.

실험 2

더 재미있는 것은 그다음 실험이다. 위의 실험에 참가하지 않은 새로운 학생들이다. 이 학생들 역시 마찬가지로 사진을 찍었고 그 중 마음에 드는 사진 2장을 고르게 했다. 자신이 가질 사진과 제출할 사진을 고르라고 지시했다. 그런데 이 학생들에게는 선택권이 있었다. 위의 A그룹처럼 선택을 바꿀 수 있는 4일간의 여유를 가질 것인지, 아니면 B그룹처럼 선택과 동시에 변경의 기회를 갖지 않을지를 결정하는 것이다. 학생들 중 3분의 2가 선택을 바꿀 수 있는 4일간의 기회를 원했다.

재미있는 불일치이다. 실험 1에서는 선택을 바꿀 수 없는 B그룹의 학생이 자신이 선택한 사진을 더 좋아했다. 그런데 실험 2의 결과는 사람들 스스로 자신이 선택한 사진을 더 싫어하게 될 상황(즉, 선택을 바꿀 수 있는 상황)으로 자신들을 몰아간 것이다.

"잘 선택한 걸까? 아니면 어떻게 하지? 포기한 사진이 더 나은 게 아니었을까?" 같은 생각이 현재 자신이 선택한 사진에 만족을 주지 못하고 덜 좋아하게 만든다. 우리는 어떤 것을 완벽하게 포기하거나 포기할 수밖에 없는 사람이 기회나 여지가 남아있다고 생각하는 사람보다 현재 자신의 모습에 더 만족스러워하는 것을 볼 수 있다. 단순히 자기 합리화의 결과라고만 볼 수는 없다. 자본주의의 창시자이자 《국부론》의 저자인 아담 스미스Adam Smith가 말했듯이, 인간이 불행해지는 이유 중 하나는 '선택한 것과 포기한 것 간의 차이를 과대평가'하기 때문이다. '비교'라는 정신 과정을 잘못 사용하는 것이다.

우리는 '기회'라는 말을 자주 사용한다. 대부분 좋은 뜻으로 이 말을 쓴다. 그런데 자주 쓰이는 만큼 의외로 잘못 쓰이는 경우가 상당히 많다. 위 실험에서도 마찬가지다. 기회의 사전적 정의는 '어떠한 일이나 행동을 하기에 가장 좋은 때나 경우'를 의미한다. '가장'이라는 말은 무엇인가? 굳이 영어로 표현하면 'best'이므로 하나뿐이라는 뜻이다. 선택을 바꿀 기회를 한 번 더 가진다는 말은 어떠한 일이나 행동을 하기에 '가장' 좋은 때와 경우를 굳이 여러 번으로 나누어 그 최고best라는 가치를 오히려 훼손한다.

물론 언제든 잘못된 결정을 내릴 수 있다. 그러므로 나중에 선택을 바꿀 수 있도록 안전장치를 만들어둘 필요가 있다. 국가의 정책과 기업의 사업계획 등이 좋은 예이다. 그 지향점이 객관성의 극대화에 해당하는 것들이다. 그러나 내가 가장 좋아하는 사람이나 물건 혹은 위의 실험에서 등장하는 사진과 같은 것은? 그 지향점이 철저히 주관적이다. 만족과 행복이다. 내가 현재 만족하고 행복해하는 그 대상을 언젠가 바꿀 수 있다는 생각은 결국 다른 대상과의 '비교'를 더 많이 만들어내고, 현재의 대상에 대한 가치를 훼손하는 방향으로 우리를 몰아간다.

최고로 좋은 순간으로서의 기회와 비교를 위한 여지를 남겨두는 기회는 혼동되지 말아야 한다. 지금 우리 주위에 있는 사람과 사물을 있는 그대로 보아야 한다. 내 주위에 있는 사람이 나에게 어떤 의미가 있는지, 내가 가지고 있는 물건이 나에게 어떤 도움을 주는지를 곰곰이 생각해보면 그들의 가치가 재발견된다. 이런 간단한 진리가 왜 중요한지를 늘 되새겨볼 필요가 있다. 이런 발견의 과정을 통해 행복을 위한 자신만의 데이터베이스를 하나하나 더 크고 깊게 만들어갈 수 있다. 그래서 행복은 주어지는 것이 아니라 만들어진다고 하는 것이다.

에필로그

생각의 주인이 될 것인가, 방관자가 될 것인가

지금까지 생각의 작동 원리를 하나하나 살펴보며 지혜로워질 수 있는 방법을 찾아보았다. 그 탐구의 여정은 막바지에 이르렀지만 여러분은 이제 인지심리학의 문 하나를 열고 들어온 셈이다.

인간의 생각은 그 세계가 오묘하기 그지없으며 상식이나 직관으로 판단하기에는 우주와도 같은 복잡성을 지니고 있다. 그만큼 인간의 생각과 그 생각이 만들어내는 지혜를 어떻게 바라봐야 하는지에 대한 실마리 찾기가 좀처럼 쉽지 않다.

그러나 몇 가지 중요한 맥만 짚을 수 있어도 얽혀있는 실타래를 풀어가는 일이 훨씬 수월해진다. 이 책의 목적이 바로 거기에 있다.

인간은 불안을 참으로 싫어한다. 당연히 불안을 키우는 모호함과 불확실함도 피하고 싶어 한다. 달리 보면 모호하고 불확실한 것은 새로움, 변화, 그리고 발상의 전환을 위해 치러야 하는 대가이기도 하다. 안타깝게도 우리는 그 대가를 치르기를 꺼려한다. 타고난 천성이 인지적 구두쇠이면서 고착하고자 하기 때문이다.

천성이 그러하니 순응하며 살아야 할까. 그렇지 않다. 접근동기와 회피동기의 두 방향이 만들어내는 복잡한 퍼즐만 제대로 맞춰도 많은 문제가 자연스럽게 풀린다. '왜'와 '왜냐하면'의 대답들을 우리 스스로 찾아낼 수 있기 때문이다. 인지적 과정의 결과로 바라보면 인간은 매우 복잡하지만 동기를 통한 생각의 인과관계를 이해하면 그렇게 어렵지 않다.

새로운 생각과 상상을 통한 창조적이고 혁신적인 뭔가를 실현해나가는 것도 같은 맥락이다. 우리는 대부분 창의적 결과에는 열광하지만 그것을 가능하게 한 출발점이나 과정에 대해서는 이해가 부족하다. 아니 알려고도 하지 않는다. 그것이 성공과 실패를 좌우할 수 있음에도 말이다. 사물의 결과와 원인을 혼동하기도 하고 문제의 해결책을 반대로 적용하기도 한다. 이것 역시 생각의 작동 원리를 전혀 모르기에 일어나는 현상들이다.

인지심리학자들은 생각의 작동 방식을 제대로 아는 것이 지혜롭게 사는 길이요, 행복을 위한 (충분조건은 아니더라도) 필요조건이라 말한다. 직장, 가정, 사회 어디서나 적절한 판단을 하기 위해서는 먼저 생각의 원리를 제대로 이해해야 한다.

물론 생각의 모든 과정을 이해한다는 것은 결코 쉬운 일이 아니다. 그러나 분명한 점은, 그저 간단하고 쉬운 방법만을 찾아 이리저리 헤매지 말아야 한다. 진지하면서 여유로운 마음으로 차근차근 기본부터 접근해나가면 결국에는 근본적인 변화와 발전을 기대할 수 있다.

여러분의 재산 목록 중 1위가 무엇인가? 집과 자동차, 값비싼 보석…. 그러나 나는 '생각'이야말로 가장 가치가 크다고 단언한다. 다른 모든 것은 생각을 잘하면 얻을 수 있기 때문이다. 그런데 복잡하고 초고가 장비인 '생각'도 그 사용설명서 없이는 올바르게 활용할 수 없다.

이제 생각 사용설명서는 여러분의 손에 있다. 생각의 주인이 될 것인지 아니면 방관자가 될 것인지 선택은 여러분의 몫이다. 부디 생각의 원리를 매 순간 활용하여 지혜로운 하루, 행복한 삶에 다가가기를 기원한다.

주

1. 우리가 일반적으로 쓰는 전구는 60 혹은 100 와트이다.

2. 그녀는 학문적 업적 이외에도 시각 장애를 딛고 훌륭한 심리학자이자 경영학자가 된 감동 스토리로도 유명하다.

3. 아트 마크먼의 《스마트 싱킹Smart Thinking》은 인지과학이라는 학제적 연구 흐름을 통해 지금까지 축적된 이론과 지식을 종합하여 혁신적이고 고품질의 사고를 가능케 하는 과정을 제시하고 있다. 필독서로 추천할 만하다.

4. 심성회계학에 관심 있다면 리처드 탈러Richard Thaler의 저서 《넛지: 똑똑한 선택을 이끄는 힘》을 읽어보길 권한다.

5. Kozlov, M. D., Hughes, R. W., & Jones, D. M. (2012), Gummed-up memory: chewing gum impairs short-term recall, Q J Exp Psychol (Hove), 65(3), pp. 501-513.

6. Strayer, D. L., & Johnston, W. A. (2001), Driven to distraction: Dual-task studies of simulated driving and conversing on a cellular phone, Psychological Science, 12, pp. 462-466.

7. 인지심리학의 학문적 입장에서 말하자면 어떤 일을 동시에 한다는 것은 두 가지 경우로 나누어서 생각한다. 첫째, 두 가지 다른 형태의 일들에 '번갈아' 주의를 기울이면서 하는 것이다. 이는 엄밀하게 말하면 동시에 하는 것은 아니고 순차적으로 하는 것이다. 다만 빠르게 두 일 사이를 오가면서 하기 때문에 동시에 두 일을 한다는 표현을 쓰는 것뿐이다. 둘째, 그야말로 '동시'에 하는 것이다. 좋은 예가 대화하면서 운전을 하는 것이다. 중요한 점은 이 두 가지 종류의 '동시에 어떤 일들을 하는 것' 즉 멀티태스킹에 관여하는 주의attention 기제가 다르다는 것이다. 첫째 상황에

서는 선택적 주의selective attention라 하고 둘째의 경우를 분할 주의divided attention 라 한다. 상식적으로 선택적 주의를 통해 어떤 일을 열심히 연습하면 나중에는 분할 주의로 진정한 의미의 동시 수행이 가능해진다. 물론 엄청난 양의 연습이 필요하다.

8. 이 연구를 40여 년 전에 했던 연구진 중 한 사람이 바로 유명한 대니얼 카너먼이다. 지난 2002년 카너먼은 선택적 주의 연구와는 꽤 거리가 있어 보이는 분야인 노벨 경제학상을 수상했다.(Gopher, D. and D. Kahneman (1971), Individual differences in attention and the prediction of flight criteria. Perceptual & Motor Skills, 33(3): pp. 1335-1342.)

9. Mihal, W. L., & Barett, G. V. (1976), Individual differences in perceptual information processing and their relation to automobile accident involvement, Journal of Applied Psychology, 61, pp. 229-233.

10. Gick, M. [L.], & Holyoak, K. J. (1980), Analogical problem solving. Cognitive Psychology, 12, pp. 306-355.

11. Brinol, P., M. Gasco, R. E. Petty, and J. Horcajo. 2013. "Treating Thoughts as Material Objects Can Increase or Decrease Their Impact on Evaluation. Psychological Science 24: 41-47.

12. Loewenstein, G. F., Weber, E. U., Hsee, C. K., &¶ Welch, N. (2001). Risk as feelings. Psychological Bulletin, 127(2), 267-286.

13. Kim, K., & Markman, A. B. (2006), Differences in fear of isolation as an explanation of cultural differences: Evidence from memory and reasoning. Journal of Experimental Social Psychology, vol 42. pp. 350-364

14. Loftus, E. F., & Zanni, G. (1975), Eyewitness testimony: The influence of the wording of a question, Bulletin of the Psychonomic Society, 5, p. 86, p. 88.

15. Harris, Richard J. (1973), "Answering Questions Containing Marked and Unmarked Adjectives and Adverbs," Journal of Experimental Psychology, 97(3), pp. 399-401.

16. Roney, C., & Trick, L. (2003), Grouping and gambling: A gestalt approach to understanding the gambler's fallacy, Canadian journal of experimental psychology, 57:2, pp. 69-75

17. Gilovich, T., Vallone, R. & Tversky, A. (1985), The hot hand in basketball: On the misperception of random sequences, Cognitive Psychology 17, pp. 295-314.

18. Ayton, P. and Fischer, I. (2004), The Hot Hand Fallacy and the Gambler's Fallacy: Two faces of Subjective Randomness? Memory & Cognition, 32, pp. 1369-1378.

19. 조금 더 생각을 확장해보면 이는 동양과 서양의 차이에도 연결을 시도해볼 수 있다. 한 문화권 내에서도 다양한 개인차가 널리 존재하지만 평균적으로 봤을 때 동양은 서양에 비해 순환적인 세계관 혹은 우주관을 지니고 있다. 올라가면 내려가고 왼쪽으로 가면 오른쪽으로 가는 것이 인생이고 세상이라는 것이다. 이러한 세계관은 종종 새옹지마塞翁之馬와 같은 고사성어로 표현되기도 하고 우리의 세상사에 대한 지식의 결집체로 사용되기도 한다. 또한 이 세상사는 내 의지대로 움직이는 것이라기보다는 나 아닌 더 큰 힘에 의해 움직여진다. '나'는 그 세상의 일부라는 생각이 서양인에 비해 동양인이 더 강하다. 이는 문화심리와 관련된 연구자들의 일반적 설명이다. 이에 기초하여 동일한 상황에서 동양인이 도박사의 오류를, 그리고 서양인들이 뜨거운 손 오류를 상대적으로 범할 가능성이 더 높은지를 검증해보는 연구가 최근 진행 중이다. 좀 더 지켜보면 가까운 미래에 더욱 흥미로운 결과가 나올 것으로 기대된다.

20. Neuman, W. Russell. 1986. The Paradox of Mass Politics: Knowledge and Opinion in the American Electorate. Cambridge, Mass.: Harvard University Press.

21. Schuman, H., & Presser, S. (1981). Questions and answers in attitude surveys: Experiments in question form, wording, and context. New York: Academic Press.

22. Flavell, J. H. (1979), Metacognition and cognitive monitoring, American Psychologist, 34, pp. 906-911.

23. 매슬로우의 욕구위계설은 인간의 욕구가 낮은 단계의 욕구에서 시작하여 그것이 충

족됨에 따라서 차츰 상위 단계로 올라간다고 설명한다. 인간의 기본적인 욕구에는 단계별로 생리적 욕구, 안전 욕구, 소속감과 애정에 관한 욕구, 자존감의 욕구, 자아실현의 욕구 등 5개가 있다.

24. 많은 미국 교수들이 자신이 지도하는 대학원생들에게 자신의 퍼스트 네임(이름)을 부르라고 한다. 물론 대학원에서만 있는 일은 아니다. 일반적으로 친근한 관계일 때는 나이와 상관없이 애칭을 부르기도 한다. 나의 지도교수 애칭은 아트Art이다. 나를 비롯한 대부분의 지인들은 그를 아트라고 부른다. 이 책의 중간중간 나오는 아트는 추상명사 '예술'이 아니라 아트 마크먼 교수를 뜻하는 고유명사이다.

25. Leander, N. Pontus; Shah, James Y.; Sanders, Stacey. Indifferent reactions: Regulatory responses to the apathy of others. Journal of Personality and Social Psychology, Vol 107(2), Aug 2014, 229-247. doi: 10.1037/a0037073.

26. Grimm, L. R., Markman, A. B., & Maddox, W. T. (2012), End-of-Semester Syndrome: How Situational Regulatory Fit Affects Test Performance Over an Academic Semester, Basic and Applied Socia Psychology, 34(4), pp. 376-385.

27. 제임스 러셀James Russell은 각기 다른 정서를 뜻하는 28개의 단어 중에서 한 쌍(예를 들어 '슬픔-환희', '공포-기쁨' 등)씩 계속 뽑아내 사람들에게 제시하고, 두 단어가 서로 얼마나 유사한가를 판단해달라고 했다. 그 결과를 바탕으로 일련의 통계분석을 해보고, 결국 사람들의 유사성 판단 기준이 2개라는 사실을 밝혀냈다.

28. Förster, J., & Higgins, E. T. (2005), How global versus local perception fits regulatory focus, Psychological Science, 16, pp. 631-636.

29. Derryberry, D., & Reed, M. A. (1998), Anxiety and attentional focusing: Trait, state and hemispheric influences, Personality and Individual Differences, 25, pp. 745-761

30. Gasper, K., & Clore, G. L. (2002), Attending to the big picture: Mood and global versus local processing of visual information, Psychological Science, p. 13, pp. 33-39.

31. Förster, J. Özelsel, A., & Epstude, K. (2010), How love and lust change people's perception of partners and relationships, Journal of Experimental Social Psychology, 46, pp. 237-246.

32. Förster, J. (2009), Relations between perceptual and conceptual scope: How global versus local processing fits a focus on similarity versus dissimilarity, Journal of Experimental Psychology: General, 138, pp. 88-111.

33. Meyers-Levy, J. and R. Zhu, The Influence of Ceiling Height: The Effect of Priming on the Type of Processing People Use, Journal of Consumer Research, 2007, 34 (August), pp. 174-186.

34. 호환성이라는 말은 심리학에서 종종 일치성 혹은 합치도와 같은 용어로 대체되기도 한다. 문맥과 세부 심리학 분야의 특성을 고려해서 연구자들이 그때마다 더 적절한 용어를 선택하기 때문이다. 이 책에서는 독자들을 위해 가장 일반적인 용어인 '호환성'으로 통일한다.

35. MacLeod, C. M. (1991), John Ridley Stroop: Creator of a landmark cognitive task, Canadian Psychology, 32, pp. 521-524.

36. Worthy, D. A., Markman, A. B., & Maddox, W. T. (2009), What is pressure? Evidence for social pressure as a type of regulatory focus, Psychonomic Bulletin and Review, 16(2), pp. 344-349.

37. Dowdney, L. (2000), Annotation: Childhood bereavement following parental death, Journal of Child Psychology & Psychiatry, 7, pp. 819-830.

38. Aaker, J. L., & Lee, A. Y. (2001), "I" seek pleasures and "we" avoid pains: The role of self-regulatory goals in information processing and persuasion, Journal of Consumer Research, 28(1), pp. 33-49.

39. Bosone, L., Martinez, F. & Kalampalikis, N. (2015). When the Model Fits the Frame: the Impact of Regulatory Fit on Efficacy Appraisal and Persuasion in Health Communication. Personality and Social Psychology Bulletin, DOI: 10.1177/0146167215571089.

40. 창의적 능력을 말하는 창의력, 창의적 성향을 의미하는 창의성 등 '창의' 뒤에 붙

는 말에 따라 그 범위나 대상이 조금씩 달라진다. 학술적으로도 구분이 필요한 경우가 꽤 있다. 하지만 이 책에서는 독자들의 편의를 위해 일반 대중들에게 가장 친근한 용어인 '창의성'으로 창의에 관한 전반적 용어를 통일하고, 이 책의 내용 중 특정한 영역이나 대상을 필요로 할 경우 별도의 정의와 함께 별도의 용어를 사용하겠다.

41. Ward, T. B., Smith, S. M. & Vaid, J. (1997), Creative Thought: An Investigation of Conceptual Structures and Processes, Washington, DC: American Psychological Association Books.

42. Dimensions Of Creativity, ed. MIT Press, 1994.

43. 우유부단한 사람들을 가리켜 '카스트라토castrato'라고 부르기도 한다. 카스트라토란 수백 년 전, 유럽에서 소프라노가 되기 위해 거세한 남자 오페라 가수를 일컫는데 이들은 남성성이 사라짐으로 인해 대부분 극단적인 우유부단함을 보였다고 한다.

44. 여성들이 마음에 든 물건을 점찍어 놓고도 몇 시간씩 백화점을 둘러보는 행동은 나름대로 이유가 있다. 사람에게는 자신의 선택이 옳았음을 더 확실하게 즐기려는 경향이 있기 때문이다. 이런 경우에는 단순히 어떤 것을 고를까에 대한 고민은 이미 끝난 상태이므로 본문의 상황과는 구분되어야 한다.

45. Loewenstein, G. F., Weber, E. U., Hsee, C. K., & Welch, N. (2001), Risk as feelings, Psychological Bulletin, 127(2), pp. 267-286.

46. Stephan, E. L., Liberman, N., & Trope, Y. (2010). Politeness and psychological distance: A construal level perspective. Journal of Personality and Social Psychology, 98, 268-280.

47. Polman, E., & Emich, K. (2011). Decisions for others are more creative than decisions for the self. Personality and Social Psychology Bulletin (37), 492-501.

48. Goncalo, J.A. & Staw, B.M. (2006). Individualism-collectivism and group creativity. Organizational Behavior and Human Decision Processes, 100, 96-109.

49. 이렇듯 실제 산업, 발명 혹은 디자인 영역에서 창의적 아이디어가 어떻게 생성되고, 어떤 과정을 거쳐 정교화되며, 어떤 변수들과 상호작용하면서 완성 단계에 이르는지를 실제 사례를 통해 알아보는 것은 매우 중요하다. 이를 상세히 설명한 책으로는 국내에도 번역된 《혁신의 도구Tools for Innovation》가 있다.

50. Flavell, J. H. (1979), Metacognition and cognitive monitoring, American Psychologist, 34, pp. 906-911.

51. Reder, L. M. & Ritter, F. E. (1992), What determines initial feeling of knowing? Familiarity with question terms, not with the answer. Journal of Experimental Psychology: Learning, Memory, and Cognition, 18, pp.435-451.

52. Shen, Y. J., & Chun, M. M. (2011). Increases in rewards promote flexible behavior. Attention, Perception, & Psychophysics, 73, 938?952. http://dx.doi.org/10.3758/s13414-010-0065-7

53. Fröber, K., & Dreisbach, G. (2015, August 3). How Sequential Changes in Reward Magnitude Modulate Cognitive Flexibility: Evidence From Voluntary Task Switching. Journal of Experimental Psychology: Learning, Memory, and Cognition. Advance online publication. http://dx.doi.org/10.1037/xlm0000166

54. 최인수 (2001), 「유아의 창의적 특성과 교육적 시사」, 미래교육학회지, 8(2). pp. 103-129.

55. Gallup. (1994), Survey #22-00807-024, New York: The Gallup Institute.

56. Getzel, J. W. & Jackson, P. W. (1962), Creativity and intelligence: Explorations with gifted students, New York: J. Wiley and Sons.

57. Westby. E. L. & Dawson, V. L. (1995), Creativity: Asset or burden in the classroom? Creativity Research Journal, 8, pp. 1-10.

58. 한 사람이 어떤 과정, 어떤 요인에 의해 창의적으로 될 수 있는지도 중요하지만, 어떤 사회적 관점과 환경이 사람을 창의적으로 만들고 관련된 동기를 북돋울 수 있는지도 정말 중요하다. 이를 국내에서 가장 집중적으로 연구해온 대표 인물로 성균관

대학 최인수 교수를 들 수 있다. 창의를 위한 환경에 관한 내용은 이 분의 강연(2009년 아주대학교 국제컨퍼런스: 창의적 인재의 선발과 대학의 미래), 저서《창의성의 발견》(2011), 그리고 나와 개인적으로 나눈 대화의 내용이 다수 참조되었음을 미리 밝혀둔다.

59. 정체감identity이란 무엇인가? 우리에게는 누구나 정체감이 있는데 이는 "나는 누구인가?"라는 질문에 대한 자신의 대답이다. '나는 남들과 어떻게 다른가? 나는 어디에 속해 있는가? 내 역할은 무엇인가? 나는 무엇을 좋아하고 무엇을 싫어하는가?'와 같은 질문도 역시 정체감에 관한 것이다. 다시 말하면 정체감이란 '나는 누구인가'에 대해 한 사람이 지닌 대답의 결정체인 것이다. '해리성 정체감 장애'는 이 정체감이 한 사람에게 하나여야 하는데, 2개 이상이라는 것을 의미한다. 그래서 하나의 육체이지만 각기 다른 시간과 장소에서 각기 다른 정체감이 다스린다. 하나의 육체에 대한 심리적 주인이 여러 명인 셈이다.

60. http://www.ted.com

61. Glucksberg, S. (1962), "The influence of strength of drive on functional fixedness and perceptual recognition", Journal of Experimental Psychology 63: pp. 36-41. doi:10.1037/h0044683

62. DeWall C. N., MacDonald, G., Webster, G. D., Masten, C., Baumeister, R. F., Powell, C., Combs, D., Schurtz, D. R., Stillman, T. F., Tice, D. M., & Eisenberger, N. I. (2010). Acetaminophen reduces social pain: Behavioral and neural evidence. Psychological Science, 21, 931-937.

63. Redelmeier, D., and Kahneman, D. (1996), Patients' memories of painful medical treatments: Real-time an retrospective evaluations of two minimally invasive procedures, Pain, 116, pp. 3-8.

64. 물론 University의 어원에 대한 학문적 추정은 Universe와는 다소 다르다.

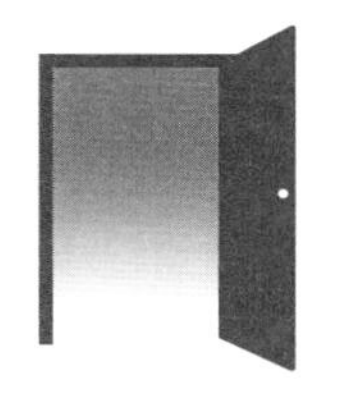